本书获北京市社会科学理论著作出版基金资助

"是"字结构的句法语义研究
——汉语语义性特点的一个视角

张和友 著

北京大学出版社
PEKING UNIVERSITY PRESS

图书在版编目(CIP)数据

"是"字结构的句法语义研究:汉语语义性特点的一个视角 / 张和友著.
—北京:北京大学出版社,2012.4
ISBN 978-7-301-20269-2

Ⅰ.①是… Ⅱ.①张… Ⅲ.①"是"字－研究 Ⅳ.① H146.3

中国版本图书馆 CIP 数据核字(2012)第 026824 号

书　　　名:"是"字结构的句法语义研究——汉语语义性特点的一个视角
著作责任者:张和友　著
责 任 编 辑:刘　正
标 准 书 号:ISBN 978-7-301-20269-2/H · 3010
出 版 发 行:北京大学出版社
地　　　址:北京市海淀区成府路 205 号　100871
网　　　址:http://www.pup.cn
电 子 邮 箱:zpup@pup.pku.edu.cn
电　　　话:邮购部 62752015　发行部 62750672　编辑部 62753334
　　　　　　出版部 62754962
印　刷　者:三河市博文印刷厂
经　销　者:新华书店
　　　　　　650 毫米×980 毫米　16 开本　14.25 印张　290 千字
　　　　　　2012 年 4 月第 1 版　2012 年 4 月第 1 次印刷
定　　　价:30.00 元

未经许可,不得以任何方式复制或抄袭本书之部分或全部内容。
版权所有,侵权必究　举报电话:010－62752024
　　　　　　　　　　电子邮箱:fd@pup.pku.edu.cn

序

　　手捧张和友送来的排版精致、厚厚的书稿，一直读到最后的两个后记。远去的记忆又历历浮现，生动而亲切。快10年前的事了，不由得不感慨。

　　初识和友，还在他入学前一两年。有一天我突然接到还在四川大学读硕士的他寄来的一篇译稿。是手写稿，那时电脑还不普及，翻译的是刚发表不久（Language 1999 年第 1 期上）Peter Matthews 所撰纪念 Harris 的讣闻。这篇文章非常之好，很长，全面地介绍评价了 Harris 一生的学术生涯，谈到了 Harris 在生成派兴起之后知音难觅的凄凉，更详细介绍并高度评价了 Harris 1960 以后在欧洲发表的十分重要的后期研究，涉及到句子底层和表层意义转换的算子语法，同时，Harris 还是篇章分析的开创者。真不知当时还是个硕士的和友，如何发现并想到要翻译这篇文章的，我很赞赏他的眼光。当时我已经在用电脑，就一边看，一边改（和友那时的英文可不敢恭维），一边输入，然后寄还给了他，后来发表了。

　　和友是我的第三个博士。我的主要研究方向是音变理论、音系学，后来也涉足一些词法，可我的学生，十之八九是研究句法语义的。这是我们教研室长期以来的传统。自徐通锵师开始，多年来都是入学的考题遍及多个方向，完全按回答情况评分而不考虑是否与指导老师正在做的课题一致，博士在学期间的研究和论文题目也完全由学生自己决定。换言之，当前学界的通例，学生的入学考题、评分和入学后研究均跟着导师当前的选题走，形成一个目标一致、基本理念和研究方法一致的科研团队；我们那时却完全不是这样。这几年有不少变化，有些"与国际接轨"了。福耶？憾耶？至少，对和友来说，以前的不接轨却多半是福？

　　对我来说，不接轨是非福，也是福。非福，在于很累人。因为我对句法语义并不熟悉，尤其是要想了解国外的前沿研究，就要阅读大量的外文文献，而我分身无术，很难做到（这么说来，对"和友们"来说也是"非福"？），指导起来仿佛是在自己的科研之外又附加了另外的工作。是福，在于说是指导，实为"互教互学"。我得益于此，最早的开端是我指导的第一篇硕士论文——王惠的《从及物性系统看现代汉语的句式》（1992 硕士论文，《语言学论丛》19 辑，1997）。王惠是叶蜚声老师的硕士，可论文初稿刚完尚未提交,叶老师突然被外派去德国两年,就把指导论文的任务转交给我。我说这怎么行,我完全不知道这个选题是怎么回事呀。叶老师说,让她给你讲讲就是。于是王惠就抱了足有一尺厚的各种材料来了,详细地给我讲 Hopper & Thompson(1980)提出的"及物性(transitivity)"是什么意思,讲了她论文的思路。当时她已经写了9万余字。弄清楚这些之后,我就开始指导。主要是理清思路,砍去不必要的枝蔓,9万字的初稿只留下三分之一。后来这篇文章在国内外都有很大的影响。我和王惠,教学相长,各有收益,我的获益或许更多。和友与我的其他几位研究句法语义的学生,也都是在各自研究的领域中大量阅读国内外前沿研究,通过讨论班互相交流,彼此受益。那时我们教研室的讨论班也与现在不同。那时博士硕士不多,每人每学期可以做3—4次报告,各位老师轮流主持,但几乎是所有老师都去参加的。于是,一个学生的读书报告可以给好几位老师带来新的信息,反过来一个学生也可以同时得到好几位老师的质疑和指导。

　　和友做的这个题目,是我一直感兴趣的。我总觉得,各种语言中的"是、有、在"都很特殊,除本义和一般句式之外,都会有许多其他特殊的延伸,表某种时体(现在进行、过去已然等)、表强调、表焦点,等等;它们在哲学上属于一种很宽泛的谓词,语法上也是很特殊的一类。和友在硕士时就写过关于"是"的一种重要句式的文章,又在逻辑上下了大功夫,在哲学系选修了课程,由他来做这个题目,很是合适。他对"是"好像是一直情有独钟,我教授的韩礼德功能语法课程,采取选课学生各选原著的某些章节来讲解的方式,他毫不犹豫地就选择了"关系过程",也即与英语的 to be 等系动词相关的句子。其中,有关句中系动词所连接的两个名物性成分的分类,韩礼德除了定义"用以识别物"(identifier)和"被识别者物"(identified)这一对概念之外,还采用了"型"(token)和"价值"(value)的另一种分类角度。这后一种角度十分难懂,但和友对此十分感兴趣,讲解得津津有味,比前后多年的同一课程都多花了好几节课的时间。

　　和友的博士论文,对汉语各种"是"字句进行了合理的分类,并从更深的层次挖掘出它们共同的特点是表示说话人主观上的"断定",这一基本功能是由句子的结构标记"是"来表达的。这一观念我很是赞同。从"是"的基本句式和基本语义如何生发出各种特殊的句式和语义,论文也做出了有说服力的解释,其中有些部分甚是精彩。

　　七八年过去了,和友的学问长进许多。特别是到香港跟邓思颖先生做博士后两年,在形式语言学和英语等方面的进步十分明显。他一直未忘修改博士论文，力图把新的观察视角、新的体会融合入论文之中。现在的这本书，较之过去改进不少。比如，对于轻动词等形式语法的分析更加准确了。就连现在的题目《"是"字结构的句法语义研究——汉语语义性特点的一个视角》，也比原来的题目《汉语"是"字构式的句法语义——基于说话人取向的研究》更加合理。一是语言上更加通顺，二是主标题用"是"字结构而不用"是"字构式，我以为也是更加准确了。只是，对于副标题，我觉得"是"字句主观性强的特点应该还是属于语用层面的，是语用因素进入句法编码的结果，尽管学界的句法语义研究也多有不区分语义和语用的，但我总认为，这两者还是性质不同的两回事。

和友多年来潜心研究语言学，社会上种种挣钱的门道，对他好像并无诱惑。这是十分难能可贵的，学问也因此能够不断进步。这令我放心和欣慰。他的学术论文，对各家意见、不同意见都能正确评价，显出大气。希望他在生活的各个方面都能洗去心急气躁，育出沉稳大气和从容。相信本书的出版，只是他学术上的起步，今后更多更好的成果值得期待！

是为序。

王洪君
2012年1月于北京大学承泽园

内容提要

本书主要研究汉语中含有"是"字的结构,将含有"是"的结构看作句法、语义、语用的综合体,"是"是结构标记,其基本功能是用以表示说话者的一种"断定"(assertion),这是跟以往研究的不同点之一。

选取说话者取向(speaker-orientated)的研究视点,这是跟以往研究的不同点之二。这种研究视点抓住了"是"字结构本身的特性,因为语言中系词的语义较为空灵,类似语言学界所说的轻动词(light verb),反映的是说话者的主客观断定,不同在于程度深浅。系词是语言中主观性程度最高的动词。

本书是一种句法—语义界面研究,试图全面揭示"是"字结构的句法语义特性,展示各类结构在意义上的联系。本书在发掘语义规则时借鉴了形式逻辑的某些表达方法,使意义获得显明的形式表征,这是本书期望获得的特色之三。

立足汉语研究的同时,注意将汉语跟英语等其他语言进行比较,藉以显示汉语语义型特点跟英语等印欧语语法型特点之差异。

在句法跟语义的关系上,本书坚持句法语义的同构性(isomorphism)原则。

论著以说话者为中心,以各类"是"字结构的句法语义特性为外在线索,以主观性深浅为潜在线索。简言之,从"成素—类"这种语义关系的结构到与语气情态相涉的结构,"是"作为系词的客观断定功能渐弱,而主观程度渐强;"断定"则是各种"是"字结构的语义基础。

除绪言外,全书共六章。各章内容大致如下:

第一章 句法语义的同构性

现代汉语"是"字句所对应的核心语义类型是"名物$_1$—等同/归属—名物$_2$"。根据与核心语义的差异大小,可以把现代汉语中的"是"字结构分为典型、准典型、非典型三大类。本章还着重介绍:典型"是"字句的产生,也就是"是"字结构替代"……者,……也"结构的过程及其机制;准典型"是"字句的句法语义特点,并通过汉英对比分析其中隐含的共同语义机制(名物间关系与属性/活动/事件间关系类型的平行性)和表达手段的差异性(谓词性成分指称化是否有名物化标记)。对于非典型"是"字句,主要根据句法语义的对应情况分出不同的次类,以后各章分别详细讨论。

第二章 语义特异型"是"字句

首先指出,所谓"语义特异"(idiosyncratic)是指"不合基于印欧系语言的西方传统逻辑"。具体说就是,印欧语系词句前后项语义上基本只限于逻辑上的"成素—类"关系,而汉语在形式上跟一般系词句同形的"是"字句,其两成分的语义关系类型却多得多。这类"语义特异"的"是"字句事实上可以分析成含有一个空语类"e"的常规系词句。本章内容包括:语义特异句的形式类和语义类;其中的语义限制及语义规则;汉英对隐喻型"是"字句的共享及其原因;汉英对转喻型"是"字句的容纳度差异以及造成这种差异的原因;汉语转喻类"是"字句的构造过程与相关解释,等等。对语义特异"是"字句的研究具有一定的应用价值。本章还讨论了另一类隐含"比较义"的"是"字句。

第三、四章 分裂式"是……的"句

主要讨论由焦点化造成的聚焦式"是"字句,为了跟英语比较,文章有时称为分裂句(cleft sentence)。鉴于这类句子比较复杂,涉及的内容较多,分为上下两章。主要内容包括:

焦点理论介绍;从汉英比较的角度探讨聚焦句的来源,揭示二者之间的共同性和差异性;聚焦句的语义特点:时体义(tense and aspect)与内涵义(intension);聚焦句的构造过程;聚焦句生成过程中的句法—语义约束。

第五章 语气断定类"是"字句

讨论的对象主要包括:"是 S"、整体聚焦型"是"字句"主—是—谓"(书中称为"确认"型结构)、断定悬空型"X 是"句。基本观点为,这三种结构中"是"由于受句法位置的影响在语义上不如典型"是"字句那样明显具有"等同/类属"语义,但是这类"是"字在功能上跟"是"的典型语义之间仍有联系,其表现是说话者在运用这类"是"字结构时仍然是在作一种"断定",只是这种"断定"由于受到其句法位置的约束而表现为说话者的一种断定语气,本书称之为"语气断定"。

第六章 借鉴当代句法学有关中心语的理论,着重指出,"是"字结构在语义上具有连续性,是一个连续统(continuum),并进行相关的理论探讨。

本书属于理论研究,但具有一定的应用价值。论著对于语义规则的发掘与刻画,对于句法限制的描写与解释,注意采用形式化的表达。论著对自然语言的信息处理和对外汉语教学有一定的参考价值。

Syntax and Semantics of the Construction of "是" in Mandarin Chinese

Abstract

This book focuses on the construction of 是 in Chinese language. Based on its research method, it can be named as a study in the construction grammar. To be more exact, the construction of 是 which has been treated as a sentence of communication unit in my study, can be regarded as a synthesis of syntax, semantics and pragmatics. This book has differentiated from other studies in its basic idea that the construction of 是 is a construction marker which basically functions as an assertion. The second difference is that this study of construction of 是 takes a speaker-orientated perspective. This perspective of speaker-orientated in analyzing construction of 是 accords with the features of the construction of 是 itself. Usually a linking or copulative verb is meaningless in semantics, sometimes it is named as empty verb or light verb, but the linking verb still reflects the assertion of the speaker and can be regarded as the highest subjective in the language. This book is a study of its syntax-semantics interface, which intends to cover all syntactic and semantic features of the construction of 是 and bring forth the relationship between all kinds of construction of 是. The difficulty in studying meaning lies in how to formalize it. This book employs modern formal logic in analyzing its semantic regulations, which can be thought as the third difference or feature of this study. Based on the study of the construction of 是 in Chinese language, the book has also compared it with that of English and other languages and pointed out the difference between semantic-orientated Chinese and grammar-orientated English and other Indo-European languages. As to the relationship between syntax and semantics, the study holds that they are of isomorphism that is the basic idea of this writing. In sum, this book focuses on the speaker and illustrates the syntactic and semantic features and subjectivity from various kinds of construction of 是.

This book is composed of introduction, body with six chapters. The body of this writing has been arranged as the following:

Chapter I introduces the basic idea of isomorphism between syntax and semantics and then justifies that the construction of 是 in Modern Chinese has its corresponding core semantic type of equal entity or inclusive entity. According to the degree of difference of core semantic construction of 是, we can divide the construction of 是 in modern Chinese into three types: typical, quasi-typical and non-typical. Besides these, the chapter has also discussed the origin of the typical construction of 是, that is, the construction of 是 has replaced the old construction of "X(ZHE), Y(YE)" in syntax and semantics in classic Chinese. From the study of syntax and semantics of quasi-typical construction of 是, it has compared modern Chinese and English so as to point out that there is a common cognition among human beings (relationship and essentials between entities / activities / parallel among events relations) while its expression methods are different (whether predicative verb reveals its marker of nouns). As to the non-typical construction of 是, the chapter has classified them according to their syntax and semantics and discussed them in details.

Chapter II introduces a special construction of 是: an idiosyncratic construction of 是. First of all, it points out that the idiosyncratic construction of 是 means it "does not meet the western traditional logic in Indo-European grammar". To be exact, in Indo-European sentences there is always logic between the former and latter parts in the copular construction, while in modern Chinese there are different semantic relationships between the former and latter parts in the construction of 是. In fact, sentences of this sort can be analysed as normal ones with an empty category "e". The main discussion are about form and semantic of idiosyncratic sentences, the related semantic regulations and semantic limitation, the shared core of metaphor in both Chinese and English, the differences and their reasons in dealing with metonymy in

English and Chinese—there is a big difference between Chinese "是" and English "to be", and the study about construction and cognitive mechanism of the metonymy in construction of 是. The study of idiosyncratic construction of 是 has its special practical significance in computer processing text and teaching foreigners modern language of Chinese. The writing has also discussed about another type related to comparative meaning in the construction of 是.

Chapters III and IV mainly discuss the construction of 是 with a focus. Compared with English, this book calls it as a cleft sentence. Because of its complexity and numerous contents, the study illustrates them in two chapters: introduction of focus theory, the origin of cleft sentence in a comparison of Chinese and English, their commonness and differences, its semantic features (tense and aspect and intension), its construction process and semantic limitation of its construction.

Chapter V focuses on the mood assertion of the construction of 是 which includes the general focused construction of 是 with the types of "是 + Sentence" and "subject-是-predicate". In my opinion, influenced by the syntactic positions, this focused construction of 是 is not clear in its semantics of equality and inclusiveness. But functionally they are still closely related and this focused construction of 是 reveals the speaker's assertion and appears as a mood assertion because of limitation of its syntactic positions.

Based on the theory of head, Chapter VI stresses that there is a continuum in semantics of the construction of 是.

This book is of theory research but still has its practical value. This writing has explored and described the semantic regulation of the construction of 是, summed up the syntactic limitation of the construction of 是, and paid more attention to its formalized expression. This book will be helpful to computer processing its natural languages and also helpful to Chinese language teaching for the foreigners.

目 录

0 绪 言 … 1
0.1 解题 … 1
0.1.1 正名与提出问题 … 1
0.1.2 本书的研究对象 … 3
0.2 逻辑学界、哲学界对系词的研究 … 4
0.3 语言学界的系词之争 … 6
0.3.1 关于系词的两种观点 … 6
0.3.2 系词的性质定位 … 8
0.4 汉语学界对"是"字结构的传统研究及存在的问题 … 8
0.5 传统研究的局限性和"是"字结构的线索 … 11
0.5.1 传统研究的局限性 … 11
0.5.2 从客观到主观:"是"字结构的线索 … 12
0.6 研究策略 … 14
0.6.1 研究方法问题 … 14
0.6.2 原则和思路 … 15
0.6.3 全书线索 … 15
0.7 全书的结构安排与各章内容概要 … 16
0.8 语料来源 … 17

第一章 句法语义的同构性与"是"字断定句的类型 … 19
1.1 句法语义的同构性问题 … 19
1.1.1 语言与经验同构 … 19
1.1.2 关于同构的概念 … 20
1.1.3 "是"字结构句法语义对应情况 … 22
1.2 "是"的逻辑内涵与古今汉语主观断定结构之差异 … 22
1.2.1 "是"的逻辑内涵及典型"是"字句 … 22
1.2.2 古汉语的主观断定结构:"……(者)……(也)" … 25
1.3 指称化、名物化与准典型"是"字句 … 34
1.3.1 指称化与名物化问题 … 34

1.3.2 准典型"是"字句的几种类型 …………………… 37
　1.4 "是"的非典型结构 …………………………………… 42
　　1.4.1 非典型"是"字结构的类型 …………………… 42
　　1.4.2 非典型"是"字结构句法语义的共同性 ……… 45
　本章小结 …………………………………………………… 46

第二章　特异型"是"字句的句法、语义 …………………… 48
　2.1 何谓语义特异的"是"字句？ ………………………… 48
　　2.1.1 "语义特异判断句"界说 ……………………… 48
　　2.1.2 描述方法的说明 ……………………………… 50
　2.2 语义特异"是"字句的形式类和语义特点 …………… 50
　　2.2.1 隐喻型"是"字句 ……………………………… 51
　　2.2.2 转喻型"是"字句及其语义特性 ……………… 53
　2.3 语义特异"是"字句的句法推导与功能解释 ………… 71
　　2.3.1 语义特异"是"字句的句法推导 ……………… 71
　　2.3.2 一种基于功能的解释 ………………………… 74
　2.4 汉英对语义特异系词句的容纳度差异及其解释 …… 77
　　2.4.1 英语中的所谓例外现象 ……………………… 77
　　2.4.2 英汉容纳度差异的根源 ……………………… 77
　2.5 语义特异"是"字句研究的应用价值 ………………… 80
　　2.5.1 文本语义识别方面 …………………………… 80
　　2.5.2 对外汉语教学如何教授这类"是"字句？ …… 85
　2.6 一种含有比较义的"是"字结构 ……………………… 88
　　2.6.1 结构问题 ……………………………………… 88
　　2.6.2 生成问题 ……………………………………… 89

第三章　焦点化与"是……的"结构句（上） ……………… 91
　3.1 聚焦式"是……的"句及其结构语义 ………………… 92
　　3.1.1 何谓聚焦式"是……的"句？ ………………… 92
　　3.1.2 聚焦句的总体语义特点 ……………………… 92
　3.2 聚焦句的语义特点 …………………………………… 95
　　3.2.1 两种语义：时体义与内涵义 ………………… 95
　　3.2.2 说话者的断定对象与"是"的辖域 …………… 97
　3.3 聚焦句的构造过程 …………………………………… 100

3.4 聚焦句生成过程中的语义句法约束 ………………… 102
3.4.1 考察的范围 ………………………………………… 102
3.4.2 理论来源与研究思路 ……………………………… 105
3.4.3 聚焦句焦点的唯一性论证 ………………………… 107
3.4.4 聚焦包装的连续统考察 …………………………… 112
3.4.5 聚焦包装连续统的语用动因 ……………………… 118
3.4.6 聚焦包装的句法制约与功能限制 ………………… 120
本章小结 …………………………………………………… 126

第四章 焦点化与"是……的"结构句(下) ………………… 127
4.1 分裂句的由来及研究状况 ……………………………… 127
4.1.1 分裂句的提出 ………………………………………… 127
4.1.2 汉英分裂句研究状况 ………………………………… 128
4.2 分裂句从哪里来：英语学界的研究 ………………… 129
4.2.1 问题的提出 …………………………………………… 130
4.2.2 英语学界对分裂句来源问题的探讨及其局限 …… 130
4.2.3 本章的解决方案 ……………………………………… 135
4.3 汉语分裂句的来源 ……………………………………… 147
4.3.1 汉语学界有关分裂句来源的几种观点 …………… 147
4.3.2 汉语分裂句的历时发展与共时发生 ……………… 150
4.3.3 分裂句为什么选择"是……的"结构？ …………… 155
4.3.4 "是……的"作为分裂结构的形成机制 ……………… 159
4.4 汉英分裂句的异同比较 ………………………………… 166
4.5 相关思考 ………………………………………………… 167
4.6 分裂句研究的意义 ……………………………………… 168

第五章 语气断定型"是"字句 ……………………………… 171
5.1 语气断定型"是"字句的形式类 ………………………… 172
5.2 "是认"型"是"字结构 …………………………………… 172
5.2.1 是 + S ………………………………………………… 172
5.2.2 S_{subj}-是-P ……………………………………… 174
5.3 断定悬空型"X 是"结构 ………………………………… 177
5.3.1 断定悬空型结构界说 ………………………………… 177
5.3.2 "X 是"后接 NP 的情形 ……………………………… 178

5.3.3 "X是"后接VP的情形 …………………………… 180
5.3.4 "X是"的内部结构及其句法来源 ………………… 181
5.3.5 "X是"结构的语法化进程和语义基础 ……………… 183
5.4 三种结构中"是"的一致性解释 …………………………… 185

第六章 "是"字结构的归一性及相关问题 …………………… 188
6.1 中心语理论与"是"字句法结构的归一性 ………………… 188
6.2 "是"字结构语义的连续性 ………………………………… 190
6.3 "是"字结构语义连续性的原因 …………………………… 192
6.4 从"是"的演变看语法化的单向性问题 …………………… 193
6.5 方法论之检讨 ……………………………………………… 193
6.6 本书研究的启示 …………………………………………… 194

参考文献 …………………………………………………………… 196
后　记 ……………………………………………………………… 205
出版后记 …………………………………………………………… 208
致　谢 ……………………………………………………………… 209

0 绪 言

0.1 解题

行文之前交代两个内容:一是正名与提出问题,一是界定研究对象。

0.1.1 正名与提出问题

本书研究的是汉语中含有"是"字的结构(construction)。一般将"是"看作判断动词,将相应的句子看作判断句。本书在给"是"定性时使用"断定"(assertion)而不使用"判断"(原由见下文),并将"断定"作为一种语义句法范畴。在下文中,我们将含有"是"字的结构称为"是"字结构(*Shi*-construction),包括传统所说的"判断句"。行文中有时也称为"是"字句,在进行语言比较时使用系词句,并将"是"定性为"话题—说明"(topic-comment)之间的"断定"标记(assertion marker),是结构义的函项(function),将一般"是"字句的"主—谓"结构看作"话题—说明"结构的一种特例。

"是"字句过去多指判断句,因与"判断"相涉,而"判断"也是逻辑学关心的问题,有必要先介绍一下逻辑学对"判断"以及语言学对"判断句"的传统认识。

传统逻辑将"判断"作为跟概念、推理并列的一种思维形式。语言是思维的载体,不同语言都能通过一定的手段进行"判断"。可以认为,经验结构对于操不同语言的民族来说是相同的,而表达经验结构的语言的结构是各自有别的。[①]因此,不同语言在反映同一语义范畴时就呈现出差异性。搞清各种语言在表达同一范畴时的形式差别,对于发掘语义与句法形式之间的对应规律以及揭示人类语言的共性,大有裨益。

需要说明的是,将"判断"作为跟概念、推理并列的一种思维形式,这是传统逻辑的看法。传统逻辑讨论"判断"(assertion),而现代逻辑则讨

---

① 这里所说的经验结构大致相当于国外学者提出的概念结构(conceptual structure)(参见 Jackendoff,1985),在为语言表达之前存在于人的经验中,是无序的(disordered)。

论的是"命题"(proposition)、"句子"(sentence)。①语言学界长期以来似乎仍然讲"判断"和"判断句",大家在提到由系词"是"联结造成的"X是Y"这样的结构时,仍习惯于使用"判断"之类的术语。这是学界认识上的歧异,对于这样的问题,本书不作讨论。为了避免不同学术观点分歧造成的麻烦,我们采用"是"字结构和"是"字句一类的术语,在必要的情况下也使用"判断"、"判断句"之类的术语。不过,我们是在传统意义上使用这一术语的。②

先来看语言学界对判断句的传统看法。下面是汉语学界三大家吕叔湘、王力、高名凯给判断句下的定义:③

判断句——解释事物的涵义或者判辨事物的异同。在基本式判断句里,主语和谓语都是名词或指称词。白话文中在主语和谓语之间要加上系词"是"。判断句的用途有二:一是解释性的,就是解释事物的涵义,一是申辩性的,就是申辩是非的(吕叔湘,1993:54—61)。

判断句是用来断定主语所指和谓语所指同属一物,和断定主语所指的事物属于某一性质或种类的。判断句和描写句有一个相同之处,即没有发生的时间(王力,1951)。

每个句子都有一个意义的核心,名句的核心意义就是表明"是什么东西"。代表名句意义核心的词就是具有名词功能的词。像"我是中国人"之类的句子就是名句(高名凯,1948/1986:377—378)。④

综之,三位学者对判断句在形式上、意义上的界定本质上是一致的:

语义上,表达的是两个实体(entity)之间的"等同"或"类属"关系。

形式上,表现为"NP_1+是+NP_2"。

满足上述两条的"是"字句本书称之为典型"是"字句。

需要回答的问题是:照上述准则,下面这样的"是"字结构算不算判断句:

---

① 笔者关于逻辑问题的许多认识,尤其是对"判断"问题的认识,得益于北京大学哲学系周北海教授的指点,在此致谢。

② 这里说明一下逻辑学界和语言学界对于"判断"的不同认识似乎是必要的。周北海老师告诉我,现在逻辑学界已经不再讲"判断"了。王洪君老师告诫我要注意不同学科在认识上的分歧及其实质,逻辑学上的"判断"跟语言学上的"判断句"应该有别。此外,郭锐教授也给我指出,语言学上的"判断句"跟逻辑学上的"判断"不同。

③ 高名凯没有使用"判断句"这一术语,在他的著作中,"名句"大致跟"判断句"相当,"名句"又称作说明句。

④ 括号内斜线前后表示同一论著的不同出版时间,斜线之前表示论著的最初版本或者外文版,斜线后边表示引文所依据的版本,下同。

(1) 他是日本女人。　　[形式为:话题实体－静态属性]
(2) 难忘是那段岁月。　　[形式为:指称化动性成分—名性成分]
(3) 小张是昨天进的城。[形式为:话题实体－动态属性说明]
(4) 我是去图书馆了。　　[形式为:主－是－谓]
(5) 是猫把花瓶打碎了。[形式为:是 S]
(6) 如果是张三没来,我们就去叫他。[形式为:X 是 S]

上面这些句子显然不符合典型"是"字句的标准。既然如此,为什么都选择"是"字结构呢？这些结构跟典型的"是"字结构有无一致性？从说话者的角度讲,选择"是"字结构的动因(motivation)是什么？从语言对比的角度讲,"是"字结构跟英语的 to be 系词句有哪些异同？本书将围绕这些问题展开论述。

我们主张,"是"字句是一种具有断定功能的句式,即专门用于表示离散化的两事物 X、Y 之间静态关系的句式,说 X、Y 是事物,是广义的,其实可以是实物,也可以是属性或事件,但一定是离散化了的。①也就是说,我们所说的"是"字句从外延上讲比传统的判断句要宽泛得多。从形式上看,不仅包括传统判断句所指的"NP_1-是-NP_2",还包括"NP-是-VP"、"VP-是-VP"这样的形式(NP 包括名词、代词及其短语,VP 包括句子形式和动词短语等)。这样界定"是"句兼顾了汉语共时与历时两方面因素。

0.1.2 本书的研究对象

整体上说,本书的研究对象是作为语言实体的汉语(以普通话为代表)。也就是说,我们将汉语作为整体来研究。但在实际研究当中,为了使研究对象集中,我们仍以现代汉语为立足点,有些情况下会涉及古代汉语的材料。

从形式上看,凡是由"是"字联结的结构(包括"是"字隐含的情况)都应在本书的研究范围之列。

从语义特点看,大致包括以下几种:① 一般"是"字句,如"张三是北京大学学生"、"张三考上的是北京大学";② 语义特异的"是"字句,如"我是鳗鱼"、"他是个日本女人";③ 聚焦式"是……的"字句,如"张三是今年考上的大学";④ 语气断定型"是"字句,包括用于主语与谓语之间的结构如"他是去图书馆了"、"是 S"结构如"是猫把花瓶打碎了",以及"是"跟联结词连用的结构如"如果是"、"不论是"、"恐怕是"之类。

---

① 将事件等同于实体,这在国外语言学文献中也不乏其例(参见 Parsons 1990)。

本书的研究对象是"是"字句,只研究一般的陈述句形式,不涉及其否定形式和疑问句形式。

0.2 逻辑学界、哲学界对系词的研究

逻辑学界对系词(判断)的研究是从亚里士多德开始的。

亚氏认为,句子的某些部分必须跟其他部分结合起来才能成为一个句子。他的这种思想反映在形式上就是句子结构的三分格局:主词(项)—系词—宾词。①这一思想为后来的逻辑学家所继承,并走到极端,以至于有些逻辑学家认为,原本不含系词的句子也可以补出一个系词来。这种看法受到语言学家的批评(Jespersen,1924;王力,1961/1990)。这一点,下文还会提及。

对于系词的研究,在逻辑哲学界因采取不同的哲学立场而形成几种不同的理论。根据陈波(1999/2002)的研究,关于"是"的意义的研究有八种不同的理论,分别为存在理论、外延理论、内涵理论、同一理论、扩大理论、相似理论、语用理论、实体－属性理论。按照古典逻辑的句子逻辑结构三分格局:主(项)词(S)-系词(Copula)-宾词(P),可以对这八种理论做简要概括(陈波,1999/2002:85－87)。

基本上,如果着眼于"是"表示主词所指对象的存在性,也即"是"就是存在,那么就发展出存在理论,如"门前是一条小河"。若认为"是"表示主词和宾词所指对象之间的外延关系,则发展出外延理论。②内涵理论既考虑句子结构的内涵又考虑其外延,主张"是"表示主词和宾词之间的语义关系。同一理论认为主词和宾词所指对象相同,"苏格拉底是柏拉图的老师"。扩大理论是在谓词理论的基础上增加时态算子和模态算子,形成时态逻辑和模态逻辑这样的边缘逻辑。相似理论是针对所谓隐喻(metaphor),如"生活是一杯酒"之类的句子。语用理论是在引进隐涵(implicature)等语用因素的基础上提出来的,如"老师就是老师"之类的

---

① 也可以将系词和宾词合并,认为句子的逻辑结构由两部分组成,即主项和谓项。
② 逻辑学(无论是传统的还是现代的)对于"S 是 P"的外延解释通常包括三种情形:等同、个体与类、子类与类。实际上,我们在下文中将会看到,这只是涵盖自然语言中的部分事实。逻辑的概括与语言的概括之间有一定距离,对语言事实的研究推动了逻辑(尤其是自然语言逻辑)的发展。

句子。最后一种是"实体—属性"理论,对应自然语言中的描写句。①

不妨认为,这八种理论对应系词句的八种不同意义。这八种意义中,有几种是更基本的,或者说是更早期就已经提出的,比如,表同一、表类属、表属性。

上述诸多理论都是在研究自然语言的基础上提出来的。我们很容易看到,每种理论都能解决自然语言中的一部分形如"X-系词-Y"的系词句,但是每种理论都有其缺陷,也就是自然语言中有它们没法解决的现象。并且这些理论在解决自然语言时彼此往往有重叠的地方。多种理论并存,这一事实本身就说明系词句在语义上的丰富性和复杂性。正像陈波(1999/2002)所言,语言现象是纷繁复杂的,要想创立一种逻辑或哲学理论,使其对所有语言现象都具有普遍、绝对的解释力,这几乎是不可能的。

另一方面,断定是思维的产物,要通过句子表达出来,这种功能是断定句本身所具有的功能,而不是单独一个系词"是"具有的功能。我们的意思是说,"X-系词-Y"这种结构是通过 X 同 Y 的语义对比关系来表达断定的,而系词仅仅是一个中介物(intermediary),一个断定标记。因为系词对于断定来说并非必有成分,有些语言(如日语)以及语言的不同发展阶段(如早期汉语),就没有所谓系词。②

下文将指出,用古典逻辑研究系词句是有局限的,它本质上是一种二值逻辑,是一种"in-out"范畴逻辑,即某物要么属于某一范畴(in),要么不属于某一范畴(out),是一种"容器逻辑"(参见 p.12,注释 1)。在古典逻辑那里,"是"只被看成肯定判断的联结项。

发展到现代的数理逻辑,"是"的涵义被细化,区分为"等同"、"属于"、"包含于"三种,用以刻画"个体"与"个体"之间、"个体"与"类"之间以及"类"与"类"之间的关系。

---

① "实体—属性"理论从外延角度解释主词 S,从内涵角度解释谓词 P。系词"是"则表示谓词所代表的性质或状态"内在于"主词所代表的实体之中。这一理论在英语中是跟"NP-be-Adj/NP"这样的句子对应的;如果系词后面接的是形容词,如"John is clever",那么汉语中相应的句子"约翰聪明"是描写句,不过更为自然的说法是"约翰很聪明"或者"约翰是聪明的"。但"约翰很聪明"跟"John is clever"语义上并不对等。这涉及到汉语形容词的特性问题,可参考朱德熙(1956/1980)。如果系词后面接的是 NP,如"John is a clever boy",那么汉语中相应的句子"约翰是个聪明的孩子"是一个判断句,同时也跟"实体—属性"一致。

② 日语表判断的结构是"X wa, Y desu",根据母语者提供的语感,"wa"不出现时,句子勉强可以接受;但是"desu"不出现,句子就不可接受。可能基于这一事实,"desu"跟"是"的功能比较接近。

0.3 语言学界的系词之争

0.3.1 关于系词的两种观点

语言学界对于自然语言中的句子与系词之间的关系历来有两种观点：一种可以称为"极端派"，一种可以称为"中庸派"，扼要介绍如下。

"极端派"系词观认为，每个句子都有一个系词，不论句子中是否有系词出现；如果句子中没有系词，则可以将系词补出而成为系词句。

"极端派"的思想可以追溯到亚里士多德那里，或者说，这些语言学家是受了亚氏逻辑的直接影响，这也是"极端派"主张的逻辑学基础。在亚氏古典形式逻辑那里，每一个简单命题分析为只有一个主词(subject)和一个谓词(predicate)。例如(引自王宪钧,1982:260)：

(7) 3 大于 2。

(8) 3 是大于 2 的。

按照二分格局，①(7)可以被分析称(8)，其中"3"是主词，"大于 2 的"是谓词。这样的命题不被看作是一个关系命题，这是古典形式逻辑的最重要特征，古典形式逻辑因此也称为主谓词逻辑。

从上面的逻辑分析可以看出，关系命题如(7)都可以转化为简单的"主—谓"结构命题，谓词所指是一个个体的集合，"大于 2 的"可以理解成$\{x|x>2\}$这样一个集合，"3"这个元素是这个集合中的成员，即$3\in\{x|x>2\}$，(8)中的系词在语义上就是"属于"。反映在语言上就是任何一个不含系词的句子本身实际上都蕴涵"是"的意义，形式上就是可以将不含系词的句子转换成含有系词的句子，例如，林黛玉爱贾宝玉→林黛玉是爱贾宝玉的。②正是基于这种考虑，所以一般的叙事句都可以用"(是)……的"这样的结构包装(packaging)成"是"字句。当然，正如我们将在后面有关章节所看到的，这种包装是受到一定的句法、语义约束的。

---

① 如果加上系词的话，命题(句子)的结构格局是三分的，即"主项—系词(联结词)—谓项"，像语言学家那样将系词并入谓项，则命题(句子)的结构格局就是二分的。

② 从这里的分析可以看出，朱德熙(1961)将句尾"的"看作助词是有着逻辑基础的。但我们应该看到，语言分析和逻辑分析并不总是一致，有时有差距。将"爱贾宝玉的是林黛玉"中的"的"看作助词没有异议，可是将"林黛玉是爱贾宝玉的"中的"的"看作助词就会有异议，这个问题我们在讨论焦点化"是"字句时还会谈到。

"极端派"系词观的思想显然是从古典逻辑出发得出的论断。同时，这种思想也有其语言学基础。大致是：断定是说话者思维的结果，是说话者的论断、断言(assertion)；也就是说，断定是说话者基于客观事实的主观心智活动，因而是可以用客观事实来检验真伪的。而自然语言中，主观断定色彩最强的动词就是典型断定句(判定两名物之等同或类属关系)的系动词。叙述句(statement)可以理解为对客观世界的客观报道，主观化的程度不如典型判断句，而逻辑推理要突出的是，所有断定都是主观认定，包括"他正在写字"这样的叙述句。这样，所有的断定，不管所对应的自然语言的句子是否要用系词，在逻辑式上都用上系词。这一主张突显了自然语言中"是"动词的特殊性，它是说话者表示主观判定的泛化动词，而逻辑上就用它作为高于一般动词的断定算子(assertive operator)。判断句、描写句、叙事句虽然都是说话者的主观描述，但说明两名物之等同或类属关系的判断句、判断动词、"也"等语气词的主观性明显是最高的，因为两物间之关系完全是由说话者认定的。

"极端派"很早就遭到中外学者的反对，正像 Jespersen(1924:131)所指出的那样，很多语言(如日语)从来就没有发展出系词来(参 p.5，注释2)，在一些存在系词的语言中，没有系词也行。Vendryes(1968)也指出，"动句"与动词 être(是)毫无关系，就是在"名句"里，être 用为系词也是很晚的事情。王力(1961)认为，将"美国侵略古巴"理解成"美国是侵略古巴的国家"是不符合语言实际的，两句话的涵义并不是完全相等的。

"中庸派"系词观认为，句子可以有系词，但并非必得有系词。换句话说，有系词则承认其存在，没有系词不必强加系词。跟"极端派"不同，"中庸派"所依据的是语言本身，只是把系词看作谓词的小类，因为自然语言中的句子并非都有系词出现。

汉语学界关于系词的看法也有正统和极端两派。正统派坚持汉语是有系词的，内部各家的分歧在于对系词"是"的来源问题的认识。①但是，对于汉语为什么从无系词发展到有系词，即系词的产生机制问题尚缺乏有力的讨论，下文我们会讨论这一问题。

极端派认为，汉语是没有系词的(陆汝占、靳光瑾，2001)，所根据的是"是"跟英语的 to be 有着不同的语义解释模型，通过解释"是"的内涵逻辑语义，将"是"字谓语句化归到名词谓语句，认为名词谓语句是规正的。这

---

① 有关系词"是"的来源问题，最早是由王力(1937/2000)提出来的，以后汉语学界围绕"是"的来源一主要包括"指示代词"说和"形容词"说两种展开讨论，相关文献可以参阅郭锡良(1990)以及石毓智(2001)。

样就将传统所谓的系词"是"给"化归"掉了,即"中国文法不存在系词"。

综之,就汉语而言,在是否存在系词的问题上有两种极端派和一个正统(中庸)派。极端派的看法是建立在逻辑分析的基础上,正统派主要立足于语言实际。本书持一种中庸的看法,即汉语是有系词的。

0.3.2 系词的性质定位

刚才说过,我们对系词持一种中庸的态度,既不认为任何句子都含有系词,又不会采取消极的办法将本来存在的系词"消掉"。系词的词汇意义空灵,可以称为空动词(contentless verb)。对于什么是系词,有两种界定办法:一是指两同质的实体间的等同或归属关系,一是指实体性话题与动态性说明之间的关系。与之相关的问题是:什么是"等同或归属关系"? 也有两种办法:一是仅指两实体之间的关系,一是除了指两实体之间的关系外,还包括实体性话题与动态性说明之间的关系,将动态性说明视为广义属性。

英语的 to be 和汉语的"是"同为系词,却代表了两种不同的类型:英语属于第一类,汉语属于第二类。如果兼顾汉英两种类型的语言,着眼于语言之间的共性,可以将系词定义为(9):

(9) 实体性话题和动态性说明之间的断定标记,静态实体间的等同归属只是一种特例。

如果强调 to be 和"是"之间的差异性,不妨将"是"界定为"话题—说明"之间的断定标记,将"to be"界定为"主语—谓语"之间的断定标记。本书将"是"作为"话题—说明"间的断定标记。它与一般"话题—说明"结构的区别在于,以外显的"是"标记标识出该句表达的是说话者的"主观断定"。我们在第二章将指出,"是"跟"to be"的本原(句法、语义)就是不同的。

0.4 汉语学界对"是"字结构的传统研究及存在的问题

上文指出,王力(1985)、吕叔湘(1993)、高名凯(1986)等人在各自的著作中对"是"字句都进行过研究。朱德熙(1978)关于"的"字结构和判断句的研究,是一篇经典之作,讨论了跟"的"字结构相关的五种判断句,详细论述了这五种判断句的语义特点及相互之间的转换关系。朱德熙的研究是跟他对句尾"的"的定性直接相关的,他将句尾"的"看作名物化标记,即"的$_3$"。

赵淑华(1979)、武果(1998)对"是……的"做了较为详尽的描写。《现代汉语八百词》(1999年版)详细列举了"是"字的各种用法,刘月华(1983)从对外汉语教学的角度对"是"字句和"是……的"句所做的描写为最详实。

所有这些研究都为进一步研究汉语的"是"字句,从中提取相应的句法语义规则,以及在此基础上进行汉语跟其他语言的比较研究提供了有价值的参考。

值得注意的是,汉语研究中还提到所谓的"强调判断",①即第三、四章所说的焦点化"是"字句。所谓"强调判断"是相对于"一般判断"而言的,其中的"是"不是典型的系词,而句子仍然采取判断句的形式。王力(1982/1985)和吕叔湘(1980/1999)对此有较为详尽的论述。王力指出,为了**加重语义**(标记为笔者所加),可以在叙述句里加上"是……的"。这种说法,在形式上是判断句,但在意义上仍是叙述的性质。②下面是几个例子(王力,1982/1985):

(10) 我原是留着的,那会子李奶奶来了,他要尝尝,就给他吃了去。
(11) 那架上金架子上站的绿毛红嘴是鹦哥儿,我是认得的。
(12) 我是不做官的。

前述文献都直接或间接提到"强调判断句",并指出其语义的复杂性。一般都认为其兼有"叙述"和"判断"二重性,不作为判断句看待。

将这些句式称之为"强调判断句",又说它不是真正的判断句而是叙事句,这说明了学者们在处理这类句式时游移不定,可见这类句式的独特性:句式上与典型判断句相同而与叙事句不同——有判断词"是",语义表达上又与典型判断句不同而与叙事句相同——它主要传达的是"谁/什么做了什么"。若从语气(mood)上说,则它不仅表达了说话者的断定,还强调突出了这是说话者的主观认定。

于是,这一句式对于判断句(或"是"字句)的讨论来说就更加有意思

---

① "一般判断"和"强调判断"是本书使用的术语。"一般判断"包括"典型判断"和"准典型判断",为了跟"强调判断"比较,我们选择了"一般判断"这一比较通俗的说法。"强调判断"的思想已包含在传统的文献中,这里只是为了方便称说将其术语化。
② 这种看法显然比较笼统。"叙述"和"判断"并不是两个截然无关的语义范畴,宽泛地说,基于说话者的分析表明,"叙述"本身往往包含着"判断",只是这种"判断"跟"叙述"相比有强弱的差别。比方说,(12)所表达的"判断"要比(10)强,否定式传递的是说话者的一种命题态度。如果表达成"我是不会做官的"带有模态词(modal)的句子,则说话者对于命题的"判断"更强一些。

了:它们与一般叙事句是什么关系？与一般判断句是什么关系？"强调判断"是怎么产生的？

如果扩大考察的范围,我们还可以发现,不仅汉语中存在这一类特殊的句式,英语等语言中也存在类似的结构,它们都在形式上与典型的判断句相同、在语义表达上与典型叙事句类似而在语气表达上都有强调判断之义。

再者,还存在"是"字前后项不同质的所谓语义特异的判断句(王力1985),这种形式上的判断句是如何产生的？① 其语义的特异性(idiosyncratic)之中有无规律可循？从语言对比的角度看,为什么汉语中存在这种语义特异"是"字句？这是否从一个方面说明汉语跟其他语言(如英语)之间的根本差异？这些问题都还没有得到系统的讨论。

此外,汉语中"是"字结构有非典型的用法,如"是猫把花瓶打碎了"(表示为"是 S")、"他是去图书馆了"(表示为"主—是—谓")、"如果是天气不好"之类,其中的"是"是对一种情形的断定,本书称为"是"的语气断定性。这种"是"有的情况下可以删除,有的情况下不可以删除,其中有无规律可循？这种"是"跟"是"的典型用法有无一致性？从语言对比的角度看,英语的"be"为什么不能有这样的用法？这也是以往的研究没有解决的问题。

综合起来讲,传统研究在"是"字句研究方面的不足在于:

一是过于追求细致描写,对语言现象的系统分类做得不够。这样有时会造成对于句子的结构和语义理解上的偏误。请看下面的例子:

(13) 是谁告诉你的？
(14) 是我关掉收音机的。

《现代汉语八百词》(1999 年版)对上述句子的结构描写为:是＋{小句＋的}。这种刻画显然没能揭示句子的语义结构。

二是拘于传统逻辑之囿,忽视了对语义特异的"是"字句、语气断定类"是"字句的研究;对聚焦式"是……的"句的研究还不全面,上述对(13)、(14)结构描写的偏误就说明了这一点。

三是侧重于语义语用方面的研究,而对句法上的特点关注不够。对于信息传递中说话者的主观性方面还未予重视。我们知道,上古汉语的

---

① Chao(1968)在谈论汉语的"主语—谓语"时已经提及这种句子,但没有用"语义特异"这样的说法,语义特异的判断句是王力(1985)的术语。

判断句是不用系词的,其格式可以表示为:NP$_1$(者),NP$_2$(也)。^①王力(1985)曾经指出,古汉语判断句要加重语意,需要在主语之后加上"者",跟句尾的语气词"也"相照应。对于尚不存在判断系词"是"的古汉语来说,这当然是一个比较好的办法。问题是:为什么这种办法有那样的表达效果?这跟"(者)……(也)"结构所隐含的说话者的主观断定相关。而对于这一问题的追问甚至可以看到我们的先辈学者已经注意到今天西方语言学界所谓的"构式语法"(construction grammar)问题。遗憾的是,汉语学者没有对此加以提炼。

四是传统的关于判断句的研究已经注意到其他句式跟判断句之间的转换关系,如王力(1951、1985)提到叙述句、描写句到判断句的转化。但是,转换过程要受到什么样的句法条件的限制?这些转化而来的判断句跟(一般)典型判断句之间在语义上有何差异,换句话说,这些非典型判断句的语义特点是什么?传统的研究尚未触及。

还需要指出的是,传统研究往往只着眼于汉语本身,没有注意跟其他语言进行比较。这样难以显示汉语跟其他语言相比所具有的独特性以及汉语跟语言之间的某些共性。

0.5 传统研究的局限性和"是"字结构的线索

0.5.1 传统研究的局限性

传统学者在研究语言现象方面的局限性刚才已经谈到,这里所说的局限性是针对其逻辑基础而言的。

传统研究"是"字句建立在古典逻辑的基础上。前面已经提到,古典逻辑对系词的认识比较单一,这种认识又跟古典逻辑对于范畴的二值特征理解相关,即某一范畴具有或者不具有某一特征。从另一个角度看,某一实体(entity)要么属于某一范畴,要么不属于某一范畴。所以,古典逻辑是二值逻辑。从隐喻的角度说,古典范畴逻辑是一种容器逻辑(logic

---

① 有关古汉语系词"是"何时作为判断的标记,可以参考王力(1937/2000)、郭锡良(1990/1997)以及其他学者的看法,详细情况我们将在以下章节中阐述。

of container)。①

以古典逻辑的眼光看,很自然将"是"字句的基本语义定位在前后项所指之间具有包容关系。用古典逻辑处理"是"字句显然是有局限性的,它难以刻画自然语言中"是"字结构的丰富语义。数理逻辑克服了古典逻辑的局限性,将"是"区分为"等同"、"属于"、"包含于"三种意义。但是,随着对自然语言语义丰富性认识的加深,以一阶逻辑为主体的数理逻辑也显出局限性。比如,"他是个日本女人"这种语义特异的"是"字句,"小张是组织部派来的"和"他是昨天进的城"这种跟焦点化相关的"是"字句,"他是去图书馆了"这样的"是"字句,"如果是双方都不同意"这种与联结词连用的"是"字结构,凡此种种,在一阶逻辑里是不大容易做出符合自然语言本义的刻画的。

0.5.2 从客观到主观:"是"字结构的线索

前面指出,系词是语言中语义空灵的动词,较多地带有说话者的主观断定。鉴于传统研究的局限性,我们认为对于"是"的研究也应该以主观性特征为线索。②

主观性特征是指语言的这样一种特性,即在话语中多多少少总是含有说话者"自我"的表现成分(沈家煊,2001:268)。说话者在进行言说时,会同时对所言说的内容做出评价,并表达对言说内容的态度(Lyons,1977:739;1995/2000:336—342)。

我们平常说话、写文章都是在传递信息。在传递过程中,受各种因素制约,话语或句子中不同成分所承载的信息在突显度(degree of salience)上有所分别。一般地,受时间一维性的影响,人们对通过视觉(阅读)与听觉(话语)获得的信息在注意程度上按照从弱到强的规律分布,这一点已经为心理学试验所证实(约翰内斯·恩格尔坎普 1983,中译本)。这是正

---

① "容器逻辑"的说法见 G. Lakoff (1990),可以用下图表示:

如图所示,若 X 在容器 A 中,容器 A 在容器 B 中,则 X 在容器 B 中。就范畴而论,若 X 属于范畴 A,范畴 A 又属于范畴 B,则 X 属于范畴 B。简而言之,某实体或者在某范畴之中,或者不在某范畴之中,是二值性的。

② 主观性是功能语言学经常关注的问题,这里所说的主观性特征主要着眼于"是"自身具有的属性,正是这一属性使得它有不同于动词的句法表现,这一点也是生成语言学所主张的词汇属性决定句法投射(Chomsky 1981, Huang 1997)。

常情况下的信息分布,突显度从弱到强是一种无标记(unmarked)的信息分布。由于受到各种因素的影响,人们可以对正常状态下的信息分布进行调整,产生标记性的(marked)的信息结构。这样,语言学界在谈论信息分布时引入了一个术语:"焦点"(focus),"是"字结构在汉语中可用来表达焦点信息,有关"是"字结构与焦点分布之间的关系,将在第三、四章中详细讨论。

跟"焦点"相涉的另一概念是"预设"(presupposition,也可以称作"前提"),"预设"在语言学界有不同的认识,请参阅第三、四章。

"焦点"、"预设"在古典命题逻辑那里是没有位置的,因为这些因素被认为跟命题的真值(truth value)无关。后来语言学家和逻辑学家发现,"焦点"和"预设"对句子(命题)的真值是有影响的。

"焦点"也好,"预设"也好,都是跟主观性特征相关的因素。我们在前面指出,"是"作为汉语的断定标记,其主观性是最高的。

由于主观性特征的介入,对"是"字句的研究就需要跳出古典逻辑的窠臼,从符合"是"的特性的角度来考察其句法语义特点。

基于这一思路的研究,应该考虑将命题(proposition)和情态(modal)结合起来求解句子的意义,也就是说,表达中包含的说话者的评价、态度等主观性因素是句子意义的组成部分。按照语义的组合性原则(compositional principle)(弗雷格,1988),句子意义是其组成部分意义的函项,句子的意义不能从其组成部分的意义简单的推出。就"是"字结构而言,这个函项就是含有主观性特征的断定标记"是"。举例说:

(15) 学校是公共汽车。①(Best,1995)

(15)含有三个成分"学校"、"是"、"公共汽车",但是其意义决不等于三者的简单相加,即:学校是公共汽车 ≠ 学校+是+公共汽车;如果那样的话,又回到古典逻辑那里。

说话者在言说(15)的时候,他实际是在将两个表面上互不相干的事物通过"隐喻"(metaphor)连在一起进行一种"断定"。

基于上述分析,本书将"是"字句作为一种结构,其基本表达功能是表示说话者的一种主观"断定"。

分析句子的视角可以有两个,可以分别称之为"客观主义的视角"(objective vantage-point)和"主观主义的视角"(subjective vantage-

---

① 这个句子在本书中是作为语义特异型的"是"字句来处理的,有关这类句子的详细讨论请参阅第二章。

point)。客观主义的视角是一种"基于参与者"的(participant-oriented)模型,主观主义的视角是一种"基于说话者"的(speaker-oriented)模型。举例说,"我是不做官的"一句,按照前一种模型,是将话语活动的参与者"我"、"做官的(人)"通过关系词系连在一起,形成一种客观的断定。这是一种真值条件语义学(truth condition semantics)的解释。按照后一种模型,是说话者对话语活动的主体"我"的行为"不做官"所做的一种"宣布",是针对"我要做官"的预设所做的主观意图的宣布。两种模型所得到的解释有差别的联系着。"是"字结构的语义从客观断定到主观断定,呈现出一种渐变。本书对"是"字句的研究,将着眼于"是"字结构在语义上的这种渐变,从一个侧面展示汉语的语义性特征。

0.6 研究策略

主要包括研究方法、所坚持的原则和思路以及文章的主要线索。

0.6.1 研究方法问题

这里所说的研究方法即研究过程中所用到的手段。

本书在研究"是"字结构的句法语义中,为了揭示"是"字结构的语义特点,会用到现代逻辑(主要是一阶逻辑)的手段。自然语言有自己的逻辑,对于自然语言的研究有助于促进逻辑学的发展。

如今自然语言逻辑的研究已经成为逻辑学家和语言学家共同关心的问题。在国外,自 R. Montague(蒙塔古)以来,自然语言语义研究取得很大进展。而在我国,这一领域仍是未开垦的荒地,逻辑学界只有少数学者涉足此领域(邹崇理,1995、2000)。在语言学界,这一领域关注者则更少,早先的一些语言学者所做的工作仍主要在逻辑方面(王维贤等,1989)。自然语言逻辑研究的目的就是"利用现代逻辑、语言学等工具和手段,把语言中那些尚未理论化的逻辑要素提炼出来,加以形式化,使之成为有普遍意义的、具有工具性质的理论"(王路,1992)。

自莱布尼茨以来,人们认识到自然语言的不确定性和歧义性,并试图设计各种形式语言来避免自然语言的缺陷。这方面最有名的莫过于莱氏提出的用自己设定的普遍语言进行的语义演算。他曾预言,如果新的语言(也就是他所设计的普遍语言)是完善的,那么对于解决任何方面的争端怀有善意的人们将把他们的笔拿在手中,并且说进行演算吧(Kneale,1962/1995:423)。这里不妨举一个例子:

(16) 小张是去年学习逻辑学的。

(16)作为断定句有几种释义？学界有不同的看法,详见第三、四章。作为一个书面上的句子(sentence),其释义具有不确定性;但在一定的上下文中作为现实话语(utterance),其语义是确定的。不同的释义应该具有不同的逻辑表达式,相应地,我们可以用不同的逻辑刻画式来显示不同的语义。

0.6.2 原则和思路

在研究过程中,本书坚持的原则是:基于"是"的主客观特性,选择说话者为视角(speaker-orientated),按照从客观断定到主观断定的渐变层次,揭示"是"字结构的句法与语义。以汉语为研究主体,在揭示汉语的个性特征时注意参照英语等其他语言。

将含有"是"的结构看作一个结构(construction),这也是近年来国外兴起的构式语法(construction grammar)的路子,下面简单介绍一下"构式语法"。

构式语法跟"框架语义学"(frame semantics)基本是一个思路,①主要是研究动词和一些语法词(如副词)能够适应的句式。Goldberg(1995:6)对"结构"的界定为:

(17) C 是一个"结构"的充要条件是:C 是一个"形式—意义"对儿 $<F_i, S_i>$,并且 F_i 的某些特性或者 S_i 的某些特性不能从 C 自身的构成成分或者已经建立的结构推知。

构式语法的基本精神有两点值得注意:一是并不严格区分词法和句法,即淡化词法与句法之间的界限;二是对语义和语用也不做严格区分。综合这两点,我们可以认为,一个"结构"就是语义、句法和语用的综合体(synthesis)。综合体的意义不能简单地从其成素义加合推知。可以将综合体的意义看作其成素意义的函项(function)。照此,"是"字结构可以看作"是"和"是"的联结项的综合体,"是"可以看作综合体的函子(functor)。

0.6.3 全书线索

本书将"是"字结构分为如下三大类:典型"是"字结构、准典型"是"字

---

① 结构语法主要是在框架语义学的基础上发展起来的,基本思路一致,本书对二者不作区分。结构语法可参阅 Goldberg(1995)导言部分、Kay(1997)第四章,框架语义学可参阅 Fillmore(1982:111—137, 1994:105—129)。

结构、非典型"是"字结构。进一步将非典型"是"字结构分为几个次类：语义特异"是"字句、聚焦式"是……的"句、语气(mood)断定类"是"字句。后面我们将看到，这几类结构在语义上呈现从典型语义(核心)到非典型语义(边缘)渐变的状态，语气上由中性到强，再到中性或者弱。①大致说来，无论从语义上还是从语气上，上述几类结构构成一个连续分布状态，是一个连续统(continuum)。

贯穿全书的线索是：基于"是"自身作为空动词的主观性特征，以各类"是"字结构的语法语义上前后项的静态—动态关系的差异和语用上断定语气的强弱为线索，分析"是"字结构的次类和相互之间的连续统关系(详见第一章分析)。需要说明的是，这里的语义表示两事物、两现象或两事件之间具有等同或类属关系；断定语气则强调凸显是说话者的观点，凸显说话者对所言的全部或某一部分的肯定态度。

0.7 全书的结构安排与各章内容概要

全书包括绪言、正文两部分。各部分内容大致如下：

绪言部分：

介绍跟本书相关的逻辑学界对于判断句的研究，梳理概介相关文献。对判断句的传统研究作出评介，指出其逻辑学基础及所存在的问题。我们认为，传统关于判断句的研究是建立在古典逻辑的基础上的，这种研究对于联结词(即语言学上所说的系词)采取单一化的处理，不能充分揭示自然语言中判断句的语义特点，难以全面揭示汉语"是"字句的语义特征。于是，需要转换研究视角，从系词自身的主观性特征出发，来揭示"是"字句的句法语义特性。基于这一思路的研究，需要考虑句子信息分布中的"焦点"、"预设"等语义、语用因素(后来的断定逻辑实际上已经从认知的角度来研究自然语言，详见下文)。这样，语义特异型的"是"字句，聚焦式"是……的"句以及语气断定"是"字句等就能跟典型"是"字句联系起来，并能得到一致性解释。

据此，我们提出，对汉语"是"字句的研究要将句法、语义、语用结合起来。做到形式与意义的结合，语言和逻辑的结合，并提出从语言对比(主要是汉英)的角度进行研究。

正文部分：

---

① 有关"语气"，请参阅 5.4 节。

第一章　句法语义的同构性与"是"字断定句的类型

介绍句法语义的同构性问题;从"是"的逻辑内涵角度探讨典型"是"字句的产生机制;指称化、名物化和准典型"是"字句;"是"的非典型结构及其语义共同性。

第二章　特异型"是"字句的句法、语义

界定语义特异;语义特异"是"字句的形式类和语义特点;语义特异"是"字句的句法推导与语义解释;语义特异"是"字句研究的应用价值;这类"是"字句可以看作一般话题句的变体。此外,还讨论一种含"比较"义的"是"字句。

第三章　焦点化与"是……的"结构句(上)

讨论聚焦式"是……的"句,主要包括:语义上的一些特点;这类句子的实际构造过程;句法生成性与叙事句到聚焦句的推导过程中所受到的句法语义限制。

第四章　焦点化与"是……的"结构句(下)

继续讨论聚焦式"是……的"句,主要从英汉对比的角度探讨汉语聚焦式"是……的"句的来源问题。研究中注意共时与历时结合,汉语跟英语比较,尤其注意探讨汉英聚焦结构句的异同。

第五章　语气断定型"是"字句

主要内容包括:语气断定"是"字句的形式类和语义类;语义上的一致性解释,尤其对"X 是"问题提出了不同于学界已有观点的新见解,这类"是"字句就其断定功能而言似乎"悬空"(stranding),究其本质,仍可看做一般"是"字句的变体。这类"是"字结构具有一种词法—句法的界面特性。

第六章　"是"字结构的归一性及相关问题

从当代句法理论关于中心语的基本观点看,"是"字句可以看作断定短语(Assertion Phrase)的中心语;这些"是"字结构在语义方面呈连续性变化,构成一个连续统,给出语义连续性的原因;从"是"的语义淡化看语法化中"单向性"问题;方法论检讨与研究启示。

0.8 语料来源

以北京大学中文系自行开发的北大汉语语料库(BDCC)为主要语料来源,该语料库包括八个子库,分别是现代汉语(1680 万字)、1995 年人民日报(1191 万字)、作家文摘(1376 万字)、历代汉语(1331 万字)、全唐诗

(632万字)、朱子语类(197万字)、太平广记(196万字)、北京话口语(13万字)。

  在具体应用时,共时语料以"现代汉语"、"北京话"、"作家文摘"、"人民日报"(1995年)为主,历时语料从"历代汉语"中选取。同时有选择的从一些公认的权威语法学著作中选取例句,为了节省篇幅,不一一注出。英语、日语等例子有些摘自比较权威的词典,如《朗文当代高级英语辞典》等。此外,笔者在平时阅读和与人交谈中,有意识地记录下一些例句。为了说明问题,也在"内省"(introspection)和"问卷"(questionnaire)相结合的基础上自己造出例句,但都经过了慎重检验。

  注释编号采取每页单独以脚注形式给出。

  例句每章单独连续编号。

第一章 句法语义的同构性与"是"字断定句的类型

【本章摘要】

这一章讨论的重点是从句法跟语义的同构对应关系上看"是"字断定句的几种类型,主要内容如下:

第一小节主要介绍本研究的基本立足点之一:句法与语义的同构性。并指出现代汉语"是"字句所对应的核心语义类型是"名物$_1$等同/归属于名物$_2$"。根据与核心语义结构的差异大小,可以把现代汉语的"是"字句分为典型、准典型、非典型结构三个大类。

第二小节讨论典型"是"字句的产生。围绕人类语言反映静态关系句时的结构差异,着重讨论指代词"是"为何成为断定词的重要来源。这一探讨涉及对古汉语"……者,……也"断定结构为"是"字结构替换之动因的解释。

第三小节详细讨论准典型"是"字句,指出其对应的语义结构的特点是:前后项非名物,但与典型结构一样具有"等同/归属"关系;并通过汉英对比分析其中反映的某种共性(名物间关系与属性/活动/事件间关系类型的平行性)和表达手段的特殊性(谓词性成分指称化是否有名物化标记)。

第四小节简单讨论非典型"是"字句。它们的前后项不具有"实体$_1$—等同/归属于—实体$_2$"语义关系。根据句法语义对应的不同,该小节区分出非典型"是"字句的各个次类,以后各章分别详细讨论。

1.1 句法语义的同构性问题

1.1.1 语言与经验同构

语言自从诞生的那一天起就是为交际服务的,而人们使用语言首先是为了反映现实世界。通过语言,人类将经验世界模式化(modeling experience)。于是,语言结构在很大程度上是对经验结构的临摹(iconicity)。由于这一点,语言研究者可以从对经验结构的研究中找到语言结构的理据;反之,语言结构的分别也在一定程度上显示了经验结构的

差异。语言结构和经验世界的结构是如此紧密,以至于心理语言学界有学者这样断言:

> 人能运用语言之前,这个不同寻常的世界就是有规则的。如果语言发展的形式和规则与前语言的形态和组织完全无关,那将是令人迷惑不解的。如果在运用语言之前,首先必须摧毁其经验世界的原有规则,以便按语言固有的结构原则重新建立一套规则,那将是极其可怕的。(坎特尔 1969,引自约翰内斯·恩格尔坎普 1997,中译本)

概括地说,语言和经验是同构的(isomorphic)。正是看到了这一点,所以国内外学者都试图在语言结构和经验世界的结构之间架起一座桥梁,Halliday(1985/1994)概括的三大元功能(metafunction)中将作为概念功能之一的"经验功能"(experience function)放在首位,就说明经验结构对于解释语言结构的重要性。形形色色的认知语义学,其根本目的都是想从经验世界的结构中找到语义的解释,这方面可参考 Jackendoff(1985)、戴浩一(1990)。

1.1.2 关于同构的概念

同构是数学上的一个术语,这里就用数学上的例子简单解释一下。[①]

(1) 设⟨A,R⟩和⟨B,S⟩为两个结构,若存在一个从 A 到 B 的双射函数 f 满足:对 A 中任意的 x 和 y,xRy⟺ f(x)s f(y),则称⟨A,R⟩和⟨B,S⟩是同构的,记成⟨A,R⟩≌⟨B,S⟩。称 f 为从⟨A,R⟩到⟨B,S⟩上的同构。例如:
⟨{1,4,6},⟩<≌⟨{0,1,2},⊂⟩,我们取 f:{1,4,6}→{0,1,2},使得

$$f(x)\begin{cases}0, x=1\\1, x=4\\2, x=6\end{cases}$$

这样,尖括号中的两个结构是同构性的。

语言学上的定义:同构(isomorphism)指两个或多个结构的一个特性,即其组构成分在某一抽象层次上互相一一对应。例如,如果对每一个

[①] 这里参考了耿素云等(1990:174)。

句法单位而言,都有一个对应的语义单位,譬如:主语+动词+宾语::动作者+动词+目标,那么就说句法分析和语义分析是同构的(Crystal,1997;沈家煊,2000 中译本:192)。

下面举一个语言学上的例子。

(2) Zhang San likes Yang Ning.（自然语言）
(3) Like'(Zhang San', Yang Ning')（逻辑刻画或称翻译公式）
(说明:带撇的词不再是自然语言中的词,而是逻辑语言中的词)

生成(2)和(3)的句法规则和翻译规则如下:

(4) 句法规则: a. S →NP_1 V NP_2
　　　　　　 b. NP→Npr
(5) 翻译规则: a. S'→V'(NP_1', NP_2')
　　　　　　 b. NP'→Npr'

句法表达式与语义表达式之间存在同构对应关系是有直觉经验证据的,人们经常引用的例子是语法上有歧义的结构。例如(6)这样的结构,不论哪一种语义,句法上的分析跟语义上的分析都是一致的(Lyons,1995/2000:207):

(6) old men and women
　　　A ————————
　　　B ——— ————

可以看出,句法表达式(句法规则)和语义表达式(翻译规则)是一致的,句法规则和语义规则具有同构性。在数学中,同构描写的是两种代数之间的对应;在自然语言中,同构描写的是句法结构和语义结构之间的对应关系。不过,在实际话语中,由于语义成分缺省等原因,句法结构与语义结构在表层并不总是一致的。下文我们对"是"字句的分析将证明这一点。

需要指出,同构研究可以有两个角度:内部同构研究(internal isomorphism)和外部同构(external isomorphism)研究。所谓内部同构研究是就一个句子而言,其语义构成形式和表层句法形式是否对应,如果对应就是内部同构;所谓外部同构研究是指就一组句子而言,看其表层句法形式是否呈现一致对应,如果一致对应就是外部同构。本书所说的同构是指内部同构,即语义规则跟句法规则之间的一致对应关系。[①]研究句子的同构现象对于正确理解句子语义以及句子意义的形式化有着重要意义。

1.1.3 "是"字结构句法语义对应情况

下面按照上述句法语义之间的同构关系,简要介绍一下各类"是"字结构中句法跟语义之间的对应情况。

我们认为,现代汉语"是"字句所对应的核心语义类型是"名物$_1$等同/归属于名物$_2$"。根据句法跟语义之间的对应关系,可以将汉语的"是"字句分作三类:典型类、准典型类和非典型类。大致说来,三类结构中句法语义对应情况如下:

(7) 典型"是"字结构
    句法形式:NP_1—是—NP_2
    语义形式:实体/名物—断定—实体/名物
(8) 准典型"是"字结构
    句法形式:VP(含小句 S)/VP 的—是—VP/NP/PP
    语义形式:(转类)动作或事件实体—断定—(转类)动作实体或属性特征
(9) 非典型"是"字结构 句法跟语义难以像前两类那样直接对应,详见下文。

可以看出,典型"是"字句中句法和语义之间能够达到同构(对应),准典型"是"字句的前项或后项由于含有动性成分,需要先经过指称化或名物化转类才能达到典型"是"字句那样的对应。至于非典型"是"字句,由于难以用前两类那样的对应来表达,情况比较复杂,且是本书要讨论的重点,留待以后各章详细讨论。

1.2 "是"的逻辑内涵与古今汉语主观断定结构之差异

1.2.1 "是"的逻辑内涵及典型"是"字句

先界说一下讨论对象。本书的"是"字结构限指现代汉语"是"字句或

[①] 朱德熙(1962/1980)对于外部同构做了详细论述,因为跟这里讨论的问题关系不大,不赘述。

与现代汉语句式语义均相同的汉语史各阶段的"是"字句,古汉语中带有指代词"是"的句式则称为"是"回指句(anaphoric sentence)。

跟其他语言一样,汉语系词"是"的一般作用是将两个实体项目连结在一起,其意义比较空灵,本原义是表示说话者的一种主观断定,不妨称为空动词(empty verb)。下面我们将指出,"是"在古代跟今天所说的判断句相关的主要分布环境是"动性结构,是动性结构也"(这里的动性结构是指动词短语、句子形式之类),其间的"是"是回指性代名词(anaphoric pronoun)。一般认为,这种情况下说话者的断定主要由句尾语气词"也"来承担。古汉语中"是"一般不用于"名性成分—名性成分"这样的环境中,当"是"用于"名词性成分—名词性成分"之间作为联结两实体的标记时,"是"已经完成了语法化过程,成为断定系词。

从共时层面看,"是"的逻辑内涵是什么呢?为了搞清"是"的真正涵义,不妨先看看英语系词的逻辑内涵。

我们知道,古典逻辑是亚里士多德在希腊语的基础上建立起来的,是一种容器逻辑(参绪言 p.12,注 1)。也就是说,着眼于概念范畴之间在外延上的包含关系,to be 类系词的内涵实际上是古典逻辑的基础。亚里士多德将概念范畴分作十类,其中"实体"范畴最易纳入"X-be-Y"框架。①在集合论中,谓词 to be 的意义就是"等同"(=)、"属于"(∈)、"包含于"(⊂),这是对"个体"与"个体"、"个体"与"类"、"类"与"类"之间外延关系的概括。这种关系在语言中通过名句来体现,形容词做系词表(宾)语的句子从大类上说可以归入名句。原因在于,形容词的意义是通过对"个体"意义的概括而建立一个"类"的。Halliday(1985/1994)将紧连式(intensive)关系过程小句分作两类:等同型(identifying,简称 ID)与属性型(attributive,简称 IA),这一分类其实正与 to be 的逻辑义是一致的。②例如:

(10) John is that boy. (ID)　(约翰是那个男孩儿。)
(11) John is the clever one.　(约翰是聪明的那一位。)
(12) John is clever. (AT)　(约翰聪明;或:约翰是聪明的。)

(10)是等同关系系词句,实际上真正的"等同"是指含有 this、that 这类索引词(index word)的名词性短语做系词前后项的系词句,这种"等

---

① 其他九类范畴分别是数量、关系、性质、活动、遭受、姿态、时间、地点、状况。这些范畴都是以实体为基础的,参《范畴篇》方书春(1997)中译本。

② 有关 Halliday 对关系过程的分类,参 Halliday(1985/1994)第五章,也可参阅张和友(2003)。

同"之中含有"直示"(deixis)。而对于含有摹状词"the clever one"的(11)只有"等同"没有"直示"。①(10)、(11)的共同之处在于系词前后成分所指的同一,不同在于(10)还有情景直示功能。这种差别可以从下面一点看出来,即说话者能够指着某个男孩说出(10)那样的句子,却不能指着某个男孩说出(11)那样的句子。由于前后项在所指上的同一,(10)、(11)都可以将系词的前后项倒置。

(12)是 AT 类关系小句,系词前后项不能对换,也即(12')是不合法的:

(12') * Clever is John.②

有时,同一个断定句可以有 ID 与 AT 两种释义,但适应不同的语境。

(13) 凶手是国王的兄弟。

(13)是有歧义的:按照 ID 释义,意为国王的兄弟是凶手;按照 AT 释义,"国王的兄弟"仅仅是"凶手"的属性而已,表明"凶手"和"国王"有"兄弟关系"这种属性。两种释义是有差别的,形式验证:

(14) 凶手是国王的兄弟→ 国王的兄弟是凶手(ID)

(15) 凶手是国王的兄弟→ 凶手是国王的兄弟,内务大臣的女婿(AT)

可以看出,不同的释义适应不同的语境。另外,照 ID 理解,国王只有一个兄弟,并且这种兄弟关系是血缘性的。照 AT 理解,国王可能不止一个兄弟,这种兄弟关系可以是非血缘性的。

如果换成否定句,ID 理解和 AT 理解的差别更为明显。

(16) 凶手不是国王的兄弟。

照 ID 理解,则蕴涵国王有一个兄弟;照 AT 理解,并不蕴涵国王有一个兄弟。

(12)作为 AT 类关系系词句,实际上并不是传统意义上的判断句,而是描写句。英语的描写句需要系词,汉语则不需要系词。(13)不论作 ID 释义还是作 AT 释义,都是断定系词句。不同在于前后项之间的语义关

---

① 有关摹状词的介绍,可以参阅 B Russell (1930),中译本参晏成书(2002)。
② 逐词对应的汉语"聪明的是约翰"是成立的,但这句话实际上对应的是"The clever (one) is John"。学界现在一般认为,只有借助于冠词或指示词这样的限定成分,才能锚定(anchoring)一个实体,这就是生成句法界所说的 DP 投射(Abney 1987)。本书中不合法的英语句子一般不给出汉语表达,以免误解。

联不一样:一为等同,一为类属。这是典型"是"字句的两种语义类型。

简而言之,典型"是"字结构的句法跟语义的对应为:

(17) 句法配列:NP_1—是—NP_2

　　语义配列:名物$_1$—等同或类属—名物$_2$/名物集

　　经验配列:实体$_1$—∅—实体$_2$/实体集(经验世界的结构)

上述空位∅放在两个实体之间只是为了方便跟句法、语义之间的比较,实际上反映的是说话者对于经验世界的一种主观断定,也即实体本身是说话者主观断定的产物,两实体间的"等同/归属"关系也是说话者的主观断定,而非实际存在。这种对实体的分类过程,反映在语言上即断定系词"是"。基于经验,提取语义,达于语言形式,可以建立下面这样的同构关系[将(17)加以改造]:

(18) 经验:实体$_1$—∅—实体$_2$

　　　语义:名物$_1$—等同/类属—名物$_2$

　　　句法:NP_1—是—NP_2

总之,传统意义上的判断句,最鲜明的特点就是全句表达说话者的主观断定,即说话者主观认定两实体具有等同或者归属关系。

需要指出的是,"等同/归属"关系并不一定要用专门的动词来表达,两实体的连续排列同样也可以表示"等同/归属"关系。无论古汉语还是现代汉语,都存在将两名词平列在一起,表示二者所指实体之间的"等同/归属"关系这一语言现象。不过,古今汉语在使这种"等同/归属"关系外显化方面所用的手段并不相同:现代汉语是用断定标记"是"插入两名词实体之间,古汉语则是在后一个名词之后缀以语气词"也",有时也同时在前一个名词之后加上"者",与"也"照应,形成"……(者),……也"结构。古今在表示说话者主观断定上所用的手段虽有所不同,但基本作用都是使两实体分隔开来,使主观断定外显化。下面就来讨论古汉语表示主观断定的结构"……(者),……也"及"是"对这一结构的替代过程。

1.2.2 古汉语的主观断定结构:"……(者)……(也)"

先来看看人类语言中句子的基本类别,即所有的句子大类上可以归为几类。

现实世界由一个个实体(entity)组成,实体的行为活动构成事件(event),实体之间存在一定的关系。与此相应,语言采用两类句子来分别对应上述两种现象:一类是动态过程句,例如"小张去北京了";一类是静态关系句,例如"小张是北京大学学生"。这两类句子之间存在转换关系,①如"小张去北京了"可以转换成"小张是去北京了","小张是北京大学学生"可以转换成"小张成为一名北京大学学生了"。从转换的角度说,由动态过程句变成静态关系句值得注意,它是由说话者的主观断定确立的关系,"小张是去北京了"表明"小张去北京"这件事是说话者的主观断定,而不是客观陈说。

跟本书讨论相关的是静态关系句。上文已经指出,实体之间的关系客观地存在着,而将这种关系揭示出来并通过语言进行传达是靠说话者的主观断定实现的。不管哪种语言,总有办法表达现实世界中两实体之间的关系,这是人类语言的共性表现。差别在于,不同的语言在反映静态关系时所使用的结构不同:有的语言采用"实体$_1$—系词—实体$_2$"结构,如汉语、英语,有的语言采用"实体$_1$—标记$_1$,实体$_2$—标记$_2$"结构,如日语。此外,还可能有结构表示实体间的静态关系。汉语早期反映实体之间静态关系的结构是"实体$_1$(者),实体$_2$(也)",下面我们对早期汉语中的这类静态关系句详加讨论。

"是"字断定句产生之前,古汉语表示说话者主观断定一般采取"X(者),Y(也)"结构,②其功能大致就相当于今天的"是"字结构。一般认为,"者"跟语气词"也"一起构成断定句式。其中,"者"的作用有二:一是表语气提顿,一是作为指称化标记。③"也"的作用主要表明说话者的主观断定,是一个表示静态关系的决断词。在"X(者),Y(也)"结构中,"也"不出现时,说话者是在进行客观陈说;"也"出现时,说话者是在进行主观断定。譬如,"陈胜者,阳城人也","仁者,人也"。跟今天的判断句相涉的古代判断形式依据"者"、"也"的匹配情况大抵分作四类,如(19)—(22)。

(19) NP_1,NP_2;如"荀卿,赵人"(《史记·荀卿列传》)

(20) NP_1者,NP_2;如"天下者,高祖天下"(《史记·魏其列传》)

(21) NP_1,NP_2也;如"伯夷叔齐,孤竹君之二子也"(《史记·伯夷列传》)

---

① 这里不去讨论动态过程句和静态关系句何者为本原性的问题,即"静生于动,还是动生于静"的问题。

② 将"者"、"也"放在括号内,表示可选。X、Y 代表有语义关联的名性成分或者动性成分。

③ 对于"者"也有不同的认识,大体上包括代名词和语气词两种,朱德熙(1983)认为此二者都是名词化形式的标记,区别在于代名词"者"造成的名词化形式表示转指意义,语气词"者"造成的名词化形式表示自指意义。用作名词化标记的"者"本身仍带有弱指称性,早期的语法书将这个"者"看作近指(语末)助词(陈承泽 1982 版)。本书对这些问题不作讨论。

(22) NP₁者，NP₂也；如"陈胜者，阳城人也"(《史记·陈涉世家》)

平列两名词是古汉语表达判断的基本手段。这种判断手段在现代汉语中仍然大量存在，但是受要到语义、语用上的约束。语义上的限制是指前后两名词所指能纳入逻辑上的"等同/类属"(陈宗明 1993:100—104)，语用上的限制多为一种清单式的列举。

此外，还有另外几种表达判断的结构，如(23)—(25)。

(23) NP，VP也；大智之用，固难逾也。(《吕氏春秋》)
(24) S/VP，S/VP也；使者目动而言肆，惧我也。(左传·文公十二年)
(25) VP，NP也；责善，朋友之道也。(《孟子·离娄上》)

(23)—(25)平列的前后项至少有一个是谓词性结构，后项对前项来说，或为属性，或为解释说明。从静态关系上着眼，也就是一种断定。所谓静态关系，是指通过陈述形态的指称化使前后项之间的关系跟"名—名"关系一致，如(26)。①关于这一点，将在第三节谈到。

(26) 良庖岁更刀，割也；族庖月更刀，折也。(《庄子·养生主》)

综之，用"者……也"结构进行判断时，或者直接平列两名词性成分形成静态关系，或者本来为"名—动"、"动—动"成分的结合，经"者"、"也"标记化为指称性成分之后，再纳入"名—名"语义框架，表达逻辑上"等同/类属"关系。以(26)为例，第一个小句用今天的话就是"好的厨师一年换一次刀，(这是他)用割的方式的结果"，画线部分一为事件化，一为指称化，结果都由"动"而"名"。说话者通过"……，……也"对二者的关系进行判定。

值得注意的是，在上述各种结构中，可以在前后项之间插进一个"是"，以回指前边的话题，便构成下面要讨论的"是"字结构。不过，若前后项的两名性成分较短，加上"是"的形式不是古汉语的习惯表达。例如"陈胜者，阳城人也"不能说成"＊陈胜者，是阳城人也"，而"伯夷叔齐，孤竹君之二子也"说成"伯夷叔齐，是孤竹君之二子也"倒是可以接受的。

下面来看跟断定相关的含有"是"字的结构。

汉语史界一般承认，系词"是"是从回指性的指示代词发展而来(王力

---

① 这里只考虑了"者"、"也"单用的情况。实际上，"者"、"也"可以连用构成"者也"、"也者"这样的指称化标记。不同在于，"也者"用于前项，"者也"用于后项，跟单用的"者"、"也"分布一致。例如：
集大成也者，金声而玉振之也。(《孟子·万章下》)
以大事小者，乐天者也；以小事大者，畏天者也。(《孟子·梁惠王下》)

1937/2000),在演进过程中,曾经受到形容词"是"的影响(郭锡良 1990)。这里要解决的问题是,"是"为什么要从回指代词演变成系词?换句话说,古代的"是"字结构为什么会演变成今天的判断句?在回答这个问题之前,先看看"是"发生变化的句法环境。

一般认为,词汇语法化需要具备两个必要条件:一是语义的适宜性(felicity),一是句法环境(Hopper & Traugott 1997)。这两方面是相辅相成的,语义的适宜性是内在的,句法环境是外在表现。

对于"是"作为系词的产生时代,汉语史界多有论争,本书拟不讨论这一问题。我们接受学界的普遍看法,即"是"作为系词的时间始于西汉,全面完成在六朝。

这里所关心的是,指代词为何会成为断定词的重要来源?

下面结合我们收集统计的语料介绍学界关于"是"由指代词到断定词的替换过程,着重考察跟今天的"是"字结构一致的分布环境。

已有研究表明,"是"在古汉语中跟判断句相涉的分布如(27)—(30)所示。①

(27) S/VP,是 S/VP 也;
(28) NP 是 S/VP 也;
(29) S/VP,是 NP 也;
(30) NP 是 NP 也。

下面分别举例,阐释(27)—(30)的分布环境。

(31) 知之为知之,不知为不知,是知也。(《论语·为政》)
(32) 不许楚言,是弃宋也。(《左传·僖公二十八年》)
(33) 然而不胜者,是天时不如地利也。(《孟子·公孙丑上》)
(34) 刑黥太子之师傅,残伤民以骏刑,是积怨畜祸也。(《史记·商君列传》)

以上属于类型(27),"是"居于"动—动"之间。从语义上说,前后项所指符合"等同/类属"的关系。具体来讲,"动"通过表述形态的变化由陈述而指称,前后形成一种静态关系,纳入"名—名"那样的语义关系类别。以

---

① 这里所说的跟判断句相涉是指在语序上"是"居于前后项之间,不同在于古汉语中前项之后有语音停顿,是一个被谓述的话题。对于"是"居于后项之后的倒置语序,由于跟今天的判断句的语序不同,不予考虑。

(i) 古之人有行之者,武王是也。(《孟子·梁惠王下》)
(ii) 臣闻七十里为政喻天下者,汤是也。(同上)

(31)为例,王力(1937)认为可以写成下列的公式:知之为知之,不知为不知 = 知。用逻辑等词来替代"是",可见前后项在所指上的同指关系。类属关系可以(34)为例,即"刑颛太子之师傅,残伤民以骏刑"这种做法属于"积怨畜祸"之类的做法。

(35)(谢太傅谓子侄曰:)中郎始是独有千载!(《世说新语·轻诋》)
(36)其餘三方四维,亦是远涉山谷,方到五台。(《入唐求法巡礼行记》)
(37)东道之不通,则是康公绝我好也。(《左传·成公十三年》)
(38)夫天之见妖,是罚有罪也。(《韩诗外传》)

以上属于类型(28),"是"居于"名—动"之间。(35)—(36)与(37)—(38)有所分别:前两者"是"插在主谓之间,删除之后于句义无损;①后两者"是"的前项通过名物化标记"之"将一个陈述形式的小句包装成指称形式的名词短语,后项是对前项的说明,"是"回指前项。"名"与"动"之间是"话题—说明"结构。删除"是"虽于句义无损,但在语篇衔接上欠缺。(35)—(38)可以通过"个体—属性"、"事件—属性"纳入"等同/类属"的语义类别中。

(28)这类"是"字结构尤其值得研究。跟(35)—(36)同类,口语中经常听到(39)这样的句子,跟(37)—(38)同类,存在(40)那样的句子:

(39)他是去图书馆了。
(40)小张的没考上大学是父亲病了。②

对于(39)这样的"是"字句,将在第五章讨论,第二章将探究(40)这样的句子。

(41)吾不能早用子,今急而求子,是寡人之过也。(《左传·僖公三十年》)
(42)今使弱燕为雁行而强秦敝其后,以招天下之精兵,是食乌喙之类也。(《史记·苏秦列传》)

---

① 像(35)句中的"是"早期汉语中没有见到,这里给出的例子是比较晚的。除了《世说新语》、《入唐求法巡礼行记》外,《韩诗外传》中也有少量用例,如"妖是生于乱"。王洪君老师指出,这些句子中的"是"可能有"实"的来源。撇开这一点不论,可以认为"是"用于主—谓(动作—动作者)之间的情形是晚起的。上古汉语中没有发现用例。

② (40)显然是一个欧化的句子,更为通常的说法是"小张没考上大学是父亲病了",在一定语境下可以表达成"小张是父亲病了"。详见第二章的讨论。

以上属于类型(29)，"是"居于"动—名"之间。这里的"动"是几个接续小句，表示一系列已然事件，"名"之所指与"动"之所指之间的关系仍然不出"等同/类属"的语义类别。(41)即是说"寡人之过是不能早用子,今急而求子",(42)是说"使弱燕为雁行而强秦敞其后,以招天下之精兵"这一做法属于"食乌喙"那一类。其中的"是"可以删除,于句义无损。

(43) 王之不王,是折枝之类也。(《孟子·梁惠王上》)
(44) 富与贵是人之所欲也。(《论语·八佾》)

以上属于类型(30)，"是"居于"名—名"之间。(43)的前项通过名词化标记"之"将动性小句改造为"名性"成分,后项是名性短语,前后项所指有类属关系。(44)的前项用连词将两种性质连在一起,并指称化(详见第三节),前后项所指之间的等同关系是明显的。(44)可以表达成(44')：

(44') 人之所欲是富与贵也。

上面将与今天的判断句相涉的"是"字结构在古代的分布情况做了一番描写,将其分作四类。不论哪种情形,都不是表事件的叙事句(动作者＋动作),而是表说话者主观断定的系词句。前后项之间在语义所指上都直接或间接满足"等同/类属"这样的语义关系,这就是"是"语法化的语义基础,也是"是"字结构对"者……也"结构替换的语义基础。因为如前所言,"者……也"结构表达的语义也在"等同/类属"之列。而上述各类结构是"是"语法化的句法环境。一般认为,上述几类结构可以统一刻画为(45)(石毓智 2001:13)。

(45) 话题(topic),回指性的"是"(anaphor)＋说明(comment)

从(27)-(30)看,"是"的后项即说明部分,可以为动性成分,也可以为名性成分。早期汉语中,这两种情况所占的比例大体相当,也即二者的出现频率相当(石毓智,2001)。从其前项看,也可以既为动性成分,又为名性成分。前后项组合的四种情形中,只有第四种(30)也即"名—名"结构成为今天"是"字的典型结构。这一点是容易解释的,因为"名—名"之间是一种稳定的静态关系。两实体之间逻辑上的等同或包含关系作为客观存在是较易把握的。前后项皆为动性成分或者至少其中一项为动性成分,要建立"名—名"那样的语义关系,其中的动性成分在表述形态上必须经历由陈述向指称的转化(详见第三节)。下面是一个前后项皆为动性成分的例子：

(46) 你这样做 是 害了她。

(46)所要表达的是两种"行为"之间的类属联系,可以理解为:你这样做(的行为)是(一种)害了她(的行为)。

概括来说,"是"在历时发展中,既可以作为同质范畴的连接物,又可以作为异质范畴的连接物。① 从语义上看,"名—名"间的"是"是其典型用法。这跟前面提到的"NP(实体$_1$),NP(实体$_2$)也"是典型的断定句是一致的。当"实体$_1$"为复杂谓词性成分时,常用"是"作为"指称化"标记,也即指代词回指其前的话题,相当于英语的 that。从指代词演进到系动词,有学者认为是受了汉语 SVO 主流语序的影响,即普通动词对"是"的类推作用(石毓智,2001)。这是针对"名—名"间的"是"字结构而言的,对于类型的"是"字结构,则可能是受"名—名"间"是"的影响而视同系词。

在(27)—(30)中,句尾的那个"也"是值得一提的。既然"是"是指代词,在说话者那里就还没有取得作为断定标记的资格,说话者的"断定"是由"(者)也"承担的。对秦汉文献的粗略统计表明,上述"是"字结构一般都有"也"煞尾,不带"也"的只占很小的比例。② "也"在上述各例中承担着"断定"功能,即对两实体("名—名"配列)或者两事实("动—动"配列)或者事实与抽象实体(如"寡人之过")之间"等同/类属"关系的断定。

语言是一个系统,同一句式在表达相同语义范畴时一般不会同时运用功能完全相同的手段,如果两种手段承担完全相同的语义功能,语言会在经济性原则的要求下做自我调整,排除其中一种手段,保留另一种。从历时的角度看,可以看作表达同一语义范畴的手段将其功能让渡给另一手段。"是"作为系词承担断定功能与"者……也"(主要由"也"承担)断定功能的衰落是一个过程的两个方面:一方面是"也"的断定功能的衰退,一方面是"是"作为断定标记的确立。当"是"的前项渐趋简单,也即主语简短时,"是"的回指功能减弱,而断定功能增强,这一点郭锡良先生(1990/1997)也已经指出。以至于当"是"成为单一名词间的中介成分时,便取得断定标记的资格。反过来说,当"是"的断定标记地位在语言系统确定之后,其典型的分布环境就主要限于"名—名"之间了。

(47)我是李府君亲。(《世说新语•言语》)
(48)得无诸君是其苗裔乎?(《世说新语•言语》)

---

① 这里所说的同质范畴、异质范畴包含语义句法两方面:从句法上看是指动性、名性之类,也即 S/VP、NP 之类,从语义上看是指实体、事件/事实之类。
② 唐钰明(1992)统计过从西汉到南北朝文献中"是"与"也"共现率的变化情况,大致是:西汉 80%,东汉 28.8%,魏晋 19%,南北朝 4%。

(49) 财本是粪土。(《世说新语·文学》)

(50) 此是庾冰之功,非臣之力。(《世说新语·方正》)

从形式上看,(47)—(50)已经跟今天的判断句完全无异了,前后项或为名词,或为代词,符合"实体$_1$—是—实体$_2$"语义配列。

我们既然已经承认"是"最初作为回指其前话题的指代词,那么,从语言单位功能一致性的角度来讲就应该解释一下当"是"成为"名-名"之间的断定标记后,前项"名"是否还带有话题性,或者说,能否仍将前项"名"视同话题。从语言描写模式的统一性和历时来源着眼,这种处理办法是可行的。从语法化的角度说,"话题"与"主语"的差别只是一个语法化程度(degree of grammaticalization)的问题,"主语从本质上讲是语法化的话题"[①]这一观点对于汉语"是"字结构中前项的性质定位是很恰切的。以(47)为例,在语义表达上等于于:我,李府君亲也。说话者以"我"为话题进行断定言说。当"是"作为联结项将"我"与"李府君亲"连结在一起并消除语音停顿时,前项的话题性一定程度上被削弱了。"是"既然从指代词发展而来,便不可避免带有指代性。有学者认为"A 是 B"结构中,"是"实际上拷贝了前项 A 的内容,将"A 是 B"约定化简为"A,AB"(陆汝占、靳光瑾,2001)。这一看法实际就是将"名-是-名"中的前项当作话题。

现在回答前面提出的问题:类型学研究表明,语言中的断定词多是从指代词发展而来的,这是为什么?

我们的看法是:① 指代词用在两相关项之间,有分割前后项的作用;② 能够使陈述性前项指称化,使句子由动态句转为静态句;③ 指代词尤其是非人称指代词往往跟说话者的主观断定直接相关,指代词之后的部分是对前面部分的判定或评说,这样就使说话者的主观断定外显化。汉语的"是"由指代词发展成为今天的断定系词可以由此得到解释。

"是"字结构作为断定句替换"者……也"断定结构实际上蕴涵着系词"是"诞生的动因,这个动因最终可以归结为说话者的主观性(subjectivity)问题。关于主观性问题,绪言中已经有交代。有一点必须指出,主观性是认知主体的共同特质,不同的民族,同一民族的不同时期,都有办法通过语言表达主观性。因为"任何一个人,……只有用主观的方法才能接近客观世界,每一种具体语言也就是进行这种个人评价的主观途径。"(兹维金采夫,1981 中译本:337)。当说话者用"NP$_1$,NP$_2$"(荀卿,赵人)这样的判断表达式时,其主观判断是潜在的,也即通过两名词短语

[①] 这一观点是 Li & Thompson(1976)提到的,也见于 Hopper & Traugott(1993)。

的语义对比关系来进行断定。平列两名词而能表达断定有其语义基础，狭义地说就是两名词所指概念在外延上有等同或类属关系。[①]广而言之，还包括两名词所指概念的隐喻(metaphor)关联，这是古今汉语的共通处之一。有关隐喻型判断句，详第二章，下面是一个先秦文献中的例子：

(51) 秦,虎狼之国。(《战国策》)
  (秦国是虎狼一样的国家。)

若要表示较强的语气，也就是主观断定性强，则在"NP_1"之后加"者"，在"NP_2"之后加"也"，构成"者……也"结构，例如：

(52) 今秦者,虎狼之国也。(《战国策》)

对于"X,是 Y 也"而言，说话者的主观断定仍寄托在煞尾语气词"也"上头，当这种主观断定的寄托物转移到中介词"是"上面时，汉语的断定标记便发生了根本性变革。

"是"居于"名—名"(也即两实体)间构成的名句是汉语断定句的典型形式，其核心语义就是"两实体"的"归属、等同"关系，这一关系是说话者的主观断定结果，其主观性大于一般动词句，所以附带断定语气。

"断定"(名句)其实并不一定需要系词，上文所述已经证明这一点。系词的作用在于：① 分隔开有关系的两实体；② 使断定关系外显化。

这一节主要讨论"是"字结构作为断定句对"者……也"结构的替换，也是"是"的语法化过程，其语义基础是这两种结构的语义内容都能纳入"等同/类属"之列；其演变机制源于说话者的主观断定手段的变化，即从"(者)……也"配列到中介词"是"的转变。从经验、句法、语义的同构性着眼，这两种结构也存在内在的一致性，如下图所示(以"名—名"关系为例)：

[①] 英语也存在类似现象。Jespersen(1939,中译本 1989)就提到这种现象，即两个名词短语并列在一起，中间没有系词联结，但是形成的不是并列结构而是主谓结构。
  (i) He a gentleman! Why, his grandfather was a tradesman. (Defoe).
    他也算(是)绅士！笑话,他的祖父是一个买卖人哩。
  (ii) She a beauty! I should as soon call her mother a wit. (Jane Austen)
    她也算(是)一个美人！我还不如把她妈叫才子呢。
  我们看到,(i)、(ii)这样的句子有如下特点：并联的两个体词中第一个是代词,多为说话者以外的人(你、他),第二个体词是性质名词(gentleman、beauty)。这种句子在英语中并不常用,语用方面有一定限制,即用在"反义句"(sentence of deprecation)里,是一种特殊的语法现象。

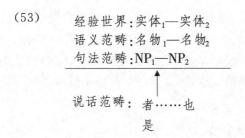

可以看出,古今汉语的断定结构在经验跟句法语义的同构性方面有着内在的一致性,不同只在于断定的手段有别,这是语言的表层差异。

对于前后项至少有一项为动性成分的情形,可仿此分析;不同在于含有动性成分时,要涉及表述形态的转化。

1.3 指称化、名物化与准典型"是"字句

1.3.1 指称化与名物化问题

前面的讨论显示,"是"字结构不仅仅限于"名—名"这样的配列,还包括"名—动"、"动—名"、"动—动"这样的配列。"名—是—名"为"是"字的典型分布环境,其典型语义是"等同/类属"。在典型"是"字句中,句法、语义跟经验直接达到同构关系。其余三种配列涉及到动性成分,动性成分所指需要经过表述形态的转化才能建立"名—名"配列那样的语义关联。除此之外,汉语通常还借助名词化标记"的"将一个动性成分转化为名性成分,然后再通过"是"的联结建立起跟典型"是"字句同样的语义关联。这样,跟表述形态转化和名物化标记相涉的"是"字结构在句法语义跟经验之间的同构对应上就不是直接的了。为了显示这几种"是"字结构跟典型"是"字句的联系与区别,我们将这些配列造成的结构称为准典型"是"字句(quasi-是)。下面先介绍表述形态的几个概念:陈述、指称、指称化,以及学术界经常讨论的名物化现象,然后讨论几种准典型"是"字句,最后总结出这类"是"字句经验跟句法语义的对应关系。

"陈述"和"指称"是语言表达的两种基本表述功能,"指称"就是有所指,在语法形式上是体词性成分,在意义上是个名称;"陈述"就是有所谓,在语法形式上是谓词性成分,在意义上是个命题或者断言。[①]"陈述"可以

[①] 指称、陈述是朱德熙(1982/1983)首先提出来的,这一思想更早可以追溯到朱德熙等(1961)。这里的论述参考了陆俭明(1993/1997)、郭锐(1997)。

用"怎么样"来形成回声问句(echo-question),"指称"可以用"什么"来形成回声问句。

"指称"和"陈述"可以相互转化,转化有两种途径:一种是通过一定的句法手段即在原来形式上添加一定的标记来实现,一种是句法位置造成的表述功能的变化。

前一种情况是在原来语言形式上添加一定的句法标记词,使表述功能发生变化。将指称形态转化为陈述形态一般是在后边加上动词性成分,如 N + 化→ N 化(工业化)。这种表述形态变化跟本书要讨论的问题没有关系,跟本书相涉的是陈述形态向指称形态的转化。现代汉语中将陈述形态变为指称形态最常用的手段是在后边加上标记"的",概言之,VP + 的→ VP 的(这里的 VP 包括一部分形容词短语)。为了跟句法位置造成的"陈述→ 指称"(不加标记)相区别,可以将这种加"的"造成的表述形态变化称为名物化,详下。

后一种情况主要是指谓词性成分处于主宾语的位置或者体词性成分处于定语和谓语的位置上时所带来的表述功能的转移,跟本书关涉的是谓词性成分处于主宾语位置时由陈述形态转化为指称形态,所谓指称化,例如(54)—(56)。①

(54) 猫咬狗是可能的。(陈述→指称)
That a cat bites a dog is possible.
It is possible that a cat bites a dog.
(55) 小朋友喜欢看猫咬狗。(陈述→指称)
Little children like watching (the game) "cat-biting-dog".
(56) 张家的猫昨天咬了邻居家的狗。

(54)—(55)是在语言形式不发生变化的情况下发生的陈述功能向指称功能转移的现象(比较(56))。汉语缺乏严格意义上形态变化,同一个语言形式(这里除了一般所说的词,还包括短语和句子形式)在承担不同的功能时不会发生外形变化。由于这种原因,汉语学界曾经一度有学者将主宾语位置上的谓词看作体词,这就是所谓的"名物化",朱德熙等(1961)对此进行过批驳。撇开"词类转化"不论,应该承认,主宾语位置上的谓词性成分的确发生了表述功能的变化。以(54)、(55)而论,"猫咬狗"这种句子形式分别处于主宾语位置,从陈述形态转化为指称形态。汉语

---

① 为了显示这类"是"字结构的语义特点,这里给出相应的英语表达。不过,英文翻译只是为理解"是"字结构的语义提供参考。下文同样的问题仿此,不另作说明。

中这种转化是不需要标记的,英语则不然。要实现表述形态的转化,英语需要借助一定的标记,如(54)中引导词"that",(55)中的动名词化标记。在指称化中,有两点需要注意:

其一,同一形式在陈述状态下执行的是谓述功能,对应经验世界的事件,是动态的;在指称状态下执行的是整体标识功能,对应经验世界的事件性概念,是静态的。打一个比方,可以认为陈述状态下的语言形式所描述的犹如一出戏,指称状态下的语言形式所描述的犹如一幅画(Jespersen 1924:110)。

其二,由于上述原因,陈述状态下的语言形式是有时体分别的,以"时态句"(tensed sentence)形式出现,也即句子的谓语动词可以带时态助词"着"、"了"、"过";指称状态下的语言形式没有时体分别,是"非时态句"(non-tensed sentence),句子的动词不可以带"着"、"了"、"过"。相应地,时态句中的名词一般是有指(通常为定指)的,如(56),非时态句中的名词一般是类指的(generic),如(54)、(55)。

归结上述两点,不妨认为陈述状态下的语言形式所表达的意义跟指称状态下所表达的意义处在不同的层次上:指称状态下表达的是一种潜在静态义,陈述状态下表达的是一种现实动态义。也可以说,陈述义是指称义的实现。

对于这种现象,Langacker(1987)在谈到说话者对过程的两种不同描述时指出,同一过程,可以从两个不同的角度对其进行扫描(scanning):顺次扫描(sequential scanning)、总括性扫描(summary scanning)。所谓"顺次扫描",是指将一过程看作组成该过程的次一级事件(sub-event)的连续;所谓"总括性扫描",是指将一过程看作一个整体单元,其中所有的次一级事件被视为一个整合的(integrated)整体。以这样的眼光来看谓词形式的指称化,不妨说,说话者用某一语言形式进行陈述时,他是在对过程做顺次扫描;一旦当他用同一形式进行指称时,他就在对过程做整体扫描。

前面提到汉语中的"名物化"问题,这里需要再做些补充说明。本书所说的"名物化"接受朱德熙(1983)的观点,即"名词化"(nominalization),也就是有实在形式标记的指称化。跟本书相涉的"名物化"是指:原来执行陈述功能的谓词性成分VP(包括句子形式的主谓结构)加上"的₃"后形成的指称形式"VP的"做"是"字句的前后项。我们关注的是,从语言对比的角度看,这类"是"字句跟英语的wh-名词小句作系词 to be 的前后项有何异同。

1.3.2 准典型"是"字句的几种类型

现在来看汉语的准典型"是"字句。大致说来,可以归入准典型"是"字句的包括如下两大类:

(57) 谓词性成分 VP＋是＋后项(下面简称 VP 前项类)①
(58) 事件小句 CL＋是＋环境成分 PP(下面简称 CL 前项类)
每一大类又分为几个次类,下面逐一介绍。

(一) VP 前项类

这类"是"字句的共同点是前项都是动性成分,不同在后项上头。前面已经指出,在"是"字结构中,谓词性成分经历了从陈述形态向指称形态的转化,然后才能纳入"名－名"那样的语义类别中。大致说来,VP 作前项可分作如下几次类:

1 VP_1 ＋是＋VP_2

后项也是谓词性成分,一般情况下前后项就是简单形式的动词或者形容词。例如:

(59) 清除是自卫。
　　Clearing away is self-defense.
　　或 To clear away is to defend oneself.
(60) 美丽是一种错误。
　　Beauty is a kind of error.

(59)、(60)的前项都是谓词性成分,相应英文表达的前项却不能直接用定式动词(谓词),必须用动词的非定式形式即动名词、不定式之类,或者用谓词相应的名词形式。不定式动词短语是从属于句子的,即作句子的某一成分,这跟定式动词(谓词)明显不同。动名词是动名两栖的,兼有动词和名词的特点(参 Jespersen1939/1989 中译本),跟定式动词也是不同的。总之,英语不能径直将定式动词置于主宾语的位置。不过,英语的表达却表明汉语居于主宾语位置上的谓词在表述形态上已经发生了变化,也就是上文所说的指称化。

谓词性成分 VP 在作主宾语(实际也包括定语)时,从前汉语学界有学者认为是谓词成分性"名词化"了,详见上文。这里关注的是谓词性 VP

---

① 这里的 VP 不包括事件小句这一类,事件小句类另谈,但包括主谓式结构和形容词的情况。

做主语的"是"字句在谓语方面所受到的一些限制。我们发现,当谓词性 VP 作主语时,"是"字句受到一定的限制,即句法上,后项一般不能为动作类谓词;在语义上经过指称化成为一种属性。这是不难理解的,因为"是"字结构表达的是一种静态断定义,进入这种结构的谓词必须满足这一结构的要求。

2 VP + 是 + NP

后项是名词性成分,其所指多为一种抽象概念,这反过来又会要求前项必须指称化才能满足"是"字结构对于语义的要求。例如:

(61) 炸死亚辛 是"危险的懦夫的行径"。
　　 Bombing Yahin to death is a dangerous and cowardly action.
(62) 讲课 是件辛苦的事。
　　 Teaching is a hard work.

这类句子也可以将后项替换为"AP 的",因为定语位置上的"AP 的"指称的是其后的中心语,[①]"的"是名物化标记,"AP 的"是名词性的。上面这两个句子可以分别说成"炸死亚辛是危险的"、"讲课是辛苦的"。所以这个次类实际上包括后项为"AP 的"的情形。

3 VP + 是 + 拷贝性 VP 的

前项 VP 是一个主谓式句子形式,后项是一个拷贝式动性短语,带有致使性(causativeness),前后项在语义上是一种"结果—原因"语义模式。

(63) 眼睛红是熬夜熬的。(64) 张三醉了是喝酒喝的。

这类"是"字句英语难以找到句法上切近一致的表达,一般可以将前后项看成"结果—原因"关系进行诠释。以(63)为例,英语往往选择(63'):

(63') The eyes' being flare is the result of staying up late.

这类"是"字结构中,前项是含有"已然"义的小句形式,后项是说明性的拷贝式"的"字结构。前项指称化后不妨视为"事件实体",后项是说明性"属性",可以看作一种广义的"等同/类属"语义类别。如果单从前项看,这类结构也可以归入(58)。考虑到后项特征与其后项的语义关联,归入(57)。

---

① 为什么说定语位置上的"AP 的"指称其后的中心语,请参见朱德熙(1961)"说'的'"一文的有关论述。

(二) 事件小句前项类

这类句子的前项是一个事件小句,后项是事件涉及的特征,包括时间、地点、方式等,本书统称环境成分(circumstantial element),句法上实现为一个介词短语PP。

(65) 志愿军跨过鸭绿江是在1950年。(时间)
(66) 我最后一次遇见他是在上海。(地点)
(67) 王大夫给那位病人治关节炎是用中草药。(方式)

上述句子的语义类别可以概括为:事件实体－属性,其中的"属性"指时间、地点、方式等。①

以(65)为例。前项"志愿军跨过鸭绿江"是指称化了的事件小句,后项"在1950年"是表时间的介词短语,它本身就可以做事件的属性,即后项是前项的特征。这样,就可以将(65)之类归入广义的"等同/类属"之列。

值得注意的是(67),后项是工具类(广义)表方式的介词短语,类似的例子如"他打字是用五笔"。实际上,(67)更为常见的表达是(67'):

(67') 王大夫给那位病人治关节炎是用的中草药。

(67')的内部结构是:

(68) $_S$王大夫给那位病人治关节炎[$_{VP}$是($_S$用的中草药)]

(68)中,"是"前项是事件小句,后项本身是断定小句。"是"的功能在于将属性类小句(后项说明)加于"事件实体"(前项话题)之上。这样,也可以将(67)归入"等同/类属"的语义类别。

本节最后要讨论的是名物化标记"的"字结构作前后项的"是"字结构。

前面说过,名物化标记"的"加于陈述性谓词之上,将其转化为指称性成分(为方便起见,称为"的"字小句)后可以作"是"字结构的前后项。②这类结构的特性可以通过跟英语的wh-小句做主位或述位的准分裂句

---

① 这里将事件作为实体,并将其后的成分看成属性,于是将这类句子纳入"实体－属性"模式,这种处理办法采纳了王洪君、李娟两位老师的意见。第二章还会涉及对这类句子的处理,将指出删除后项所含介词之后形成语义特异的"是"字句。

② 体词性成分加名物化标记"的"之后仍是体词性的,没有带来表述形态的变化,这里不去讨论。

(pseudo-cleft sentence)的比较来把握,① wh-小句做主位或述位造成的形式也是一种名物化(Halliday 1994:41)。②

Halliday(1985/1994:39—43)对主述位等同式分裂句做了较好的解释,这里总结为(69)。

(69) 句式类:主述位等同式分裂句
　　　句型:what/who…to be…
　　　　　　…to be what/who…
　　　例句:what the duke gave to my aunt was that teapot.
　　　成分形式类:名物化主位或名物化述位
　　　附加义:排他
　　　语篇义:实现各成分作主位的潜能
　　　主位为旧信息

wh-小句可以居前做主位(theme),也可以居后做述位(rheme),形成不同的"主—述"结构。一般情况下,wh-小句做主位,也即"wh-小句＋be＋NP"是无标记的"主—述"序列。相反的结构则形成有标记序列。在这一点上,"的"字小句表现出类似的特性。例如:

(70) <u>what the duke gave to my aunt</u> //<u>was that teapot.</u>（无标记序列）
　　　　　　主位　　　　　　　　　　　　　述位

(71) <u>That teapot</u> //<u>was what the duke gave to my aunt.</u>.（有标记序列）
　　　主位　　　　　　　　　　　　述位

(70') 公爵给我姑妈的是那只茶壶。(无标记序列)
(71') 那只茶壶是公爵给我姑妈的。(有标记序列)

(70)和(70') wh-小句和"的"字小句居前作主位,(71)和(71')是小句居后作述位。

小句居前造成的序列是无标记的,反之则是有标记的。这一点大概可以这样来解释:小句在功能上虽然相当于一个名词,但其所指并不明

---

① 准分裂句是国外文献使用的术语,指称 Wh-小句作主位的系词句,其命名理据大概是跟典型分裂句相比,其预设(已知信息)在 Wh-小句中,句子的两个定式动词(其中一个是 be)不在同一层次上,be 是句子的主要动词,句子的另一个定式动词在预设小句中。Crystal(1997/2000,中译本 P292)指出,这类句子的两个部分可以分析为主要小句和从属小句的关系。在 Halliday(1985/1994)中,准分裂句被称为主述位等同式系词句。

② 这里的 wh-小句的引导词除了 what 之外,还有 when、where、which、who、how 等。不过,这些词引导的小句做主位在英语中不都是好的表达,本书不讨论这一问题,仅以 what 为例。

确,可以认为是一个指称抽象的载体。而处在述位中的名词短语所指则是明确的,是一个指称具体的载体。在言语表达中,从抽象到具体是比较切近一般的认知模式。如果系词前后都是小句,则句子只有等同表达的功能,并没有指明主述位的具体内容。例如:

(72) What the duke gave to my aunt was what she liked.
(72') 公爵给我姑妈的是她喜欢的。

需要指出的是,小句居前作主位时,汉英的等同式表达是对等的;但是,"的"小句居后作述位跟 wh-小句作述位时,汉英表达表现出很大差异。小句居前时,汉英的信息序列都是"抽象未定—具体确定",都具有"排他"义,即"公爵给我姑妈的只是那只茶壶,没有别的东西";小句居后时,汉语表达除了跟英语一样仍具有"排他"义之外,还具有另一种排他义——确认行为动作的发出者(actor)。以(71')为例,有二重义(ambiguous):一是表明那只茶壶是公爵给我姑妈的唯一礼物,一是表明给我姑妈那只茶壶的不是别人,正是公爵。在后一种意义上,英语常用分裂句表达,汉语用"是……的"结构表达(详见第三、四章的讨论)。

上述差别的原因在于汉英名物化小句的性质差异:what 除了引导名物化小句,还充当小句动词的论元(argument),小句动词的论元无缺位;汉语的"的"字句则有论元缺位,"的"是提取某一语义成分的标记。正缘于此,what 小句无论居前或居后,其语义都是单一的。"的"字小句居前时,由于未受到"是"的约束力影响,句子的语义是单一的。当"的"小句居后时,由于受到"是"约束的影响(其中"是"可以是焦点标记),"的"的性质出现不确定性:一面可以是名物化标记,一面带有语气功能(或称为语气词)。这样,整个句子就表现出二重性。"的"字小句居后的结构要跟 what 小句居后的结构等价,需要补出缺省的中心语,即(71')表达成(71"):

(71") 那只茶壶是 公爵给我姑妈的礼物。

上述例子中的名词所指是有定的(definite),如果句子中的名词是不定指的(indefinite),则英语小句居后(即名词居前)的表达仍然是好的形式,但是汉语的表达受限,①这方面的讨论已经超出了本节的内容。

---

① 或许有因素影响不定指名词居前时英语等同式句子的合格性,如 what 小句所指事件的"已然/未然"。例如,下列 A 句是好的,B 句就可能不被接受:
A. A loaf of bread is what we chiefly need. (一块面包是我们首先需要的。)
B. ? A teapot was what the duke gave to my aunt.

总结一下"的"字小句作主述位的"是"字句的语义特点。前面已经指出,"的"字句居前形成的是主述等同结构,即"是"字句前后项所指同一(equative)。"的"字句居后时,其中一个意义仍为主述所指同一,另外一个意义(即焦点指派释义)属于"是"的非典型结构。

名物化主述同一型"是"字结构借助标记"的"将谓词性成分转化成体词性成分,达到"名—名"那样的句法语义同构对应模式,说话者也是在进行一种分类,即等同归类。

1.4 "是"的非典型结构

前面我们依据经验跟句法语义之间的同构对应关系讨论了典型"是"字句和准典型"是"字句。除此之外,汉语中还有大量的"是"字结构不能直接纳入上述两类"是"字句的语义类别,这些"是"字结构本书称为非典型"是"字句(non-canonical Shi)。这些句子在句法语义上的特点需要详尽系统的阐述,我们将在以后的有关章节专门论述,这里只是荦荦大端地予以概介。本节涉及的内容有:非典型"是"字句有哪些类型;为什么称其为"非典型"结构;从"是"字语义语用看,这些结构跟典型"是"字句有何关联。

1.4.1 非典型"是"字结构的类型

下面几种情形都属于非典型"是"字结构。

1 语义特异型(semantically idiosyncratic)"是"字结构

(73) 这个男人是日本女人。
(74) 小张是父亲病了。
(75) 这条裤子是晴雯的针线。
(76) 那场大火是电线走了电。
(77) 我喝酒是自己的钱。

这些句子在形式上跟典型"是"字句和准典型"是"字句相同,可以表示为:NP/S 是 NP/S。其特殊性在于:即使前后项皆为 NP,也不能直接纳入典型"是"字句那样的类别,即等同或类属;前项或后项为动性 S 时,也不能经过指称化纳入准典型"是"字句。这些句子或者由于信息缺省,或者由于前后项语义关联特殊,在经验、句法、语义方面不能达到直接对应关系。

以典型"是"字句的语义结构为标准,则语义特异的结构中还应该包括"NP_{LOC}＋是＋NP"这样的句子(NP_{LOC}表示处所名词组),其中一部分传统称为"存在句"(existential sentence)。这种类型按照前项参照点名词和后项名词的语义特征(生命度)分为不同次类,可以纳入语义特异型"是"字句的是前项参照点名词和后项名词所指均为[＋有生],详见第二章的讨论。

2 聚焦式"是……的"结构

(78) 我是昨天进的城。
(79) 小王是第一个跳下去的。①
(80) 王大夫是用中草药治好那个病人的关节炎的。

如果纯粹着眼于形式,则(78)—(80)可以表示为:NP_1是NP_2(将"是"后成分看作"的"字结构,其功能相当于名性 NP)。

然而,语言直觉反对这样的描写,因为上述句子的基本语义显然不是等同或归类,而是说话者聚焦于事件的某一要素,采用焦点化的句法手段(下文称为"是……的"标识)突显句中某个成分(本书称为"局部聚焦"),"是"的性质是一个焦点标记。这类句子的底层语义(逻辑义)仍可划归为等同或类属,表层仍是"话题—说明"结构,其构造过程下文详谈。如(78)可以理解为"我[话题]—是昨天进的城[动态属性说明]"。②这类句子的句法结构跟语义结构也不能达到直接同构。

3 确认型"是"字结构

这类句子主谓间被"是"字隔开,形成"主—是—谓"结构。③下面是相关的例子:

(81) 他是去图书馆了。
(82) [世乒赛]王楠是输不起,梅村礼是输不怕。

这种结构中,"是"居于"主语—谓语"之间,仅仅起断定标记的作用,是对一种情况(情形)的断定。"是"虽居于"主—谓"之间,但其作用实际是对"主—谓"所陈述情况的断定。具有此种功能的"是"还可以直接居于

---

① 这个句子可以有"成素—类"这样的释义,此处不包括这种释义。
② 我们不反对将(78)理解为"我进城的时间是昨天",这是一种等同释义。不过,我们更倾向于将其理解为"实体—属性"类。
③ 为了称说方便,这里仍采取"主语"、"谓语"这样的术语。实际上,由于"是"的嵌入,前项 NP 不宜再称为"主语","是"后 VP 也不宜再称为谓语。

句首,形成"是 S"。①

(83) 是我说错了,不是你记错了。
It is the case that I give a wrong message not your memory is not correct.

(84) 问话:什么声音?
答语:是猫把花瓶打碎了。
想要表达的意思:那声音是猫把花瓶打碎了。
The cat broke the vase.
更为切近的表达:It is the case that the cat broke the vase.②

上述(81)—(84)情况下,"是"的功能是"整体聚焦",国外文献称此种情形的焦点是"广焦点"(broad focus),即谓语或者句子充当焦点。③从焦点理论看,这一类应当与上述第二类一起讨论。由于这两类成分充当的焦点(广焦点)之间的差别远不及跟单一成分 NP 充当的焦点(窄焦点)之间的差别那样显著:整体聚焦(广焦点)情况下,说话者是对事件(情况)整体的"确认",尚未深入到事件内部,其移情(empathy)程度较低;④一旦说话者深入事件内部,进行"局部聚焦"(窄焦点),也就是将叙事句中的某一成分焦点化,移情程度增高。这里的"是"结构大致相当于英语的"It is the case that…"或者"It is true that…"。"是"的这种用法跟 to be 类系词相比,显出汉语的语义特性。如果认为"是 S"结构的句首位置有一个主语,那么这个主语是空的(empty subject)。用"印欧语的眼光"来观察汉语,可以看出,汉语不需要形式主语。⑤

所以本书将二者归在一类,并与窄焦点分开讨论。这类结构的句法语义对应大致是:

---

① 刘月华(1983)将这种用法的"是"字句看作无主句,我们在第五章将详细讨论这一结构。
② 最切近的英语表达是为了显示汉语"X 是"的涵义而设定的,其中的"it is the case that…"跟"是"的语义相当,下同。
③ 在文献中,谓语焦点和句子焦点合称广焦点(broad focus),论元焦点被称为窄焦点(marrow focus),参 Valin& Lapolla (1997/2002)第五章。
④ "移情"是主观性的一种,参 Kuno(1987)。详见第二章的讨论。
⑤ 生成句法学的一个重要原则指出,每个句子都有一个主语,这就是所谓"扩充的投射原则"(Extended Projection Principle, EPP)。必要的时候,可以插入一个虚位主语(dummy subject)如 it, there 之类,以满足 EPP 的要求。相较之下,汉语的句子在表层没有这方面的要求。

(85) 句法上 是-[主语(可以为空)-谓语]
语义上 断定:行为主体——动作行为

可以看出,"是"相对于其后 S 中的**谓词**而言,是一个高阶**谓词**;也就是说,"是"的辖域(scope)是其后的 S,在语义上是高层的。

4 断定悬空型"X 是"结构

有些连接成分(记为 X)后接"是",形成"X 是"结构,其后接小句 S(S 中可以不含主语),这种结构中的"是"有学者称为词缀成分(董秀芳 2004,刘丹青 2011)。其中的 X 可以是连词,也可以是副词。请看下面的句子:

(86) 如果是我将来有一天得了个闲,我一定游遍祖国的山山水水。
　　If I have free time some day,…
　　更切近的表达:If it is the case thaI have free time some day,…
(87) 我喜欢音乐,(我)尤其是喜欢古典音乐。
　　I like music, especially classic music. ①

这种结构中的"是"跟"是 S"结构中的"是"功能上并无不同,都是说话者的一种语气断定。二者的差异在于:"是 S"结构中由于"是"相对于 S 中的谓词而言是高阶谓词,是对 S 所陈述情况的断定,所以"是"不可省缺。断定悬空"X 是"结构中,X 的辖域是高一级的,即管辖"是 S"(这里设"是"后小句仍为 S),"是"的辖域是其后的小句 S。其结构如下:

(88) X[是(S)]

(88)显示:X 对于整个结构的语义起制约作用,"是"只是作用于 S,并且"是 S"和 S 都在 X 的管辖之内。在这种语义框架下,"是"可以删除。详尽的讨论参阅第五章。

上述结构中的"是"跟典型结构中的"是"相比,已经是相当边缘性的(peripheral)用法了。

1.4.2 非典型"是"字结构句法语义的共同性

上面将"是"的非典型结构分作四类,之所以称其为非典型,主要是跟典型、准典型相比,这些结构在句法语义上无法达到直接对应;或者借助指称化、名物化等手段达到句法语义的同构对应。这些结构不能纳入"等同/类属"那样的语义类别,其中的"是"在功能上都可以视为"话题"与"说

---

① 这里关于英语副词 especially 的语义类别的理解参考了 Quirk(1972/1973)。

明"间的断定标记。需要说明的是：

（一）第一类与第三类中主谓间的"是"作为"话题—说明"之间的标记，是容易为人理解和接受的。

（二）对于第二、三类中的"是S"及第四类也视同"话题—说明"之间的标记，仍然是基于"是"其后成分的语义关联。下面分别以(78)、(84)、(87)为例进行分析，重复如下：

(78) 我　　是昨天进的城。
　　　实体话题 动态临时性属性说明
(84) Ø　　是猫把花瓶打碎了。（Ø＝那声音）
　　　省略性话题　解释性说明
(87) 我喜欢音乐，[我]　尤其是喜欢古典音乐。
　　　省略性话题　属性说明

对于(78)，我们将在三、四章讨论，(84)、(87)将在第五章讨论。

本章小结

在这一章中，我们主要从经验、句法、语义之间的同构关系角度讨论了典型、准典型与非典型三种"是"字结构的句法语义特点，并探讨了"是"作为断定标记替换"者……也"结构的句法语义基础。典型"是"字结构，经验、句法、语义直接同构；准典型"是"字结构，其所含的"动性"成分要经过指称化才能纳入典型结构那样的语义模式，跟英语相比，汉语的不同之处在于指称化时并没有形态变化。正是在这个意义上，才冠以"准"典型之名。

非典型"是"字结构情形比较复杂，总体上说都不能达到经验、句法、语义的表层同构，同构关系是在底层建立的。通俗地说，就是可以通过缺省信息的复原（语义特异句）、信息结构的调整（聚焦式）、抽象名词（情形、情况、原因等）的中介（整体聚焦式"主—是—谓"、是S、断定悬空"是X"）等手段，归入"等同/类属"的语义类别。因为这些手段是逻辑性的，也即是释义上的，而不是句法形式的，冠以"非典型"总名，主要是为显示其跟典型结构间的既同且异的联系。

从典型"是"字结构到非典型"是"字结构，语义的典型性逐渐淡化，而说话者的断定语气则逐渐增强。结合经验、句法、语义间的同构性，将三种结构总结如下表：

(88)

特征项＼结构	典型"是"	准典型"是"	非典型"是"
经验	实体—实体	含有指称化实体	实体—广义领属或动态属性
句法	名—名	名—动/动—名	话题—说明间标记
语义	等同或类属	指称化后的等同或类属	隐喻、转喻或陈述性之上的等同或类属
"是"的语义特征	典型断定	准断定	聚焦式断定（整体聚焦或局部聚焦）
语气强度	中性	中性或较强	强

本章对典型和准典型"是"字结构做了较为详细的探讨，在以下几章中，将对"是"字的非典型结构的句法语义逐一进行详尽分析。

第二章 特异型"是"字句的句法、语义*

【本章摘要】

本章首先指出,汉语语法著作中提到的"语义特异判断句"(本书称为语义特异型"是"字句)实际上是不合"基于印欧语语法的西方传统逻辑"。具体说就是,印欧语的断定句系词前后的成分语义上基本只限于逻辑上的"成素—类"关系,而汉语在形式上与一般判断句同形的句子,其前后两成分的语义关系类型却多得多。本章着重讨论汉语语义特异"是"字句系词前后成分语义关系的限制,以及其句法属性与推导过程,并通过汉英差异揭示汉语"语义"型语言的特点。在此基础上,我们进一步探讨造成汉英对这种语义特异"是"字句容纳度的根源所在:二者具有不同的语义本原和句法本原。此外,我们还讨论"NP_1+是+NP_2的+AP"(月亮是故乡的圆)这种隐含比较义的判断句的语义特点及其句法推导。

本章分六部分:2.1节界定语义特异"是"字句;2.2节为语义特异"是"字句的常见类型及其语义特点;2.3节进一步讨论语义特异"是"字句的句法特点、推导过程与功能解释;2.4节探讨汉英两种语言对于特异系词句的容纳度差异及其根源;2.5节介绍这类"是"字句研究的应用价值;2.6节连带探讨一种隐含[+比较]义的"是"字句。

2.1 何谓语义特异的"是"字句?

2.1.1 "语义特异判断句"界说

在以往的汉语研究文献中,"语义特异"或者"非逻辑的"(illogic)判断句主要指如下这样的句子:

(1) 我是昨儿去看的戏。
(2) 他(是)在这里喝的茶。
(3) 儿童是祖国的花朵。
(4) 这场火是电线走了火。

---

* 本章在修改过程中参考了张和友、邓思颖(2009、2010、2011a)的部分内容。

(5) 他是日本女人。
(6) 我是北京,他是广州。

(1)—(6)作为语义特异的表达曾一度被关注(Chao 1968,王力 1985,太田 1958/2002,Yao 1997)。但是(1)—(2)跟(3)—(6)明显有所不同：前者想要表达的是对一件事的叙述,并突出强调"是"字后的某个成分,其"语义特异"主要是用表静态关系的判断句型来表达一个动态的事件并强调肯定事件的某一要素；后者则是把两种事物或两种现象根据一定的语义关系联系在一起,其"语义特异"在于前后项的语义关系不是一般判断句的"等同/类属"关系,但却仍然是表达一种静态的关系。

(1)—(2)与(3)—(6)的语义类型很不相同,其逻辑表达式也必然不同。它们在汉英差异方面也很不相同：前一类在汉语和英语中都大量存在,汉语语言学界称之为"强调语气句",英语语言学中称之为"分裂句"；后一类只有(3)在英语中是合格的,(4)—(6)在跟汉语相同的语境下都不合格(详见下文的讨论)。基于它们在语义和语言对比上的重要差异,我们将它们分开来讨论。(1)、(2)放到第三、四章中去讨论,本章集中讨论(3)—(6)这一类型,也即,本书的语义特异"是"字句限指表达两事物或两现象间有某种静态关系、但又不是等同/类属关系的"是"字结构。

需要指出的是,所谓"语义特异",指的是不合西方传统逻辑对印欧语判断句的刻画。[1] 不考虑量词,西方传统逻辑把印欧语的判断句刻画为"S(不)是 P",语义上可以概括为"等同"和"成素—类"两种。进一步地,可以将"等同"看作"成素—类"的特殊情形,即类中只含有一个成素。这样,传统逻辑对判断句的语义概括其实就是"成素—类"。[2] 很明显,西方逻辑的这一特点,与它是在希腊语等印欧语言基础上建立起来的这一背景有密切关系。以这样的逻辑眼光来看待汉语的(3)-(6)等句子,自然会

---

[1] 传统逻辑与现代逻辑相对,是对不同阶段逻辑的一种称谓,是指"由亚里士多德开创、经历 2000 年历史、至 19 世纪进入现代发展阶段前所发展起来的形式逻辑体系和理论"(参《中国大百科全书哲学卷》II,中国大百科全书出版社 1987 年,第 1033 页)。对传统逻辑的认识,我采纳了周北海教授的某些观点。

[2] 这里涉及形式逻辑对判断的分类。一般地,按照是否含有模态词,将判断分为模态判断和非模态判断(也可以将非模态判断看作模态判断的一种特殊形式,即模态算子为零,参周北海 1997)。对于非模态判断,按其构成分为简单判断和复合判断。对于简单判断,依照是断定对象的性质还是断定对象之间的关系,将其分为性质判断(直言判断)和关系判断。对于性质判断可以按照质、量进一步细分。这里所说的形式逻辑对判断句的语义归纳是针对简单判断而言的。

得出它们语义特异的结论。

如今,现代逻辑已经有了很大的发展,它已经可以用逻辑的手段刻画语言中各种语义类型的断定句,揭示其语义关系的不同。从现代逻辑的角度说,语义特异的说法似乎已经不成立了。本书仍然采用"语义特异"之名,是因为这一术语在语言学中并不意味着无法用逻辑加以表征,而是意味着西方传统逻辑与印欧语系词句在语义表达上的一致性,从而使用这一术语可以更好地揭示汉语的这类结构跟印欧语相比在语义上的不同。

本章主要讨论汉语语义特异"是"字句系词前后两项的语义关系:与一般"是"字句相比,它们有哪些特殊性,它们本身有哪些语义条件的限制。进一步地,这类"是"字结构的句法属性与推导过程是什么。此外,还将探究英语对语义特异系词句的容纳度与汉语的差异,并从中观察这一语言现象所反映的思维方式的差别。表面上与特异"是"字结构相关而隐含比较义的一种"是"字句,也会花一定的篇幅进行讨论。

2.1.2 描述方法的说明

汉语和英语都可以容纳语义特异型的"是"字句,但是汉语的容纳度要大得多。语义特异"是"字句的许多语义类型只存在于汉语中,英语要表达相同的意思就不能直接采用"NP_1 是 NP_2"这种形式,而要采取一种比较迂回的说法。比方说,汉语说"这个男人是日本老婆",英语却不能采取跟汉语结构对应的表达法说成"* This man is a Japanese wife"。英语要表达这样的意思有几种选择,但跟汉语的句子并不等值,详见下文。本章不打算单独讨论汉英在这方面的差异,而是以汉语为中心,必要时以"随文释义"的方式指出相应的英语表达,并标示出英文表达是否成立。这种做法一方面便于形成汉英比较,另一方面也避免内容上的重复。同时,为了称说简洁,除非特别说明,文中的"是"字结构、"是"字句都是指的语义特异的那一类。在汉英比较的基础上,为了揭示人类认知上的某种共性与差异性,本书有时还会用到其他语言的材料,如日语、白语。运用汉语以外的语言,只是为了显示汉语这类"是"字句的"特异之处"。

2.2 语义特异"是"字句的形式类和语义特点

"语义特异"只是一个统一的称呼,细分起来,可以分为不同的小类。每一小类在语义上都跟小类有别,在下面的讨论中,我们将按照语义特点对这类结构进行分类。

2.2.1 隐喻型"是"字句

这类"是"字句系词前后的名词在语义上的联系显然无法纳入古典逻辑的"等同"和"成素－类"这样的框架中,因而是"语义特异的"。下面是一个典型的例子:

(7) 儿童是祖国的花朵。

　　Children are flowers of homeland.

在中外文献中,(7)都被看成隐喻(metaphor)。认知语言学家对于这类句子的解释是认知域(domain of cognition)的投射(mapping)问题,即从一个认知域转移到另一个认知域。这类句子汉英在结构上没有差异,二者都能容纳这种类型的判断句,反映了汉英民族在认知上的共性。在其他类型的语言中,(7)在不改变结构的情况下可以得到同样的表达。①比方说,在日语中(7)的对应表达是(8):

(8) 甲　子供は祖国の花です。②

　　 乙　子供は祖国の花のようです。

(8)甲、乙都是比喻表达法,在基本结构上跟(7)相同,不同在于:甲句是隐喻,直译即"儿童是祖国的花朵";乙句是明喻,直译即"儿童像祖国的花朵"。

从(7)、(8)汉语、英语和日语对于同一判断的表达可以看出,人类的思维认知域的转移上有某种共性,即从一概念域可以直接转移到与之相似的另一概念域。

问题是,对于语义特异的系词句,英语唯一能够容纳的就是隐喻型,这是很有意思的现象,也是需要首先解答的问题。

我们觉得这可能与英语的特点有密切关系。印欧语中表性质的形容词在大类上是归属体词类的,也即形容词谓语句属于名句,形容词在有系词的语言中与名词一样可做系词的后项。因此,在西方传统逻辑中表性质的形容词是通过性质来划定类的范围的:"this flower is red"解释为

---

① 所谓不改变结构,即以汉语为参照,日语(英语也一样)采取跟汉语基本结构相对应的说法。更为严格的说法是,日语(英语)跟汉语在一般判断句上的对应等价于二者在这种"语义特异判断句"上的对应。

② (8)是敬体表达法,也可以采取简体表达法,说成"子供は祖国の花(のよう)だ"。

"这花是红色物中的一员",平行于"this flower is a kind of rose"。①在其他类型的语言中,形容词做谓语的句子跟名词做谓语的句子在结构上是相同的。例如在日语中,形容词(包括形容动词)做谓语时可以和名词一样采取"……は……です"结构。②

而隐喻型系词句的特点正在于,前后项虽然形式上是名词,语义上是事物,但两者间的等同关系却不是事物上的等同,而是这些事物在性质上的等同,也就是名词概念某些内涵义的等同:"儿童"、"花朵"都有"娇嫩、可爱"性质。由于英语等印欧语的形容词归入体词,可做系词的后项,和名词一样可做逻辑上"成素—类"关系中的"类",所以,虽然英语等语言对句子的形式有严格的要求,但将事物隐喻为性质来进行等同断定,却是可以容纳的。

对于下面将要讨论的转喻型系词句,汉英的表现迥异:汉语能够容纳的系词结构,在同样的语境下却不能被英语接受,这是汉英(也许是中西语言)的一大差异。究其原因,在于汉语的"是"从本原上讲就不是表示亚里士多德逻辑的"归类与等同"。第一章的研究表明:"是"本原是"话题—说明"(含名—名)之间表"主观断定"的标记,由回指性指代词发展而来,现代汉语中"名—名"(两实体)之间的"是"是语法化的结果,语义上的"等同与类属"(指"名—名"间)也是在"是"完成语法化之后出现的,并且只是"是"结构语义功能的一种。"是"的语义功能如"动—动"、"动—名"、"名—动"之间的关系可以经过指称化纳入"名—名"那样的语义类型。"断定"是说话者的一种认知活动,汉语在不同时期使用不同的手段来进行"断定":早期汉语主要用"(者)……也",发展到今天用"是"来承担。"是"的作用在于:① 分隔开有关系的两实体;② 使断定关系外显化。"是"是语义功能载体而非语法上的必然之物。

to be 类系词则不然。我们知道,亚里士多德是在希腊语的基础上构

---

① 在英语中还有这样的句法现象,即有些名词(短语)和形容词一样都可以跟在某些(不及物)动词之后做补足语,如(i)、(ii)(引自《朗文当代高级英语辞典》)。
　(i) She died happy. (她含笑而逝。)
　(ii) She died a rich woman. (她死时很富有。)
② 日语的句尾词"です"是否是系词是有争议的,不管是否将其看作系词,语言事实是,形容词(包括形容动词)作谓语跟名词作谓语,在结构上可以是一致的。没有系词的语言可举早期汉语,汉语在没有系词的时期,名词谓语句和形容词谓语句、动词谓语句在结构上是完全一致的,可举(i)—(iii)为证。
　(i) 仁者,人也,亲亲为大。义者,宜也,尊贤为大。《论语》)
　(ii) 廉颇,赵人也。《战国策》)
　(iii) 大智之用,固难逾也。《吕氏春秋》)

筑起他的逻辑体系的,to be 类一开始就是系动词,而不是像"是"那样原来是一个指代词。to be 的功能也是表断定的,[①]但是 to be 类是语法载体,其语法本原是承担成句要求的时、体、人称等语法范畴,语义本原是表实体间等同/类属关系,其断定功能是附带的。

正是由于上述原因,汉语和英语对于不同语义类型的系词句的容纳度存在很大差异。

2.2.2 转喻型"是"字句及其语义特性

先简要介绍一下"转喻"(metonymy)。

"转喻"是这样一种现象:用相关的两实体中的一个去称代另一个,是认知活动在语言上的反映,一般又称之为"借代"。过去将"转喻"跟"隐喻"一样都作为修辞手法看待,今天的认知语言学已经将"转喻"视为一种语法现象(Lakoff & Johnson 1980)。例如:

(9) The ham sandwich is waiting for his check. (Lakoff & Johnson 1980)
  a *火腿三明治正等着他的支票。
  b 吃火腿三明治的正等着他的支票。

(9)中的"the ham sandwich"并非人格化的隐喻实体,而是指代与之相关的人,即定购火腿三明治的人。"人"与"三明治"通过定购行为(acting of ordering)建立起"领属"关系。说话者以"属有物"(the possessed)来指代"领有者"(the possessor)。

值得注意的是,跟(9)直接对应的 a 句在汉语中是不说的,要表达(9)汉语一般采用 b 句。b 句用"VP 的"转指中心语,本书同意沈家煊(1999)的看法:语法转指本质上是一种转喻,即"语法转喻"(grammatical metonymy),是转喻这种认知方式在语法中的体现。转指和转喻遵循相同的认知模型。

语言学研究表明,转喻可以在有经验关联的两种事物或现象之间发生,这些经验关联包括:领有者—属有物(广义/狭义),部分—整体,事件所及者—事件,原因—结果,事件—属性,处所—所容纳者,动作或属性—

[①] 据《亚里士多德选集·形而上学卷》(苗力田 2000),在希腊语中,最普遍的语词莫过于是(to einai)了。Einai 是个系词,它除了用作单纯的断定外别无所表示。这种断定有着两个方面:一个是表实的断定,断定什么存在;另一个是作为存在的存在(to on heei on),就是普遍存在。

动作属性所及者,等等。总之,只要在经验上有某种内在联系,就可以使用一定的句法结构建立转喻表达式。下面讨论的语义特异"是"字结构就是一种转喻表达式。从句法范畴上看,前后项可以是名性成分 NP、动性成分 VP/S 之类。本书以前项的语义特征(主要是生命度)为经,以后项的句法范畴为纬,将转喻型"是"字结构分作四大类八小类,并试图从语言理解的角度给出每类句子的语义表达。①

(一)前项为[＋有生]NP

这种类型"是"字句系词前的名词 NP₁ 的语义特征是[＋有生](animate,下文以 A 代称),更为常见的是[＋属人](human),而后项在语义上可以是[±有生]。②这样可以分出如下两个次类:

Ⅰ [＋有生]NP₁＋是＋NP₂

下面是一些日常语言中经常听到的句子:

(10) 他是个日本女人。
　　　＊ He is a Japanese woman.
(11) ——你们都是什么菜?
　　　—— ＊ What courses are you?
　　　——我是白菜豆腐,他是红烧排骨。
　　　—— ＊ I am vegetable and bean curd; he is stewed spareribs.
(12) 小张和小王各买了一张车票,小张是北京,小王是广州。
　　　＊ Xiao Zhang is Beijing and Xiao Wang is Guangzhou.

已有研究指出,"是"联系的前后项可以有不属于"成素—类"的各种语义关系,需要用语境来补足。本书考虑的重点是,是不是所有的语义关系都可以用"是"来联系? 如果不是,限制是什么? 有没有不依赖语境的语义基础?

我们发现:

NP₁ 在语义上一定是个广义的领属者(possessor),这是这一类句式不依赖语境的共同语义基础,依赖语境的只是该领属者的领属物(possessed)。如果用 NP∅ 表示所属物,③则 NP₁、NP∅、NP₂ 关系如下:

---

① 张和友、邓思颖(2010)对这类句子的语义特性有讨论,与这里的分析有所不同。从语义分类上看,本书的讨论更为全面。
② 本书将事件小句看作[－有生]类。
③ NP∅ 相当于张和友、邓思颖(2010)所说的空语类"e",两种表示法的基本精神是一致的。

i. 在 NP_1 与 $NP_\emptyset$ 之间是一种广义的领有关系,这种领有是一种抽象的领有,即撇开 NP_1 所指的有生物(多指人)是如何获得 NP 所指人/物这一具体内容。如"他"通过"娶"或"雇佣"而领有了"日本女人","我"通过"点"或"买"而领有了"菜"。

ii. 在 $NP_\emptyset$ 与 NP_2 之间是一般"是"字句的"成素—类"关系。

iii. 汉语中领属关系可以用"的"字结构表达,即"$NP_\emptyset$"可以用"NP_1 的"来表达,所以从 ii 也可以推导出"$NP_\emptyset = NP_1$ 的",与 NP_2 之间仍然是一般"是"字句的"成素—类"关系。

总之,上述"NP_1 是 NP_2"的句子,都有如下不依赖于语境的共同语义:

① "NP_1" = "NP_1 的"

② "NP_1 的"与"NP_2"是一般判断句的"等同"或"成素—类"关系。

"NP_1 的"后的属物名词省略(采取空语类"e"的形式)是汉语最基本的规则之一,所以,从语言的角度看,以上句子的特殊之处仅仅在于"NP_1 的"的"的"也不出现。有生名词自身就可以蕴涵其属物,是这一类句式的特点,也是这一类句式语义上的限制。

以上几点可以更精确地从逻辑上刻画如下:

第一,NP_1 与 $NP_\emptyset$ 之间的广义领有关系撇开了句子的逻辑结构的底层谓词。"底层谓词"是指联结 NP_1 与 $NP_\emptyset$ 的关系词,是一个二元谓词。① 这个谓词的具体形式由语境决定。具体说,"他"和 $NP_\emptyset$(妻子、仆人、上司……)之间的关系谓词可以是"娶"、"雇佣"或者"有";"我/他"和 $NP_\emptyset$ 之间的关系谓词可以为"点(菜)"或者"要"之类跟"取得"义相关的动词;"小张/小王"与 $NP_\emptyset$ 之间的关系谓词由上文决定,只能是"买"。NP_1 与 $NP_\emptyset$ 之间的关系可以刻画为:$P(NP_1, NP_\emptyset)$。

第二,将 $NP_\emptyset$ 与 NP_2 之间的关系描述为"成素—类"是一种比较宽泛的说法,其中既包括"个体—类属"这样的关系,也包括"个体—性质"这样的关系,人们在认识上往往会存在差异,不若统一称说。比方说,"他的妻子(仆人)"与"日本女人"之间描写为"个体—类属"好呢,还是描写为"个体—性质"(即他的妻子具有"日本女人"那样的属性)好呢?再有,"(我要的)菜"和"白菜豆腐"描写成"个体—性质"似乎比"类属—个体"更好。这

---

① 之所以称之为"底层谓词"是基于如下考虑:这种谓词是潜在于 NP_1 与 $NP_\emptyset$ 之间的关系词,在表层结构并没有出现;更重要的是,这种谓词存在于小句层面,相对于整个句子的谓词"是"而言,是低一级的谓词。

里的内容比较复杂,涉及到名词的性质问题,此不赘述。不论我们接受哪一种关系模式,$NP_\varnothing$ 与 NP_2 之间的关系都可以刻画为:是($NP_\varnothing$,NP_2)。

将上述两点结合起来,(10)—(12)这类句子的语义结构可以表示为:

(13) $P(NP_1, NP_\varnothing) \wedge 是(NP_\varnothing, NP_2)$

如果在一定的条件下将底层谓词 P 还原,那么,原来语义特异的"是"字句就成为常规的"是"字句。还原需要一定的条件,即语境。① 下面是我们为(10)—(12)设定的在一定语境下的对应常规"是"字句(并非唯一):

(10') 他娶的妻子是个日本女人。
(11') 我点的菜是白菜豆腐,他点的菜是红烧排骨。
(12') 小张买的票是去北京的票,小王买的票是去广州的票。②

还原之后,句子的结构成为"VP 的 $NP_\varnothing$ 是 NP_2"。现在从减缩(reduction)的角度考虑一下,在一定语境的支持下,哪些成分可以省缺。我们看到,句子中的 $NP_\varnothing$ 所指都是某一实物,"VP 的"可以用来转指其后的中心语 $NP_\varnothing$。③ 这样,上述句子中系词前的中心语可省,即"VP 的 $NP_\varnothing$ 是 NP_2"可以减缩成"VP 的是 NP_2"。随着中心语 $NP_\varnothing$ 的缺省,与之相关的底层谓词也可以消除,于是成为"NP_1 的是 NP_2"(NP_1 包含在 VP 之中)。最后,名物化标记"的"省缺,形成"NP_1 是 NP_2"。这最后一步发生需要具备的条件是:NP_1 通过相关的底层谓词与 NP_2 发生关系,NP_1 所指对象对于说话者来说仅仅是一个话题(topic)。④

上述过程可以粗略地表示为:

(14) $[_{VP} NP_1 + V]$ 的 $NP_\varnothing$ 是 NP_2 → $[_{VP} NP_1 + V]$ 的是 NP_2 → NP_1

---

① 语境有两种:一种是说话者和听话者在交流时临时建立的语境,这是最常见的语境,另一种是听话者自动生成的语境,这与一定言语社团的共享知识(shared knowledge)有关。对于后一种语境,可举"这个女孩是黄头发"为例。我们不需要借助语境就可以理解这种句子,原因在于我们的脑子里事先储备了相关的经验知识,这种经验知识使我们不会进行错误的释义,也就是将"这个女孩"和"一堆黄头发"等同起来。这种自动生成的语境是周北海老师给我指出来的。
② 如果还原成"小张买的票是北京,小王买的票是广州",那么仍然没有排除句子的语义特异性。所以,要想消除句子的语义特异性,谓项也要做相应改变。
③ 有关自指与转指,学界已有很多讨论。开创者是朱德熙(1983)。
④ 例外似乎是有的,比如"她雇的仆人是个日本女人"就进行类似的减缩受限,"她是个日本女人"优先被理解为"个体—类"的关系。不过,这是"她"与"女人"的语义特征造成的。即使在这种情况下,"她是个日本女人"也可以理解成"话题—说明"结构。

的是 NP_2 → NP_1 是 NP_2

(14)是从减缩的角度而言的,从语义还原(也就是理解)的角度出发,上述表达正好倒过来,如(15)。

(15) NP_1 是 NP_2 → NP_1 的是 NP_2 → $[_{VP}\ NP_1+V]$ 的是 NP_2 → $[_{VP}\ NP_1+V]$ 的 $NP_\emptyset$ 是 NP_2

如果我们只看(14)最后一个箭头联结的部分和(15)第一个箭头联结的部分,并将二者并合,便得到(16):

(16) NP_1 的 是 NP_2 ↔ NP_1 是 NP_2

现在加进 NP_1 的语义特征,并且纯粹从理解的角度出发,那么,上述发现可以用规则(17)加以表述,这也是Ⅰ型"是"字句的语义表达式:

(17) NP_1 是 NP_2 → NP_1 的 是 NP_2/$NP_1 \in \{x|A(x)\}$ ①

(17)斜线表示限制条件或者句子的出现环境,x 表示集合中的任一元素,A 表示[＋有生]。这条规则的涵义是:在 NP_1 属于由[＋有生]个体构成的集合这一条件下,结构"NP_1 是 NP_2"可以改写成结构"NP_1 的是 NP_2"。

按照(17),(10)—(12)这些句子都可以转换成"NP_1 的"做主语的"是"字句,成为(10″)—(12″)这样的句子:

---

① 下面的例子对(17)来说似乎是例外:
　(i) 这个女孩是黄头发。
　(ii) 众姑娘都不是结实的身子。
　前项为[＋有生]NP,但是无法纳入(17)这样的语义规则式,也即(i)不能说成"﹡这个女孩的是黄头发",(ii)不能说成"﹡众姑娘的都不是结实的身子"。即使说成"这个姑娘的头发是黄头发"、"众姑娘的身子都不是结实的身子"也不能完全跟原意相符。如果真要补出省缺的成分,则可以说成"这个姑娘的特点是黄头发"、"众姑娘的特点是都不是结实的身子"。从逻辑义上说,"这女孩是黄头发"可以理解成"这女孩是黄头发女孩中的一个"。后一句很有意思,它是将"都不是结实的身子"作为一个整体看待。参照英语表达,更显这类句子的特点。(i)、(ii)在英语的表达分别是:
　(iii) This girl is yellow-haired.
　(iv) All girls are not strong-bodied.
　一般地,英语表达(iii)类句子的表语(宾语)都是 adj-N-ed,其功能相当于一个形容词。(iii)实际上跟"这个女孩是漂亮的"同类。这样看来,(i)类也可以看作一般"是"字句,语义类别是"实体－属性"。这类句子的语义条件是:前后项之间在所指上是"整体－部分"关系,具有不可分离性(inalienable)。不过,汉语表达前后项的语义对比显得"特异"。这一点在下文[－有生]类 NP 时还会谈到。

(10″) 他的 NP$_\emptyset$ 是个日本女人。
(11″) ——你们的 NP$_\emptyset$ 都是什么菜？
　　　——我的 NP$_\emptyset$ 是白菜豆腐，他的 NP$_\emptyset$ 是红烧排骨。
(12″) 小张的 NP$_\emptyset$ 是北京，小王的 NP$_\emptyset$ 是广州。

上述各句中都有一个空位(slot)，可以填入一个名词 NP$_\emptyset$。填入之后，前后项在所指上构成"成素—类"关系，这就是一般"是"字句。

由此可见，汉语中这类语义特异的"是"字句跟一般"是"字句仍然存在内在联系，可以还原成一般"是"字句。其语义之所以"特异"，是因为说话者在一定语境下省缺了必要的语义信息。(17)这个公式所以能成立，NP$_1$ 的[＋有生]语义特征是关键。从经验上讲，说话者以有生物作话题往往蕴涵着"领有某物"或者"发出动作"之后果，在一般"是"字句"等同/类属"语义特征的类推作用下，"领有某物"成为优先实现的语义蕴涵。

下面看一下英语的情形。前面已经指出，英语无法按照汉语的模式表达相同的语义。要表达(10)这样的语义，英语可采取(18)中的几种说法，从真值条件上(truth condition)看，这些表达法跟(10)是等同的。但是不论哪种说法，都必须将(10)中缺省的 NP$_\emptyset$ 补出来。所以，严格说来汉英表达并不等值。

(18) a. He is such a person whose wife (servant, secretary, etc) is a Japanese woman.
　　 b. His wife (servant, secretary, etc) is a Japanese woman.
　　 c. He has a wife (servant, secretary, etc) who is a Japanese woman.

从语义上看，(18)a 跟(10)最为接近，但并不完全相同。首先，(18)a 比(10)多出了一些信息，即(10)省缺的信息在(18)a 中必须出现。另一方面，(18)a 系词前后所指仍然可以纳入"个体—类"这样的语义框架，可以描述成：他属于妻子(仆人、秘书等)是日本女人的男人中的一员。但是，这样的解释显然跟自然语言的语感有一定距离。特别是，(18)a 作为语言表达，显然比较迂拙。(18)b 虽然简洁，但跟(10)谓述的对象明显不同：一个是"关于他"，一个是"说明他的妻子(仆人、秘书……)"。(18)c 已经不是系词句，跟(10)的不同是明显的。

上述不同从一个侧面显示了汉英在结构上的差异。英语用来表达跟汉语相同语义的句子在跟汉语相同的语境下所指明确，而汉语中语义特异的句子若离开了语境,便不能知道其确切语义。①这或许可以说明,有些语言(如汉语)对语义、语用的依赖程度较之语言(如英语)要高。

跟特异型"是"字句类似的现象在日语中也存在。比较有名的例子是金田一春彦(1988/1989)谈到的"うなぎ文"(即"鳗鱼句")的例子。

(19) 仆はウナギです。②

　　　 我是鳗鱼。

(19)用汉语表达就是"我是鳗鱼"。金田对(19)这样的句子做了较详细的论述,指出,这类句子出现在一定的语境当中:当进入餐馆,被服务员问及"吃什么"的时候,说话者可以用(19)来回答。乍一听觉得好笑,细分析又在情理之中。(19)的意思并不是"我是一个长着鳗鱼胡子的人",而是"我要吃的是鳗鱼饭"(金田 1988/1989:261)。说话者利用"……は……です"这种结构将一个动作性的句子改造成一个非动作性的句子。为了对两个点吃不同鱼的人加以区分,也可以选择这一表达,此种情形下句首名词是一种对比性话题(contrastive topic),③如(20)。

(20) 服务员:你们吃点什么?

　　　 顾　客:我们都吃鱼,我是鳗鱼,我妻子是鲈鱼。

当餐馆服务员确认顾客已经点好的菜,即在"问—答"语境下,也可以采取这种表达法,如(21)。

(21) 问:你是什么菜?

　　　 答:我是鳗鱼。

跟汉语(10)可以说成(10')一样,日语的(19)也可以说成(19'):

---

① 英语中类似汉语语义特异的系词句是存在的。Jespersen(1939)就谈到这一现象,他在谈表语类型时举过下面这样的例子:
　(i) When I was your age I knew better. (我是你这样年纪的时候,懂事多了。)
　单独看画线部分,跟本书所谈的"是"字句似属同类。但请注意,其一,这一句子形式是作为从句出现的,不是独立的句子;其二,英语的判断句和描写句都离不开系词,画线部分其实是描写句形式,在语义功能上相当于"I was a child";叶氏明确指出,这类句子中的系词跟have(具有)相近,并且表语是抽象名词。可见,跟汉语特异"是"字句对应的系词句在英语中受到更为严格的限制。

② (19)是敬体表达法,也可以采取简体表达法,说成"仆はウナギだ"。

③ "对比性话题"的涵义有双重性:一方面具有话题性,另一方面具有焦点性。强调话题性的人称之为"焦点话题",强调焦点性的人称之为"话题焦点"。"对比性话题"强调的是"话题性"。相关的讨论请参阅徐烈炯、刘丹青(2003)一书的前言部分。

(19") 仆のはウナギです。
　　　 我的是鳗鱼。

必须指出,汉语虽然也可以采取"是"字结构将一个动作性的句子改造非动作性的句子,但二者仍有不同。汉语中,在"问—答"语境中(21)这样的句子也并非总能成立。比方说,服务员问"你吃点什么","我是鳗鱼"这样的回答大概是不能接受的,只有在(20)那样对比的情况下才可以说。更值得注意的是,这种"是"字句一般总是在说话者已经默认某事件为"已然"事件的情况下才被使用。即使像(21)中的答语,实际上说话者已经在心理上承认"点菜"这一事件的已然性。

在跟汉语相同的条件下,说英语的人一般不会说(22)a,而选择(22)b,在一定语境下也可能是(22)c。[①]

(22) a. ?? I am an eel.
　　 b. Mine is an eel.
　　 c. What I order is an eel.

上述讨论表明,汉语在这类语义特异的"是"字句方面跟日语接近,但汉语对语境的依赖性似乎更强些,而跟英语不同。至于汉英为什么会存在这种差异,上文已从"是"跟"to be"的差异上给出了解释,下文还将就这一问题进行说明。

Ⅱ [+有生]NP + 是 + S

跟前一类不同的是,这里的后项是一个句子形式,例如(23)。

(23) a. 小张没考上大学是父亲病了,你呢?
　　 b. 小张是父亲病了,你呢?

(23)a 句系词之前是事件小句,b 句系词之前是人称代词,二者在语义类型是不同的。但在一定语境当中,两者可以传达同样的信息,起同样的

---

① 诚然,在下列语境当中,(22)a 也是可以成立的,比方说,在一个游戏活动中,某人采用暗语跟他人交流,当他说"I am an eel",别人听到这句话时,可以据此采取相应的行动。在另一种语境,比方说童话中,"I am an eel"也是可以接受的。但这跟汉语在点菜时说"我是鳗鱼"并不是相同的意思。"可接受性"(acceptability)并不是一个容易定义的概念,每一个词的配列(arrangement)在一定程度上都是可以接受的。这样看来,句子的合法性(grammaticality)与不合法性(ungrammaticality)之间没有截然的界限。关于这一点,Chomsky 先生在跟笔者的一次通信中重申他在 1955 年提出的观点:人类语言中,合法与不合法之间不存在截然的(distinct)界限。

表达功能。从系词前后成分的语义关联上看,二者的主语都蕴涵一定的原因。a 句的主语是事件小句,其所指可以归到[－有生]类。b 句的主语所指是[＋有生]的。下面我们将看到,[－有生]前项类可以蕴涵原因。(23)b 前项为[＋有生],也可以蕴涵原因。

　　a 句将有因果关系的两个事件小句以"是"连接,即 S_1 是 S_2。从历史上看,小句之间是"是"的主要分布环境(参第一章 1.2.2 节),"是"成为"话题—说明"间的断定标记之后,其句法功能得以扩展,两事物或现象只要通过隐喻或转喻建立联系,就能以"是"字联结。a 句的完整语义表达应该是(23)a'。

(23) a' 小张没考上大学(的)原因是父亲病了,你呢?

　　在语境支撑下,说话者可以直接选择(23)b 而传递相同的信息,(23)b 实际上也就是"小张(的)原因是父亲病了",其句法推导过程下文详谈,这里只是指出这类句子的语义特征。

　　(23)b 的语义特异主要表现在,它跟(23)a 不能共享相同的语义蕴含式。设 R 为表原因后项,r 为结果前项,则(24)显示的语义关系只适用于(23)a 而不适用于(23)b。

(24) R→r(R 代表原因小句,r 代表结果事物,箭头代表省略的底层
　　　谓词"导致"、"造成")

　　形式上的验证:而(23)b 不能表达成"*小张是父亲病了的结果",(23)a 则可以表达成"小张没考上大学是父亲病了的结果"。

　　后项为事件小句时,说话者大多是在进行一种比较,例如(25)。

(25) 小张和小王都没考上大学,但原因不同。小张是父亲病了,小
　　　王是学习不努力。

　　(23)b 也可以是对一种情况(case)的"确认",此种情况下说话者大多也是在进行一种比较,但有时是对对方的纠正,所谓"纠错"或"反预设"。下面是两个不同的语境:

(26) (听说小张和小王最近都有双亲生病,)小张是父亲病了,小王
　　　是母亲病了。

(27) 甲:听说小张母亲病了。
　　　乙:不,小张是父亲病了。

　　不论哪种情况,说话者都是在对一种"情况"进行"确认",相当于"it is the case that…"。也就是(26)、(27)实际上表达的都是(28)这样的意思:

(28) 小张(的)情况是父亲病了。
　　　It is the case that Xiaozhang's father is ill. ①

在上述释义下,"NP_1 是 S"可以通过下列语义表达来理解句子,即将 S 中跟 NP_1 有领属关系的名词 NP_2 提取出来,跟 NP_1 组成"NP_1 的 NP_2",并以此做主语,原来 S 中的谓词作谓语,形成"NP_1 的 NP_2-VP"结构。(26)、(27)语义大致就是(29)。②

(29) 小张的父亲病了。

更进一步地,(29)可以减缩为(30)。

(30) 小张父亲病了。

这种释义实际上是将(26)、(27)跟主谓谓语句联系在一起,"是"的作用在于对整体情况的确认,所谓"整体聚焦"。下面是类似的例子。

(31) 我们是小学院做大学问。

(26)、(27)、(31)中"是"皆可删除而不改变基本语义。此种情况不在本章所说的"是"字结构之列,我们将在第五章讨论。

综上,Ⅱ型"是"字句的语义特性可以用下列公式来表示:

(32) NP ＋ 是 ＋S → NP 的原因是 S/ NP $\in \{x|A(x)\}$

将(17)与(32)结合起来,则(一)类"是"字句的语义可作如下表达:

(33) NP ＋是 ＋ X → NP 的(原因)是 X/ NP $\in \{x|A(x)\} \cap (\{x|X=NP\} \cup \{x|X=S\})$ ③

---

① 实际上这个英文表达跟汉语的意思并不等值,只是接近。
② "NP_1 是 NP_2-VP"形成的句子跟"NP_1 的 NP_2-VP"形成的句子之间的区别是明显的,前者带有说话者的主观断定,即所谓的主观性(subjectivity)问题,后者只是一般的陈说,并不含有说话者的主观性问题。前者相当于"it is the case that…",后者不能作这样的解释。有关主观性问题的详细论述,可参见沈家煊(2001)。
③ 可能遇到的例外是前项为[＋有生]NP,后项为 S,可是并不能纳入(33)之中,例如(i):
(i) 苏轼是大江东去,柳永是小桥流水。
我们的解释是:后项仅仅是形式上为 S,并不是事件性小句。后项实际上是指称化的动性成分,跟前项 NP 仍是广义领属关系。更确切地说,后项是以 S 形式指称一种抽象特性,前项中蕴涵着概括这种特性的名词。这里以"其人"指称"风格",是转喻。以上句而论,等于说"苏轼(的风格)是大江东去,柳永(的风格)是小桥流水"。照这样解释,仍可纳入(33)。类似的例子还有"我们(的装备)是小米加步枪,敌人(的装备)是飞机加大炮"。

(33)表明前项为[＋有生]NP 的"是"两种语义解释的可能,两种可能的选择依赖于后项成分:

① 如果后项成分是实体实物 NP,则前面的有生名词是领属者,实际领属物缺省,可以还原成"NP_1 的是 NP_2"。其中的"NP_1 的"能够转指未出现的中心语,因为缺省的中心语是指代具体的名词。"NP_1 的"与后面的名词 NP_2 是归属或等同关系。

② 如果后项成分是事件小句,则前面的有生名词表示它控制的一个事件,与后面的小句是结果与原因的关系。可以还原成"NP_1 的原因是 S",中心语"原因"必须出现,因为缺省的中心语是指代抽象的名词。这一类要从语境中补充更多的东西,因为事件的谓词省掉了。

(二) 前项为[－有生]NP

依照后项性质,又可分为两小类,下面依次讨论。

Ⅲ [－有生]NP_1 ＋ 是 ＋ NP_2

W 后项为名性 NP,由[－有生]前项所限,后项所指一般也是[－有生]。例如:

(34) 这裤子是晴雯的针线。

　　＊ This pants is Qing Wen's needlework.

　　This pants is made by Qing Wen from its needlework.

(35) 那篇杂文是鲁迅的风格。

　　＊ That essay is Lu Xun's style.

　　That essay is of Lu Xun's style.

这类"是"字句在形式上跟一般"是"字句无异,都是名性成分,句法结构上也无特异(idiosyncratic)。关键在于前后项的语义关联的特殊性:前项所指跟后项中心语所指之间具有"整体－部分"关系。这类"是"字句在近代汉语中就已经存在,"是"作为"话题—说明"间的标记是很鲜明的。这种"是"字结构跟前面所讨论的"是"字句一样都含有一个空的名词短语 $NP_∅$,但不易补出,这一点下文再谈。对于这类"是"字句,可以直接理解它的语义。但对于非母语者来说可能会感到怪异。逻辑上讲,则(34)、(35)对应于(36)那样的同语反复(tautology)表达。

(36) NP_1 是 NP_2 → NP_1 的 N 是 N_{Pr} 的 N (N_{Pr} 是 NP_2 的修饰语,为专名,N 是 NP_2 的中心语,为抽象名词。)

根据(36),则(34)、(35)可以理解为(34')、(35'):

(34') ?? 这条裤子的针线是晴雯的针线。

(35') ?? 那篇杂文的风格是鲁迅的风格。

不过,上述这种同语反复只是一种释义,并非实际话语。实际出现的是"NP_1 + 是 + NP_2",说话者以"整体"做话题,以"部分"做说明,可以认为以"整体"(NP_1)代指"部分"(NP_1 的 N)。

Ⅳ [—有生]NP_{LOC} + 是 + NP

前项为处所的"是"字结构也属于[—有生]NP 前项类,形式上可以表示为:"NP_{LOC} + 是 + NP"(其中前一个 NP 是参照点名词,Loc 是处所化词语,下同;)。这种结构的句子在汉语中是大量存在的。以往多认为这类句子表示"存在",相当于英语的"there be"存在结构,未免笼统。这里暂时撇开纯粹处所词("前头"、"里面"之类)做前项的情形,只考虑参照物名词后加方位词构成的处所词做前项的情况,并以前后项 NP 的生命度为参照,可得四种情形:

(37)

前项\后项	[+有生]	[—有生]
[+有生]	A 刘姥姥之下便是王夫人	B 他后面是一幅画。
[—有生]	C ? 操场上是一个踢皮球的男孩。	D 门前是一条小河。

上述结构中的"是"表示说话者的主观"断定"这一层意思是很明显的,可以从跟相应的"有"字句的比较中看出这一点,刘月华(1983)有类似看法。从上表可以看出:

① 后项为[—有生]NP 时(B、D),可以转换为"有"字句,但意义有别:"是"字句表达的是说话者的主观"断定","有"字句只是一种客观报道;

② 后项为[＋有生]NP时,转换为"有"字句受限。①

对于②,根据前项特征又分为两种情况:若前项为[＋有生],则转换为"有"字句受限;若前项为[－有生],则使用"是"字句不如"有"字句自由,请比较:

(38) a. 操场上有一个踢皮球的男孩。
　　　b. ? 操场上是一个踢皮球的男孩。

(38)b大多用在一种比较的语境下。例如(38)c:

(38) c. 操场上是一个踢皮球的男孩,教室里是一个读书的女孩。

如果将(38)b的后项换成"一群踢皮球的男孩",即(38)d,则是合格的表达。②

(38) d. 操场上是一群踢皮球的男孩。

对于(38)b与(38)d之间的差别,可能的解释是:前项NP_{LOC}所代表的背景(ground)与后项NP所代表的图形(figure)之间的对比度不同。后项为复数[＋有生]NP时,图形突显(salient),为单数[＋有生]NP时,图形不突显;图形突显则句子的"断定"义强于"存在"义,图形不突显则"存在"义强于"断定"义。

观察上表,可以看到,从A到D,说话者的主观"断定"义渐弱,而客观报道的"存在"义渐强,表示为(39)。

(39) A("断定") ⟷ D("存在")

严格说来,一般所说的"是"表"存在"当指D类。将(37)D表达成"There is a river before the door"是可以接受的;但若将(37)A表达成"* There is Madam Wang next to Liu Laolao"就不大容易让人接受,比较合适的表达为"The one next to Liu Laolao is Madam Wang"。从英语表达看出,这是典型的"是"字句(等同类),而汉语却是语义特异的。③原因在于汉语将语义比较对象看成"之下"和"王夫人",是拿"人的位置所

---

① 上述两点可以从日语中得到较好的证明,日语中表示"有生"物体的存在与"无生"物体的存在使用不同的动词:前者用"いる",后者用"ある"。
② 这一点是郭锐老师给我指出来的。
③ 英语表存在的"there"在句法上被看作主语,是句法操作中"there-插入"的结果,因为"* is a river before the door"是不合法的句子,句子必须有一个主语。这是扩充的投射原则(EPP)的要求,关于"there-插入"的讨论,请参阅Chomsky(1981)。

在"转指"人",即用"刘姥姥之下"来指称"刘姥姥之下的(人)"。

以典型"是"字句为参照,则 A—D 都可纳入语义特异之列,因为前项为"处所"(location),后项为实体(entity),二者不属于同一范畴。不过,"是"的"话题—说明"间的断定标记功能使说话者可以直接将"处所"范畴跟"实体"范畴联结在一起。这类结构像 III 一样也含有一个空语类,由于汉语没有形式主语的要求,表层结构看起来就"特异"了(参注释1)。

最有资格归入"转喻"型"是"字结构的是(37)A,即前项中参照物名词和后项名词皆为[+有生],其次是(37)B。形式标准是能够按照(38)进行语义转换。参照名词加上方位词之后形成的 NP_{LOC} 则是[—有生]类。①对于转喻类"是"字句如(37)A,其语义表达可作(40)表示。

(40) NP_{LOC} + 是 + NP → NP_{LOC} 的 + 是 + NP/ $NP_L \in \{x \mid A(x)\}$

V [—有生]NP_r + 是 + S

前项为[—有生]NP_r(下标 r 表示结果,下同),后项为事件小句 S,S 所指跟 NP 所指之间是一种"原因—结果"关系。

(41) 那场大火是电线走了电。

(42) 这次事故是司机违章驾驶了。

这类句子也无法直接纳入"等同/类属"语义,因为前后项在语义上不同质。其语义结构为:缘由性事件 → 结果性实体(大火、事故),②这一语义结构跟经验世界中的事件结构对应。如果用 E_P 表示缘由性事件,E_r 表示结果实体,则(41)、(42)的逻辑结构可以表示为(43):

(43) $E_P \rightarrow E_r$

(43)是一个逻辑蕴涵(implication)式,语言学界通常用来刻画致使结构(causative)。照此,(41)就表达为(44):

(44) 电线走(了)电 导致了那场大火。

The wire's leak caused that heavy fire.

说话者采取(44)这样的表达语序("因—果")时,是对经验世界的直接临摹(iconic),是在进行一种客观报道,并没有移情于事件或事态。一

---

① 汉语中的方所词是一个很有争议的词类,关于方所词的新近研究,可参阅 Huang et al (2009)。

② 像"大火"、"事故"这类名词,文献中一般称为事件名词,事件名词与非事件名词在句法上很不相同,可参阅 Parsons(1990)第七章。

旦说话者移情于事件或者事态,他便会采用(41)那样的表达,将实体名词置于句首作为话题,而将缘由性事件作为说明,二者通过断定标记"是"联结起来。这就是国外学者所说的移情(empathy)(Kuno 1987)。①

值得注意的是,前项实体跟后项事件之间的语义关联,必须满足因果和谐(unity of cause and effect)的要求(Frawley1992)。例如:②

(45) a. 自行车倒了是球砸中了它。
　　　　The bike fell from the ball hitting it.
　　 b. ?? 自行车倒了是球砸中了小汽车。
　　　　?? The bike fell from the ball hitting the car.

(45)b 很奇怪的原因,在于前后项在语义关联上未能很好地满足因果和谐的要求。(41)、(42)的后项小句所指事件在语义上具有[+已然]特征,相应的英语对于后项采取名物化的表达,而名物化是[+已然]事件小句的静态表达。汉语使用助词"了"(动态或者语气)也说明这一点。更有意思的是,如果采取"因—果"这样的序列,且用"是"连缀,则得到的仍是不合格的句子,如(46)。

(46) * 球砸中了自行车是它倒了。

一种可能的解释是:将表示结果的事件(事物)放在话题的位置本身就是说话者的一种主观断定,而"是"的语义功能正合于这一主观断定。

(41)、(42)这样的句子,其语义表达可如(47)所示。

(47) NP ＋ 是 ＋ S →NP 的原因(缘由,起因)＋ 是 ＋S

对于此类"是"字结构,英语采取"X be caused by Y"或"Y be the cause of X"这样的表达,也可以采取"X be the result of Y"这样的表达。仍以(41)为例,在英语中可以表达成(41')a、b、c,而完全临摹(41)的(41')d 则不可取。

(41') a. That heavy fire was caused by the wire-leak.

---

① "empathy"是主观性研究的内容,见于 Kuno(1987),沈家煊(2001)译作"移情"。Kuno 对"移情"的定义:移情是说话者的认同(identification),即说话者将自己认同于他在句子中所描写的事件或状态中的一个参与者。说话者的"移情"有程度差异,设 x 为被认同的对象,E(x)表示认同值,如果是 E(x)＝0,则表示说话者完全没有认同于 x;如果是 E(x)＝1,则表示说话者完全认同于 x(Kuno:206)。
② 这个例子是笔者根据 Frawley(1992)的一个例句改造的,原句是一个叙事句。这种"S 是 S"结构的成因下文将谈到。

b. The wire-leak was the cause of that heavy fire.
c. The cause of that heavy fire was the wire-leak.
d. *That heavy fire was the wire-leak.

(41')a 跟(41)在语序上一致,却不是普通系词句,而是一般的被动句。(41')d 形式上是普通系词句,却不合格,①原因在于英语不能像"隐喻"型系词句那样通过"内涵归属"将"事物"范畴和"事件"范畴纳入语义特异的系词句。(41)和(41')b 在语义上是等同的,都是等同式系词句。(41)也可以用从句的形式来表达,如(48)。

(48) The reason why that heavy fire happened was that the wire leaked electricity.
那场大火发生的原因是电线走了电。

如果既要"that heavy fire"做句首名词,又要不使用被动句,可以采取(49),不过(49)并非语义特异的系词句:

(49) That heavy fire was the result of the wire-leak.
那场大火是电线走电的结果。

汉语可以用"是"将表示原因的"事件"范畴和由事件造成的"事物"范畴直接联系起来,但在语序上有严格限制,即"事物"在先,做前项,"事件"在后,做后项。(41″)是不合格的非逻辑表达。②

(41″) *电线走了电是那场大火。

上述讨论表明,(41)、(42)这类"是"字句表面上看是从"NP 的原因是 S"删除主语中心语和名物化标记"的"而来的,③其中含有一个可以还原的空语类,其句法推导详下。

综合(二)类的各个次类的语义表达,[-有生]NP 前项类的语义公式如(50)所示。

---

① 同门徐晶凝曾请三位母语者为我检验了(41')c 的可接受性问题,谨此致谢。
② 将(49)的主语与表语互换,得到的表达式所对应的汉语表达"电线走了电的结果是那场大火"是可以接受的,(41″)将中心语和名词化标记"的"删除,这样的表达在汉语里是不合格的。可能存在语感差异,有人认为(41″)是可以接受的。详细讨论请参阅张和友、邓思颖(2010)。
③ 因为中心语是抽象名词(原因),"NP 的"转指中心语受限,删除中心语时需将标记一并删除。

(50) NP ＋ 是 ＋ X →NP 的(N/原因)＋ 是 ＋ X / NP ∈{x |InA (x)}∩({x |C(x, NP)}∪{x |x＝NP$_{LOC}$}∪{x |x＝NP$_r$})(InA 表[一有生],C 是谓词"构成",大写 X 表示后项成分,小写 x 表示集合元素)

在(50)中,"∩"之前的条件是必选的,"∩"之后的条件是可选的。根据可选条件的不同,得到的语义表达式也不相同。

(三) 前项为事件小句 S 类①

从形式上又可以分为两小类:

 Ⅵ S＋NP
 Ⅶ S＋S

下面分别举例加以阐述。

(51) 我喝酒是自己的钱。(＝我喝酒是用自己的钱。)
(52) 我进城是昨天。(＝我进城是在昨天)②
(53) 自行车倒了是球砸中了它。(＝自行车倒了是因为球砸中了它。)
(54) 日本当初默认将小岛处于"个人管理"状态,是认为这些有争议的岛屿事实上处于"无人管理"的状态。(＝日本当初默认将小岛处于"个人管理"状态,是由于认为这些有争议的岛屿事实上处于"无人管理"的状态。)

(51)—(52)属于 Ⅵ 类,(53)—(54)属于 Ⅶ 类。前项为事件小句,往往蕴涵着事件发生的时间、方式、地点等环境要素。环境要素可以通过介词结构来表现,也可以通过小句来表现。无论是哪种情况,如果借助一定的句法标记(上述各句后面括号内各句)来实现自己的功能,都可以纳入"指称化事件实体—环境属性"类,属于准典型"是"字句。问题在于,上述各句中句法标记词省缺,说话者径直将"事件小句"与相关属性用"是"连缀起来,这就造成"语义特异"。③英语要表达跟上述各句相近的语义,

---

① 前面我们指出,事件小句所指也是[一有生]类,考虑到前项为 S 的"是"字句的特性,故专立一类。
② 这个例子的解释是李娟、王洪君两位老师提供的。
③ 我们注意到,环境要素为地点时,标记词似乎不可省缺。例如"我最后一次遇见他是在上海"就不可以说成"*我最后一次遇见他是上海",这大概跟处所词的性质有关(参 Lyons 1977)。

不能按照汉语的模式，必得符合"to be"的语义本原。以(51)为例，跟汉语接近的英语表达如(51')。

(51') The money with which I drank is my own.

(51')是"类属"类典型系词句。英语显然拒绝(51")这样的表达。

(51") *I drank is my own money.

余例仿此，不赘述，我们可以认为(三)类"是"字句的语义表达如(55)所示。

(55) S＋是＋X → S＋是＋P/C＋X（P 为介词，C 为连词）

(四) 前后项有特殊语法关系类

Ⅷ VP＋(是)＋NP

系词前 VP 与系词后 NP 之间在语义上有"支配—对象"(动—宾)和逆序"对象—谓述"(主—谓)关系。①"是"居其间，使前项由动性成分指称化，意义上相当于加名物化标记"的"所构成的"VP 的"。例如：

(56) 难忘是那段岁月。
(57) 割舍不下是爱情。
(58) 最亲是老乡。
(59)（古训"三不朽"）首要是立德。

这类"是"字句一般出现在特殊的语体中，如歌词中，或者出现在书面语中作为标题，口语中一般不说。

(56)—(57)前后项之间是动宾关系，即"难忘那段岁月"、"割舍不下爱情"。从理解的角度看，相当于带名物化标记的"VP 的是 NP"结构，相当于英语的 wh-小句作主位的准分裂句，详下。

(56') 难忘的是那段岁月。
　　　What is hard to be forgotten are those years.
(57') 割舍不下的是爱情。
　　　What can't be parted with is affection.

(56')、(57')以名物化"VP 的"作前项，其所表达的是后项的属性。

---

① 这里称为逆序主谓关系而不称定中关系，下文将交代。我们注意到几种句法关系只有主谓（动作者—动作）间可以插进"是"（小张是去图书馆了），详见第五章。

句子的基本语义功能是确认/认定(identifying)。

(58)—(59)的前项是对后项的一种评价,而不是限定,将前项 VP 标记化为"VP 的",语义不变。

(58') 最亲的是老乡。
(59') (古训"三不朽")首要的是立德。

将(58)—(59)看作逆序主谓关系可以得到(58")、(59")的证明。

(58") 老乡是最亲的。
(59") (古训"三不朽")立德是首要的。

可以看出,(58)、(59)是一种等同(identifying)确认关系。
综上,可以为(四)类"是"字句设定(60)这样的语义表达式。

(60) VP＋是＋NP → VP 的 ＋是＋NP

综合上述四大类八小类"是"字句,便可以得到转喻类"是"字句简约的语义表达式。

(61) α＋是＋β→α(的)(原因)＋是＋(P/C)＋β(α、β为转喻类"是"字结构的前后变项,置于圆括号中的成分表可选)

根据(61)就可以获得对转喻型"是"字句不同类别语义的大致理解,而各类转喻型"是"字句的语义共同性也由此得以体现。当然,(61)只能预测转喻型"是"字句的大致语义类,具体语义需要看前后项的语义句法类别。

2.3 语义特异"是"字句的句法推导与功能解释

这一小节主要谈两个问题:一是探究语义特异"是"字句的句法推导问题,二是对这类句子从功能上作一致性解释。对于前一个问题,本书的基本主张是这类句子是从一般话题句推导而来。对于后一个问题,主要讨论说话人选择这类"是"字句的功能动因(motivation)。

2.3.1 语义特异"是"字句的句法推导

上文指出,隐喻型"是"字句为汉英共有,二者在转喻型"是"字句上存在容纳度差异。这里的讨论仅就转喻型"是"字句而言,不涉及隐喻型句子。

我们在前面将转喻型语义特异"是"字句分为四大类八小类,并讨论了各自的句法语义特点。概括起来讲,上述"是"字句可以一律表示为(62)。

(62) X 是 Y

从前面的论述可以看出,由于省略必要的信息,"X"与"Y"在语义上不能直接纳入"成素—类"这样的关系。"X"与"Y"由"是"连接起来造成理解上困难,表面上显得"特异"。假如省略的信息为"B",则"B"在句法上或者体现为可以还原的显性名词短语 NP,或者体现为无法实现为显性名词短语的空语类"e",将"X"、"B"与"Y"放在一起考虑,如(63)所示,则表面上特异的"是"字句与一般的"是"字结构无异。

(63)　　　　　　　　X, NP 是 Y (B 可以实现为显性名词短语 NP)
　　　　X, B 是 Y
　　　　　　　　　　X, e 是 Y (B 是空语类 e, 无法实现为显性名词短语)

根据我们的观察,(63)中"B"作为无法实现为显性名词短语的空语类"e",语义上多为"风格"、"方式"等比较抽象的范畴,如(64)—(66)。能够实现为显性名词短语的"B"基本上是一种具体的语义范畴(67)—(68),或者是"原因"这种较为抽象的范畴,如(69)。

(64) a. 这裤子是晴雯的针线。
　　　b. ?? 这裤子,方式是晴雯的针线
(65) a. 那篇杂文是鲁迅的风格。
　　　b. ?? 那篇杂文,(写作)风格是鲁迅的风格。
(66) a. 我喝酒是自己的钱。
　　　b. ?? 我喝酒,方式是自己的钱。
(67) a. 玫瑰是绿色。
　　　　表达的意思同 b。
　　　b. 玫瑰叶子是绿色。[①]
(68) a. 狐狸是一个洞。
　　　　表达的意思同 b。
　　　b. 狐狸房子是一个洞。
(69) a. 那场大火是电线跑了电。

---

① (67)—(68)的 b 句单独使用受限,大多是在一种对比的语境下使用,如(i)。
  (i) 玫瑰叶子是绿色,水仙叶子是红色。

b. 那场大火，原因是电线跑了电。

从上面的语义特征分析可以看出，特异"是"字句其实是从一般话题句推导而来，两者的差异仅仅在于(63)中"B"的有无，也就是与"Y"有"等同/类属"关系的信息的隐现。

特异"是"字句从一般话题句推导而来，基于如下两个理据：

理据一：凡特异"是"字句能说的，对应的一般话题句都能说（空主语不能实现为显性形式的除外），例如(70)。

(70) a. 前天的矿难是黑心老板违章作业了。
   b. 前天的矿难，原因是黑心老板违章作业了。

理据二：凡一般话题句不能成立的，对应的特异"是"字句都不能说，或出现语义偏离，如(71)—(72)。

(71) a ＊美国，张三是工程师。
   b ＊美国是工程师。
(72) a ＊张三啊，春天是刚落地的娃娃。
   b ♯张三是刚落地的娃娃。

相反，特异"是"字句不好的，对应的一般话题句却不一定不好，如(73)a 的常规释义是一般"是"字句，作为特异"是"字结构不好。但是，一般话题句的(73)b 没有问题。

(73) a ♯孔子是楚国人。
   b 孔子，太太是楚国人。

我们看到，特异"是"字句与一般"是"字句的差异在于空语类"e"的有无，于是，如何证明"e"存在的合理性便成为关键。关系化(relativization)测试可以证明"e"的存在，这里仅举两例，更多讨论可参阅张和友、邓思颖(2010)。

(74) a 水果，张三只喜欢吃苹果。
   b ［水果，e_i只喜欢吃苹果］的（那个）张三$_i$。
(75) a 他，e 是日本女人。
   b ［他，e_i是日本女人］的（那个）太太$_i$（上周回日本了）

概括起来讲，转喻类"是"字句有其句法、语义语用基础，如(76)所述。

(76) 句法基础：汉语对句法位置的名性、谓性没有强制要求；
语义语用基础：已知信息（预设域）中的成分话题化，并可在一定的语境下被删除。

这也是各类转喻"是"字结构的共同性。

2.3.2 一种基于功能的解释

本节试图从功能上解释上述转喻类"是"字句赖以产生的理据。

在上面的讨论中,我们看到,语义特异的"是"字句导因于说话者在一定语境的支撑下减缩有关句法成分从而导致信息缺失。听话人借助于语境关联,可以达到复原缺失信息,进而将语义特异的"是"字句作为一般的"是"字句加以理解。这一"缺失—复原"过程是靠心理学上所说的"扩散激活"(spreading activation)的语义记忆模式来实现的。

扩散激活模型(简称 MSA)是一种概念知识网络模型,这种模型认为,网络上的知识不是层次组织的,而语义距离或者语义关系的观点成为组织的核心。调动网络上的某一知识结点会引发相关的结点(Collins & Loftus 1975)。扩散激活模型包含如下两个有关结构的假设:第一,联结两个概念(结点)的连线长度具有理论意义。连线越短,概念联系越紧密;第二,假设上级关系以"是一种"联结来表示(Best 1995)。这种模型还包括一些"不是一种"的联结。

对于解释转喻型"是"字句的语义特性来说,我们关注的是扩散激活模式的两个结构假设。第一个假设运用到"是"字句上就是前后项之间的语义关联的紧密程度,第二个假设对"是"字句而言就是前后项所指有无逻辑上的包含关系,这两个假设本质上是一致的。

第二个假设对于汉语"是"字句尤其具有解释力,汉语"是"字句能够纳入"是一种"联结的(即典型"是"字句和准典型"是"字句)并不多,大多数属于"不是一种"联结,本书所谈的转喻型"是"字句就是很好的例子。

理解语义的过程实际上是一种认知上的搜索活动,MSA 对搜索活动的一个重要假设是:当搜索到结点时,贮存于其中的知识状态将发生改变。①具体地说,理解语义的搜索活动可视为激活被搜索的结点,意味着知识处于一种高度可及性(accessibility)状态。张敏(2004)称之为概念之间的激活传导关系,也就是从活跃性较强的概念向活跃性不强的概念扩散。处于激活状态的结点概念会将其激活水平传到与之相关的结点概念上,从而使不活跃的结点达到活跃状态。

---

① 这里的"结点"是 MSA 上的一个概念,跟形式句法树形图上的结点(node)不是一回事。它是指概念网络中的某一概念,比方说,在由"学校"、"公共汽车"、"交通工具"、"医院"等概念构成的网络图中,"学校"等每一个概念就是一个结点。

对于转喻型"是"字句而言,我们假定前后项对应的概念(单一或者复合)正是 MSA 所说的结点,那么理解这类"是"字句语义的过程也是一种"概念"传导活动。在传导过程中,一些概念被激活,激活的概念甚至往往会激活在网络中并未出现的概念,反映在语言中就是复原省缺的成分。下面我们举例性地选取几个"是"字句逐一加以分析。

(77) 他是个日本女人。

"他"和"日本女人"之间显然不存在"是一种"关联,由于"女人"是焦点,处于激活状态,它能激活跟它相关的结点"他",从而"搜索"跟"他"相关的语义信息,也就是(63)中的"B"所对应的缺失的信息,求得对句义的理解。

(78) 这条裤子是晴雯的针线。

根据 Deane(1992)的研究,[①]"裤子"与"针线"构成下列动作序列之脚本(script)或语义框架(semantic frame)的提示(cue),如(79)。

(79) A X 制作了这条裤子;
　　　B 针线是能显示裤子特色的组成部分;
　　　C 如果 X 制作了这条裤子,则可从其针线上得到反映;
　　　D X＝晴雯

在上述脚本中,"裤子"、"制作者 X"、"针线"是几个关键成员,而"制作者 X"是"裤子"(产品)与"针线"(部分)之间的中介(medium)。所以,当这个脚本被激活时,各个成员会因传导而建立起联系,而"裤子"最易成为已知的预设信息处于话题位置,"X"与"针线"的复合体对其进行说明。这个复合体如果没有制作者"X",就无法对话题进行说明,有(80)为证。

(80) *这条裤子是针线。

脚本中的中介成员 X 不出现,句子是不合格的。请看(81)描述的另一个脚本。

(81) 我喝酒是自己的钱。

(81)建立的脚本(喝酒)中,"人"、"酒"、"工具"等是关键成员。当这个脚本被激活时,每个成员都可能因"汇聚激活"(convergent activation)而成为"话题"(张敏 2004)。请比较下列各句:

───────

① Deane 的研究参引张敏(2004)。

(82) a. 我是用自己的钱喝的酒。
　　 b. 那顿酒我是用自己的钱喝的。
　　 c. 那些钱我是喝酒花的。

(82)中各句在国外文献中被称作"分裂句"（cleft sentence），我们称之为焦点化"是"字结构，详见第三、四章。(82)在对上述成员进行组构时，选择"事件实体"与"工具"联结，汉语中标识工具的格标（case marker）一般是需要出现的，如(83)所示。

(83) 我喝酒是用自己的钱。

格标出现时，"格标＋工具"表示属性，与事件实体之间构成"实体－属性"关系，可纳入典型"是"字句。只保留"工具"，在激活的语义框架中能够将缺失的格标复原。但是，省缺格标的"是"字句在语义上则是特异的。

需要说明的是，上面提到的"工具"实际上有两类：具体的工具和抽象的工具。"钱"是用以买酒的"工具"，属于抽象类，"杯子"之类的工具属于具体类，请看(84)。

(84) 我喝酒是自己的杯子。（格标"用"省缺）

在(84)建立的脚本中，我们仍可以通过脚本成员之间的激活传导将省缺的格标找回，从而达到对句义的"合逻辑的"理解。

总之，从MSA来看，转喻型"是"字句只需保留激活的语义框架（脚本）中的相关性（包括对比、属性特征等）要素，都可依据语义框架或语境补齐，这是汉语转喻型"是"字句成立的语义基础，跟(76)的概括是一致的。

各类情形，这里不一一叙说了。

用MSA解释转喻类"是"字句会发现这些句子多跟语境相涉。我们在下文中将看到，转喻型各类"是"字句对语境的依赖程度不同。因此，人们在听到不同"是"字句的反应也不相同。我们做过粗略调查，普通人对"这女孩是黄头发"的反应很自然，而对于"我是十四英寸黑白电视"需要语境支撑才能知道确切语义，"他是个日本女人"如果没有语境则一般人都认为是"荒唐的"，对于"小张是父亲病了"这种句子就需要更多的语境支持。

2.4 汉英对语义特异系词句的容纳度差异及其解释

2.4.1 英语中的所谓例外现象

基本上讲,在相同的语境下,两个不同质的实体名词(转喻类)在英语中不能像汉语那样以系词直接联结,但是,这一论断面临例外的挑战。①请看下面的例子:

(85) He is all tears.(他成了泪人了。)(张今、陈云清 1981)

(86) I seem to be all thumbs today.(我今天有点笨手笨脚的。)(《朗文当代高级英语辞典》)

(87) We are season tickets.(我们是月票。)(张今、陈云清 1981)

(88) I am Louisiana, he is Texas.(我是刘易斯阿纳州,他是德克萨斯州。)(张今、陈云清 1981)

上述例外是不难解释的,形式上系词前后虽为不同质的两名词,但后项名词显然是描写状态(临时属性)的,"all thumbs"在朗文辞典中是作为词语收录的。所以,(85)—(86)其实是描写句,而不是传统所说的判断句,需要解释的是(87)—(88)。

我们认为,(87)—(88)表达的仍是一种"实体-性质"语义,而不是汉语那种广义领属关系。(87)是说"我们购票的方式是月票支付",(88)说的是"我是刘易斯阿纳州人,他是德克萨斯州人"。更要指出的是,像这样的句子在规范的英语中是不多见的。

总体上说,我们关于汉英在转喻型系词句上的容纳度差异的结论是没有问题的。

2.4.2 英汉容纳度差异的根源

前面的研究显示,隐喻型系词句是汉语和英语都能容纳的结构,结构类型的语言(如日语)也可以接受。这一事实反映了人类作为认知主体的

---

① 根据 Ward(2004:263)的观察,英语中确实存在(i)这样的表达,尤其是在饭馆的环境里。Ward(2004)指出,说话人将自己等同于他所订的晚餐。这实际是一种换喻(metonymic)表达,英语里的这种用法需要相关的话语实体间的语境突显对应(contextually salient correspondence)。

(i) I am the pad thai.

某种共通性。另一方面,转喻型系词句在汉英中表现出容纳度差异。造成这种差异的原因是什么,下面就来讨论这个问题。

历史上看,"是"在句法本原上广泛分布于"动—动"、"动—名"、"名—动"、"名—名"之间,发展到今天以两实体之间的"名—名"为主要分布环境。[①]在语义本原上是"话题—说明"间的断定标记。汉语学界曾有学者将这种"是"看作特殊的动词,语义空灵,其作用在于联系主语和宾语(丁声树 1961)。例如:

(89) 这一年,人家都是丰年,我是歉年,收完秋就没有吃的了。

(90) 咱们是好汉一言,快马一鞭。

如果以两实体间"名—名"语义类别为标准,那么上述结构中"是"作为判断动词确实有些"名不副实"。这种句子的句首名词是典型的话题,其后的内容是针对这个话题的谓述(predication),"关于性"(aboutness)较好地概括了这类句子句首名词所指与其后成分所指之间的关系。这种关系比较松散,证据是在句首名词之后可以有较长的语音停顿,并且可以加进语气词。[②]以(89)为例,可以表达成(89')。

(89') 这一年,人家(呀),都是丰年,我(呢),是歉年。

正是基于对汉语"是"字特殊性的考虑,有的学者主张只将"是"看作系词,而不是看作动词或者同动词(co-verb)(高名凯 1986),这一看法揭示了汉语"是"在语义上的特殊性。

To be 的句法本原是承担成句要求的时、人称等语法范畴,语义本原是表实体间等同/类属关系,其断定功能是附带的。

汉英对语义特异系词句的容纳度差异还有更深层的原因。这里仍以"鳗鱼"句为例,重述如(90),相应的英文表达如(91)。

(90) 我是鳗鱼。

(91) a. ?? I am an eel.
   b. What I order is an eel.
   c. Mine is an eel.
   d. As for me, the thing ordered/bought is an eel.

这里英汉之间的差别是明显的,对于(90)这样的句子汉语能自由容

[①] 这里的"是"并不限指系词动词,也包括"是"未虚化以前的指代词用法。

[②] 有关话题及其相关特征,可参阅 Chao(1968)、Li & Thompson(1976)、Halliday(1985/1994)。

纳,英语在一般情况下难以容纳,如(91)a,或者采取符合 to be 特性要求的表达,如(91)b-d。概括而言,对于"[有生]NP$_1$-系词-NP$_2$"这样的结构,汉语的容纳度高于英语。需要回答的问题是,究竟是什么原因造成汉英这方面的差别呢?我们不妨从稍远的地方说起,下面的事实是大家都熟悉的:

(92) Questioner: Have you been to the zoo?
　　　Answerer: Yes, I have.
　　　　　　　　No, I have not.
(93) 问话:你到过动物园吗?
　　　答话:是的,我去过。
　　　　　　不,我没去过。
(94) Questioner: Have you not been to the zoo?
　　　Answerer: Yes, I have.
　　　　　　　　No, I have not.
(95) 问话:你没去过动物园吗?
　　　答话:不,我去过。
　　　　　　是的,我没去过。

对比(92)—(93)和(94)—(95)两组句子,我们看到:在肯定问话下,汉语跟英语的回答是完全一致的,即答话的起句跟其后的追加句在"极性"(polarity)上保持一致对应;在否定问话下,英语答话的起句与追加句仍然保持一致,而汉语的答话在起句与追加句上正好相反。为了更清楚地说明汉英这方面的差异,我们来看一下每个句子的附加问句(tag question)。

(96) You have been to the zoo, haven't you?
(97) 你去过动物园,是吗?
(98) You have not been to the zoo, have you?
(99) 你没去过动物园,是吗?

我们看到,英语的附加问句的定式动词跟前面的起问句的定式动词在"极性"上相反;而汉语则不论起问句的"极性"是肯定还是否定,附加句一般都是肯定形式。

上述语言事实的背后或许蕴涵着汉英两种民族在思维上的某种差异,根据这些事实,大致可以推测,说汉语的人是对"言说"(utterance)进行言说，①而说英语的人是对事实（fact）进行言说。由此引发的差别是，说汉语的人多以某一关涉对象为中心来组织言说，而说英语的人多以事实为中心来组织言说。以关涉对象为中心组织言说，可以临时将跟关涉对象相关的信息（在一定语境下能够复原）省缺，以事实为中心组织言说，跟关涉相关的信息不可以缺省。可能正像陈保亚（1996）所指出的那样，"由于汉语和印欧语在结构上的差异，两者分别浇铸了两个民族不同的思维轨迹，影响了两个民族的文化精神。文化精神的差异又反过来影响到语言的差异"。

上述思维差异反映在语言上大致是，汉语的句子结构中句首名词跟其后的谓述部分（predication）之间的关系比较松散，可以用"话题—说明"（T-C）结构来概括；英语的句子结构中句首名词跟其后的谓述部分之间的关系比较紧密，可以用"主语—谓语"（S-P）来概括。汉语的句子结构属于"话题突显"型（topic-prominent），英语的句子结构属于"主语突显型"（subject-prominent）。

汉英句子结构上的这种差异已为学界所认识并接受（Chao 1968，Li & Thompson 1976，徐通锵 1997）。Chao（1968）明确指出，汉语句子的主语和谓语的语法意义是"话题"（topic）和"说明"（comment），而不是"施事"（actor）和"动作"（action）。"施事—动作"关系可以看作"话题—说明"关系的一种特例。就"是"字句而言，主语所指不必等同于或者类属于系词之后的成分所指。

2.5 语义特异"是"字句研究的应用价值

这一小节主要讨论两个问题：一是对计算机在进行文本语义识别时可能具有的辅助价值，一是对对外汉语教学的指导价值。

2.5.1 文本语义识别方面

这里所说的文本语义识别是指计算机对自然语言的处理。②所谓计算机处理自然语言，即计算机根据事先编好的程序执行解读自然语言的任务。不论哪一种计算机，在执行有关程序时，总免不了给它指出条件。有了条件，并且让计算机知道究竟是什么样的条件，计算机才可能执行相

---

① 根据张和友、邓思颖（2011）的研究，（97）、（99）中附加问句的结构应该是"是 VP"删除了其中的"VP"造成的，"是"后也可以补出一个回指性的指示代词"这样"。

② 我曾就计算机对这类判断句的处理问题请教过詹卫东博士，在此致谢。

应的操作。计算机的操作,用公式表示就是:条件→动作(冯志伟,1996)。计算机处理自然语言的一项重要内容是机器翻译,而要使计算机将一种语言 A 翻译成另一种语言 B,必须要对被翻译的语言 A 有正确的理解。所谓正确的理解,包括如下内容:确定语言 A 中的每一个词在语言 B 中相应的等价物(counterpart),分析语言 A 的句子结构和语义结构,将翻译出来的词作某种变化,并按语言 B 的结构将它们配置起来(冯志伟 1985)。要做到这些,计算机需要具有自动分析和综合句子的能力。为了给计算机理解自然语言创造条件,语言研究者首先需要弄清自然语言的句法结构和语义结构。从计算机对文本语义的处理这方面来说,语言学最需要研究的是跟语法有关的语义。[1]本书对于语义特异"是"字句语义规则的揭示一定程度上有利于计算机对文本语义的识别。下面结合个案分析具体说明这一点。

讨论之前,先简要交代一下对于本书讨论的现象,以前论著的解决办法。从前的研究者大多采取"省略"说,并且根据语境认为有多种省略,好像是无可不省。这就给语义复原带来很大的困难。比如"他是日本女人→他雇的女仆(他请的佣人、他带回的管家……)是日本女人"。即使在同一语境中也有多种复原的可能,所以赵元任(1968)反对"省略"说。[2] 如果我们能找出语义限制,说明并不是任何情况都可以省略而用"是"字句的,那么机器自动识别语义的出错率就会降低。

上面的研究表明,语义特异的"是"字句的确存在省略现象,同时也存在不因省略而丧失的语义规则。那些省略的语义总是在一定的语境中能够复原的预设信息,而不变的语义规则大致是:前项所指跟省略成分所指往往有一种广义领属关系(包括具体领有属物,或抽象领有事由、情形、方式等)。

从前面的讨论我们看到,汉语中的语义特异的"是"字句在语言中难以找到逐字对等的句子,尤其是英语。那么,在汉英翻译中对于汉语这类句子的正确理解就显得尤为必要。对于研究自然语言的人来说,所需要做的就是找到这类句子的语义规则,并加以形式化,才能为机器理解自然

---

[1] 马希文在一次演讲中对于为什么只研究跟语法有关的语义时指出,每句话都是有歧义的,同样一句话在不同的场合去说含义是不一样的;有的语义根本无法在语言学里研究,因为要弄清一句话的所有含义就必须要弄清楚这句话的所有语境,要弄清所有语境就得弄清所有的社会情况。这当然不是语言学家要去研究的问题,参马希文(1989)。

[2] Chao(1968)在他的著作中没有明确提出反对"省略"说,但是从他的论述来看,他对"省略"说是持否定态度的,参 Chao(1968):70—71。

语言提供帮助。下面具体剖析两个个案,来说明语言规则的发掘的重要性。

(一) 个案分析一:"他是日本女人"

要想使计算机正确解读这样的句子,研究者自己必须先搞清这类句子的语义结构及其生成过程。

上文已经指出,当句首为[＋有生]类 NP 时,NP 实际上跟一个领属关系的"NP 的 N"等价,而 N 的具体语义内容是由语境赋予的。同时,[＋有生]NP 所指对 N 所指的获得途径(在句法上表现为谓词)也需要依据具体的语境才能复原;也即,这类句子的一般语义公式为:

(100) 有生事物—谓词(动作性)—获得物—属于/等同—某类事物

跟语义结构相对应,这类"是"字句的句法结构为:

(101) NP_1—V—N—系词—NP_2

(100)是对两个基本命题的刻画:一个是事件性命题,即有生物(多为人)获得某物,一是关系命题,即获得物在属性或类别上属于某类事物。(100)可以看作这两个命题的复合语义刻画式。两个不同性质的命题相联,其中一个命题所表示的过程是对另一个命题所表示的过程的限定,(100)所表示的事件命题是对关系命题的限定。这样,两个独立的命题就通过限定关系连属在一起。

上述语义结构在语言上的反映是:一个动性小句 NP_1－V－N 和一个名性小句 N－是－NP_2 前后相承,如(101)所示;跟(100)的语义结构相应,需要将两个小句改造成一个小句。汉语通过名物化标记"的"将动性小句由陈述形态变成指称形态,这样,再跟名性小句一起组成名性句。下面是"他是日本女人"的一个实例(token):①

(102) 他雇了一个佣人$_i$(动性小句)＋e_i 是日本女人(名性小句)→他雇的佣人是日本女人→他雇的是日本女人→他的是日本女人→他 e_i 是日本女人

从上面这个实例可以看出,由于"VP 的"能够转指中心语 N,故而可以一般地说成"VP 的是 NP_2";进一步地,"VP 的"中的谓词在一定语境中可以略去不说,于是,又有"NP_1 的是 NP_2"这样的结构;当说话者仅仅

---

① 在"动句＋名句→名句"的过程中还涉及变化如时态成分的消失,这里不讨论这类变化。

将"NP_1"作为一个话题时,连名物化的标记"的"也略去不说,结果产生"NP_1 是 NP_2"这种特殊的"是"字句,请参阅 2.2 节的讨论。

按照上述分析,从计算机理解话语的角度说,"他是日本女人"实际上可以说成"他的是日本女人"。其英文表达应为"His is a Japanese woman",而不是"He is a Japanese woman",至于具体"领属物"是什么,就要借助于一定的语境了。

有些情况下,NP_1、NP_2 之间的关系可以利用我们的经验知识建立起联系,并通过复原谓词(实际上可复原的谓词也是明显的),使原来语义特异的"是"字句成为一般的"是"字句。

(103) 他们都是小本生意,赚钱不多。

(103)中"他们"(NP_1)和"小本生意"(NP_2)之间的关系仍然符合(17)概括的语义模式,即二者之间是一种广义的"领属"关系。也即,(103)可以表达为(103'):

(103') 他们的都是小本生意,赚钱不多。

这样,"NP_1 的是 NP_2"就成为一般的"是"字句。跟"他是日本女人"不同的是,(103)省缺的谓词是明显的,复原的话,最自然的谓词可能是"做"(或者"搞"这个万能动词)。于是,(103')更明确的表达为(103"),相当于英语的 what-小句做主语的所谓"准分裂句"。

(103") 他们做(搞)的都是小本生意。①

      What they do are all small scale business.

(二)个案分析二:"小张是父亲病了"

上文已经指出,这样的句子在一定的语境下是可以理解和接受的,但具体语义需要由具体语境赋予。根据前面的研究(参见 2.2 节),在[+有生]NP 做前项的条件下,如果后项是小句,则句首名词蕴涵着原因。即"小张是父亲病了"可以理解为"小张的原因是父亲病了"。这仍然是一个语义不明确的句子,要想明确化,必须依靠一定的上下文语境。原因隶属

---

① 值得注意的是,(103)除了(103")这种语义表达外,还有下面(i)这样的表达:
  (i) 他们都是做的小本生意。
    (i)跟(103")在基本语义上是一样的,不同在于"都"标示的焦点不一样:(103')中"都"将"小本生意"标为焦点,也即说话者强调的是"小本生意",(i)将"他们"标为焦点,也即说话者强调的是"他们"。实际上,虽嫌赘余但更为严密的表达是"他们都是做的是小本生意"。

于事件,也就是说,有"原因"就意味着发生了一定的"事件"。譬如说,"小张没有考上大学的原因是父亲病了"。我们在前面已经指出,这类句子一般蕴涵对比性,即系词前话题往往是跟相关话题进行比较(参 2.2.2)。为了便于说明,这里重述如(104)。

(104) 小张(没有考上大学)的原因是父亲病了,小王(没有考上大学)的原因是学习不努力。

(104)谈论的主题是两人"没有考上大学的原因",在听说双方都默认的语境下,可以将已知信息略去,而只保留对比性话题(contrastive topic),表达成(104'),具体论述详见上文。

(104') (小张和小王都没有考上大学,)小张是父亲病了,小王是学习不努力。

在另一语境下,说话者虽然也是在进行一种比较,但比较的具体内容跟(104')不同,例如(104"):

(104") (听说小张和小王最近都有双亲生病,)小张是父亲病了,小王是母亲病了。

在(104")这样的语境下,"NP_1是 S"可以通过下列语义规则表达式来理解句子:将 S 中跟 NP_1 有领属关系的名词 NP_2 提取出来,跟 NP_1 组成 "NP_1 的 NP_2",并以此做主语,原来 S 中的谓词作谓语,形成"NP_1 的 NP_2-VP"结构,如(105)。①

(105) 小张的父亲病了。

上面是从理解的角度来说的,从表达的角度讲,(104")比(105)更为自然。因为(105)是客观陈述,而(104")则是说话者的主观断定。对于这种释义下的(104")"是"字句将在第五章详细讨论。

从前面的讨论看出,对于"他是日本女人"、"小张是父亲病了"这种特异的"是"字句,计算机文本语义识别首先应该做到将其跟一般的"是"字句区分开来,然后能确认这种句子都是省却了一定的信息,句法上实现为一个空语类。再来看计算机如何理解这样的句子。我们可以将(55)看作

---

① "NP_1 是 NP_2-VP"形成的句子跟"NP_1 的 NP_2-VP"形成的句子之间的区别是明显的,前者带有说话者的主观断定,即所谓的主观性问题,后者只是一般的陈说,并不含有说话者的主观性问题。前者相当于"it is the case that……",后者不能做这样的解释。有关主观性问题的详细论述,可参见沈家煊(2001)。

理解这类句子语义的原则公式,即通过(55),计算机的理解必须不能越出这一原则,至于具体的语义内容(对应于空语类),可以根据上下文语境赋予。这样,我们可以认为,第二节中的(61)是一个语义解读的原则公式,语境或者上下文是参数(parameter)。

其他情况也可以仿此进行同样的分析,这里就不去细说了。

2.5.2 对外汉语教学如何教授这类"是"字句?

本书的研究已经十分清楚地显示,语义特异"是"字句在汉英方面存在明显差异,同时也从语言对比的角度指出如何在英语中找到跟汉语对等的表达法。这里结合具体的实例说明汉语教师怎样使留学生(主要指母语为英语者)有效习得这类"是"字句。

从汉英比较的角度讲,应该讲清楚到底汉语有哪些语义结构能用这种语义特异的"是"字句,哪些不能;英语有哪些能、哪些不能。为了显示汉英之间在这类句子上的差异,需要借助逻辑的手段,因为逻辑可以刻画超自然语言的语义结构。从这个超语言的逻辑表达式就可以清楚地看出,汉语的"是"字句所表达的语义有哪些限制,范围有多大,与英语的限制和范围有哪些区别。

仍以"他是个日本女人"为例,前面已经指出,英语中的等价物"he is a Japanese woman"即使在跟汉语相同的语境下也不是好的表达法。假如语境为:他从劳务市场上雇了一个佣人,这个佣人是日本籍女性。

我们现在来看看,英语没有而汉语有的"是"字句中,哪些语义是可以不依赖语境就可以理解,哪些语义必须依赖语境。不妨在上述语境中,将对应的语义用逻辑式刻画如下:

(106) $P(x, y) \wedge Q(y, z)$

(106)中,x、y、z 为个体变元,P、Q 为谓词,P 对应于自然语言中的动作性动词,Q 对应于自然语言中的关系动词,这里就相当于系词。

现在来看汉英在同样的语境下表达这样的语义所采纳的方式,我们假设在语境帮助下,不同的语言都受经济原则的支配,尽可能采取简洁的表达。在此基础上,我们再观察汉英在表达上的差异,可以看到:

汉语能够在 x 与 z 之间直接建立 Q 联系,而将 P 省缺;英语要表达同样的语义有不同的选择,上文已有论述。在跟汉语相同的语境下,英语不能直接容纳汉语中"我是鳗鱼"那样的系词句。

明白了这一点,说英语的人遇到汉语那样的语境就可以正确运用"是"字句。但是,虽然都是语义特异的"是"字句,对于语境的依赖程度各不相同,也即所受的语义、语用(语境)限制有别,结果是在语义复原上表现出不同。下面列出几条这类"是"字句对于语境依赖程度的差别之规则性倾向:

① 若省略的是前项固定属物,即属物与前项所指之间具有不可让渡(inalienable)关系,且该属物也同时表属性,或者省略的是前项所有关系的属物且所有物的大类在后项出现,那么这种"是"字句的出现是自由的,也即这类"是"字句对于语境的依赖度最低。

(107) 这个女孩儿是黄头发。①
  'This girl is yellow-haired.'
(108) 这裤子是晴雯的针线。
  'This pants is made by Qing Wen from its needlework.'
(109) 这铲煤的人不是工人的口吻。
  (The language of) this coal stoker is not the language of a workman.(Chao 1968)

(107)—(109)不需要语境的支撑即可以独立存在,关于语境的理解请参见 p.56,注释 1。

② 若前后项之间具有比较松散的关系,所省略的是一种比较抽象的属性,且省略的属性跟后项之间有一种外延上的包含关系,则"是"字句需要相应的语境支撑,多为一种"比较"语境。

(110) 这一年,人家(的年)都是丰年,我(的年)是歉年,收完秋就没有吃的了。
  As for those people, they all have a bumper year; as for me, I have a lean year.
(111) 苏轼(的风格)是"大江东去",柳永(的风格)是"晓风残月"。
  The style of Su Shi is "Great river flowing East" and that of Liu Yong is "daybreak wind and remaining moon".

(110)—(111)中前项省略的成分在所指上跟后项所指在外延上是一种"上下位"关系,即逻辑上的包含与被包含关系。"年"在外延上包含"丰年"与"歉年","风格"在外延上包含"大江东去"与"晓风残月"。这类"是"字句往往需要"比较"这样的语境,即使有些时候比较的另一方没有出现,"比较"的语境也是潜在蕴涵着的。

---

① 我们在上文中指出,这类句子也可视为一般"是"字句,参见 p.57,注释 1。

跟上述情况相似,前项中省略的成分在所指上跟后项在所指上存在外延上的包含关系,但是省略的是一种物体,而不是一种属性。前后项之间是一种可以转让的(alienable)的领属关系。这种情形往往也需要比较语境的支撑才能形成顺当的话语形式。

(112) 我(的电视)是十四英寸黑白电视,他(的电视)是十七英寸彩色电视。

(112)包含两个"是"字句,含有对比语义,一般是不能单说的,但在"还是……呢"这种情态成分的允准(licence)下是可以单独运用的。①

(113) 我还是十四英寸黑白电视呢。

当说话者选择(113)这种形式的时候,他实际上仍然是在进行一种比较,其潜在形式可能是"人家都长虹超薄了,我还是十四英寸黑白电视呢"。

③ 若前后项之间是一种临时性领属关系,需要借助语境才能成立。

(114) (在谈论赵先生和张先生妻子的国籍时,)赵先生是日本女人。

④ 若前后项之间是一种更加随机的领属关系,则必须有一定的前接句才能理解。

(115) (小张和小王都没有考上大学,)小张是父亲病了,小王是学习不努力。

(115)这样的句子如果没有一定的前接句,我们很难知道说话者要表达的确切意思。对于①—④,可以按照其描述句子对于语境的依赖度高低作如下排序:①<② <③<④,从①到④,对于语境的依赖度逐渐增高。

需要说明的是,上述所说的"领属关系"是在广义上运用的,既包括固有所有关系,也包括临时建立的属有关系。

除此之外,如果涉及一个事件(如点菜),基本上都是已然的事件。如果是未然事件,前项与后项尚未发生广义的所属关系,则不能使用"是"字句。如去饭馆,接过菜单看过后对服务员说"我是排骨,他是白菜",就会让人莫名其妙。如果加上前引导句,说成"我们已经点好菜了,我是排骨,他是白菜"就自然了。

上面我们从如何教说英语的人正确运用语义特异"是"字句的角度给

---

① 情态成分在句法上具有重要的位置,有些不好的结构在情态动词的允准下,也可以成为好的形式。关于情态成分的讨论,请参阅邓思颖(2003a)。

出了几条倾向性语义规则,这几条规则可能会有例外,同时可能还会有没有概括全面的问题。不过,就掌握这类句子并懂得怎样理解它来讲,这几条规则大体是够用的。

2.6 一种含有比较义的"是"字结构[①]

汉语普通话里还有一种"是"字句,形式为:NP_1-是-NP_2-结构助词-AP(AP 是形容词性质的短语),这种结构往往带有一种比较义。这种比较义跟该结构的性质有关,它们都含有一个空语类。从句法语义上说,前项为名性成分(或指称化动性成分),后项为语义不自足的小句(NP 的 AP),表面上看也是"语义特异的",故放在本章讨论。

2.6.1 结构问题

先来看一些例子。

(116) 月亮是故乡的圆。
(117) 人文景观是北京的多。
(118) 天气变化是山区的来得快。

(116)—(118)代表汉语中独立的一类"是"字句。这些句子跟语义特异的"是"字句相关,隐含比较义。之所以说这类"是"字句跟语义特异的"是"字句相关,主要是从句法语义上看,系词前后的成分不在一个语义范畴内。从理解的角度看,这类句子对母语者来讲是没有问题的。此类句子在形式上有特殊标记,具有句法类聚性,语义上具有潜在的比较(potential contrasting)特征,因此可以作为专门的一类"是"字句。

语义上,这些句子的句首名词短语 NP_1 跟后面的 NP_2 有领属关系;即"NP_2 的 NP_1"形成表示领属关系的偏正短语。[②]同时,NP_1 跟 AP 之间有"对象—谓述"这样的语义关系,即"NP_1-AP"形成主谓短语。句法上,这

[①] 这一小节的修改参考了张和友、邓思颖(2009)的某些观点,其中最主要的一点是这类句子的生成问题。具体说,放弃了原来的移位推导,认为这类句子是由基础生成的。
[②] 实际上,这类句子的句首不限于名词短语 NP,还可以是名物化的动词短语 VP(例如(i)的"做人"、(ii)的"睡觉"),系词之后也不限于名词短语,也可以是动词短语(例如(i)的"煮"、(iii)的"平躺")或形容词短语(例如(ii)的"正直")。
(i) 鸡蛋是煮的好吃。
(ii) 做人是正直的风格受欢迎。
(iii) 睡觉是平躺的姿势最常见。

类句子在助词之后有一个空语类"e",回指前面的"NP_1",如(119)所示。

(119) [$_{S1}$ NP_1 [$_{VP}$ 系词 [$_{S2}$ [$_{NP}$ NP_2-结构助词 e] AP]]

(119)中的"e"与NP_1同指,"NP_2-助词"对"e"进行限定。直感上,这种比较义是将所有NP_1构成的集合 X 中的成员跟所有由"NP_2-结构助词-e"构成的集合 Y 中的成员进行比较(其中 Y 是 X 的真子集)。比较的结果,Y 中的成员具有 AP 那样的属性。

2.6.2 生成问题

现在需要回答另一个问题:这类句子为什么会有比较义?这个问题跟句子的生成有关。

基于上面的讨论,这类系词句包含了一个位于主语的名词短语"NP"和一个空语类"e",而空语类实际上是形容词谓语"AP"的主语。其句法结构如(119)所示,考虑到结构中语类的性质,改造成(120)。

(120) [$_{S1}$ NP [$_{VP}$ 系词 [$_{S2}$ [$_{NP}$ XP-结构助词 e] AP]]

那么,这一结构的比较义是从那里来的呢?一般"是"字句在语义上不外乎直接或间接的等同和类属,(116)-(118)这样的句子显然不容易纳入这种语义模式。这类"是"字句蕴涵着"XP-结构助词-e"所指称的对象跟相关对象的比较,比较的标准是句首 NP 所指的对象。

主语的名词短语在语义上是类指的(generic),标定一个集合,甚至可以充当话题的功能,而空语类(或者更准确的说,"XP-结构助词-e")所指是主语所指的一个子集。两者比较起来,子集的成员具有形容词谓语那样的性质。因此,这类句子含有比较义也就是顺理成章的了。

从汉英对比的角度也能间接证明这类句子的比较义特征。仍以(116)为例,英语要表达跟汉语相同的意思,不可能采取(121)a 这样的形式,而只能说成(121)b。

(121) a. *The moon is the birthplace's round.
   b. As for the moon, the one of the birthplace is more round than those of other places.

(121)b 印证了汉语中对应句句首名词短语的话题性,因为在英语中"as for"引导的是一个话题。

从(120)可以得知,"XP-结构助词-e-AP"组成了一个小句"S_2",独立表达一个命题。我们可以将这个命题分析为系词的论元,简单记作:"是

(P)"。也就是说,这个句子中的系词可以处理成一个以命题为论元的一元动词,而句首的名词短语则是非论元的话题。既然典型的系词应该是一个二元动词,为什么它们在这类系词句方面成为一元动词？这大概跟汉语是一种缺乏形式主语(dummy subject)的语言有关。

  总之,从语义上看,"NP_1-是-NP_2-结构助词-AP"这类系词句也显出其特异之处,自身含有一种比较义。这种结构中含有一个空语类"e",指称上跟句首的名词短语相同。这种类型的"是"字句及其所具有的比较义是基础生成的,并得到方言的佐证(张和友、邓思颖 2009)。

第三章 焦点化与"是……的"结构句(上)①
——共时结构分析

【三、四章摘要】

第三章和第四章要讨论的是另一类非典型"是"字句——聚焦式"是……的"句(简称"聚焦句"),为了跟英语比较,有时也称为分裂句。这种句子的产生是说话者"心理聚焦"的结果,句法上是叙事句中某个成分被"是"焦点化(focalized)。具体说,它是说话者在叙事句的基础上,运用焦点算子(focal operator)"是……的"对构成事件的某一要素进行聚焦而形成的一种结构。这种"是"字句的底层结构(underlying construction)是普通的叙事句(也是其预设),②高层是说话者的一种断定(assertion)。概括来讲,这类"是"字句同一般"是"字句一样,基本语义特征都是说话者的一种"断言"。所以,对这类"是"字句的研究也应该抓住说话者的主观断定这一点。主要内容包括:

(一)共时层面:1. 剖析聚焦句的语义特点;2. 该结构的构造过程;3. 从句式推导的角度入手,揭示聚焦句跟句式之间的关系;

(二)历时层面:从语言比较和语言成分的表达功能入手,探求聚焦句的来源问题。

本章将主要讨论(一)提出的问题,即:① 聚焦句在语义上的一些特点;② 聚焦句的构造过程;③ 汉语在从叙事句到聚焦句的推导过程中所受

---

① 本章和下一章,讨论汉语的一类较为特殊的"是"字结构,汉语学界一般称之为"是……的"句,国外汉学界称之为分裂句(cleft sentence)。之所以分为上下两章,主要是因为这类句子比较复杂,涉及的问题也较多。

首先需要说明的是,这两章所谈的聚焦句仅指典型分裂句,即跟英语"it is X that……"相当的那一类。不过,汉语聚焦句的含义跟英语有同有异:在将句子的信息分割为预设(presupposition)和焦点(focus)方面,汉英是相同的。形式上,英语的两个定式动词(finite verb)必须同现,其中一个是"be"动词;汉语也需要两个定式动词,其中一个是"是",不过"是"不是必不可少的,它可以不出现。英语则是"that"可以不出现。即使"是"不出现,句子的语义仍然保持不变。这可以看作聚焦句的省略式。本书所说的汉语的聚焦句还有另一形式上的标记,即谓语部分由"VO 的"分裂成"V 的 O"。

② "叙事句"是吕叔湘(1990)使用的术语,大体上就是一般的陈述句。我们认为"叙事句"这一名称更能反映句子和现实事件的关系,故采用这一术语。

到的种种句法语义限制。其中第一个问题学界讨论已多,本章着重阐述我们的不同观点;后两个问题尤其是第三个问题尚未见讨论,因而是本章的重点。(二)所提出的问题留待下一章讨论。

3.1 聚焦式"是……的"句及其结构语义

3.1.1 何谓聚焦式"是……的"句?

第一章将"是"字句分为典型"是"字、准典型"是"字和非典型"是"字三大结构,本章和下一章要讨论的聚焦式"是……的"句属于非典型"是"字结构。

聚焦式"是……的"句,是指下面这样一类句子:

(1) 我是昨天进的城。
(2) 小王是第一个跳下去的。
(3) 王大夫是用中草药治好那个病人的关节炎的。

可以看出,聚焦式"是……的"句从认识经验世界的角度讲,是说话者深入事件(event)内部,将注意的重心放在构成事件的某一要素上,犹如物理学上的"聚焦"(focalization)。语言上的反映是,说话者运用焦点算子(focal operator)"是……的"突显句子中某一成分,使其成为句子的焦点。

在国外文献中,汉语中的这类句子称为分裂句(cleft sentence),本书称之为聚焦句,理由有二:一是无论汉语的"是……的"结构,还是英语的"it is X that"结构,都是说话者对事件中的某一要素聚焦突显的手段,"分裂句"只是着眼于句子的信息分布,本书选择说话者的主观断定这一视角,"聚焦句"是比较合适的术语;二是"聚焦"一词同时显示了句子中信息分布的主次轻重,这一概括不仅为汉语独有,还为英语、法语等印欧系语言所具有;也就是说,这一句式具有普通语言学的意义。在以下的讨论中,以汉语为中心,同时因为该句式具有类型学上的意义,所以会跟英语等语言进行比较。在比较中,考虑到"分裂句"沿用既久,有时也会用到这一术语。

3.1.2 聚焦句的总体语义特点

对于聚焦句的总体语义特点,以往学者的研究大致可以做如下概括:
① 20世纪40年代,一般语法学著作将这类句子看作"强调判断句",

一方面承认其判断性,一方面又指出其叙事性,实际是将这种句子看作叙事句(参见绪言部分)。

② 20世纪六七十年代,朱德熙将(1)-(3)这种结构中的"的"处理为结构助词,也即他所说的"的$_3$";相应地,将句首名词所指跟"是"后"的"字结构所指之间的关系看成"成素—类"的关系(朱德熙1961,1978)。

③ 最近的研究成果有杉村博文(1999)和袁毓林(2003)。杉村的看法可以概括为"已然预设"说,①即这类句子的基本语义特征是表示事件已经发生。杉村并且认为这类句子是相应的带"了"叙事句的承指形式,所谓"先 le 后 de",下一章谈及来源时会详细论述。

袁毓林(2003)针对杉村的观点和朱德熙(1978)遇到的矛盾,提出两个值得注意的观点:一是运用非单调逻辑(推理)解决"已然预设"说遇到的矛盾,②即有些聚焦句表示的不是"已然"而是"将然",这类句子一般含有"会"、"一定"之类的情态(模态)成分;③另一个观点是认为朱德熙将

---

① 关于什么是预设,学术界有不同的看法,这里简要介绍两种值得注意的看法。一种观点认为预设是存在于两个句子之间的一种特定的逻辑关系,跟蕴含/衍推(entailment)相对,有学者甚至认为预设是蕴含的一种(石安石1998:201),这方面的典型代表可举 Keenan(1971)。简单地说,句子 S 逻辑地预设 S'的条件是:S 逻辑地蕴涵(implies)S',并且其否定式-S 也逻辑地蕴涵 S'。更为严谨的表述是:S 预设 S',当且仅当若 S 真则 S'真,并且,若-S 真则 S'也真。

另一种观点认为,预设是句中听说双方在既定的论域(given universe of discourse)中所共享的信息,跟焦点(新信息)相对;也就是说,预设是说话者假设听话人已经知道的信息,焦点则是说话者假设听话人所不知道的信息。这方面的典型代表可举 Chomsky(1972),有关乔氏预设和焦点的论述,可参阅赵世开(1980:213)。

② 非单调推理是相对于单调推理而言的。在单调推理的情况下,前提的增加不会改变结论的成立,而在非单调推理的情况下,前提的增加使得结论收缩(retract)。用逻辑式表示单调推理和非单调推理如下:
$\Gamma \vdash B \rightarrow \Gamma \cup \{A\} \vdash B$(单调推理)
$\Gamma \vdash B \nrightarrow \Gamma \cup \{A\} \vdash B$(非单调推理)
下面各看一个例子:
(1) P1:所有的鸟都会飞。　(2)P1:所有的鸟都会飞。
　　P2　大雁是鸟。　　　　　P2 企鹅是鸟。

　　C 所以大雁会飞。　　　　? C 企鹅会飞。
(1)是单调推理,(2)是非单调推理。
关于语言学中非单调推理问题,可以参见 Richmond(1997)。

③ 情态成分在句法上有特殊的作用,一些不好的结构通过情态成分的允准能够被"挽救",参 p.87 注释1及其所引文献。

"小王是昨天晚上来的"解释为"小王"是"昨天晚上来的人"这个类里头的一个成素的看法不妥，主张将其解释为前项 NP 所指具有后项 VP 所指的属性特征，即"小王"具有"昨天晚上来"这种属性。

我们的看法如下：

① 作为一种结构，聚焦式"是……的"具有动句与静句两重性。第一章指出，语言中的句子可以分为动态过程句和静态关系句两大类。实际上，有些句子兼有动静两种属性，聚焦式"是……的"句就是这种句子：一方面，它以"是"做标记，将相关成分联结在一起，具有一定的静态性；但"是"联结的不是两个静态实体，所以其静态性并不是纯粹的。"是"的作用在于将"动作者—行为动作"所对应的事件（动态过程）静态化。这又使句子带有一定的动态性。不过，这种动态性相对于真正的叙事句所具有的动态性而言是弱性的，可以称为"弱动态性"。

② 跟上述动静两重性直接相关的是该结构具有的另一属性："高层断定性"。所谓"高层断定性"，是指说话者的"断定"相对于已然预设来讲是高一层的特征；也即，已然预设是"底层"，说话者的"断定"是针对底层预设而发的，是高一层的特征，是说话者"移情"于事件内部某一要素的结果。

上述两点中最需注意的是"高层断定"的对象问题，也就是说话者所作的"断定"到底是针对 NP 所指的实体，还是针对"NP 所指实体—VP 所指行为动作"对应的事件。我们认为，说话者所作的"断定"是针对"事件"而发的；具体说，说话者"断定"底层事件（预设）具有"是"所标识成分对应的属性特征。就是说，这种结构的整体语义（逻辑义）是"某一事件具有某种属性特征"。句首 NP 所指实际是说话者谈论的"话题"，后项的弱动态性事件则是对话题的"说明"（详下）。下面以（1）-（3）为例加以说明。

（1）的整体结构义是"我进城"这一已然事件具有时间"昨天"这样的反预设特征，① 而不是"我"是"昨天进城的人"中的一员，或者"我"具有"昨天进城"这样的属性特征。

（2）的整体结构义是"小王跳下去"这一已然事件具有次序"第一个"的反预设特征，而不是"小王"是"第一个跳下去的人"中的一员，或者"小王"具有"第一个跳下去"这样的属性特征。

（3）的整体结构义是"王大夫治好那个病人的关节炎"这一已然事件

---

① 所谓"反预设"，是指对原来预设（信息）的否定或纠正。例如，"是"作为反预设标记可能是对"我是前天进的城"中新信息"前天"的纠正或否定。

具有方式"用中草药"的反预设特征,而不是"王大夫"是"用中草药治好那个病人的关节炎的人"中的一员,或者"王大夫"具有"用中草药治好那个病人的关节炎"这样的属性特征。

一般地,聚焦式"是……的"句的整体结构义可以概括为:

(4) 某一已然事件具有"是"所标识的那个成分所具有的属性特征。

对于(4)中的"已然事件"需要做一下说明。前面提到,袁毓林(2003)指出,认为句尾带"的"句中的"的"具有"已然义"之类的说法是有缺陷的,并用非单调推理来解决这一缺陷。其理由是:如果(不能证明)"他是会对你好一辈子的"和"我早晚是要找她算账的"中的"的"跟"你是在哪儿上车的"中的"的"(不)具有同一性,就不能说句尾"的"具有"表示过去完成"这样的功能。

这里不打算证明上述"的"的同一性问题,这里继续坚持绪言中提到的结构语法的观点,将结构的整体语义看作其各构成成分意义的函项(function);也就是说,不能将结构义的特征简单地归到某一成分上。

以结构语法的眼光看,"他是会对你好一辈子的"之类的句子跟"小王是昨天晚上来的"应该区别对待。我们虽然无法(直接)证明两种结构中"的"是否具有同一性,但语言直觉显示这两种结构的差异:前者含有"会"之类的情态(模态)成分,这些成分本身带有"将然"特征,在结构中得以显现;去掉这些成分,句子的语义有变化,主要表现为语势上的弱化,不过句子仍成立。后者的语义重心在"是"后成分上,去掉这个成分,句子就不合格。

基于上述考虑,我们将前者归入准"是"字句,其前项 NP 所指跟后项所指之间符合"成素—类"这样的语义关系,不在本章讨论的聚焦式"是……的"句之列。所以,(4)的概括不负责解释这类句子的"将然"性。

3.2 聚焦句的语义特点[①]

3.2.1 两种语义:时体义与内涵义

这里所说的语义包括两方面:一是句子的时体义,这是句法上的;一是内涵义,就是一般所说的句义。

从已有的研究成果看,一般都认为汉语的聚焦句在语义上有两个特

---

① 这一小节的修改参考了张和友(2006)的研究。

点:一是时体上的过去时、已然体;①一是句子内涵上的歧义性。

汉语的聚焦句跟英语的分裂句在上述两个特点上表现有相同的地方,但更多的是相异的一面,本章更关心汉语在上述两个特点上跟英语相异的表现。

第一章指出,准分裂句是一种准典型系词句,跟名物化有直接关系(参见 1.3.2),这里不予讨论。就分裂句而言,汉语跟英语在"时"上的表现不同。英语的分裂句可以有过去、现在、将来三种"时";汉语只有过去、现在两种"时",除非借助一定的模态词,②不能用于将来(含有模态词的结构本书视为准"是"字句,详见第一章 1.3.2)。就"体"来讲,英语的分裂句可以有"已然"和"将(未)然"两种,汉语只有"已然",这是由于汉语的聚焦标记"是"和英语的"to be"在句法语义本原方面的不同造成的,见第二、四章。

内涵义方面,英语借助"it is X that"可以将句子的语义中心(焦点)的唯一性突显出来,尤其是在书面语这种没有重音(stress)帮助的语言形式下(Quirk,1972)。汉语的情形则不然,下面这个句子,有学者认为是有歧义的(邓守信 1979):

(5) 我是在公园里找到你的狗的。

为什么(5)句会造成歧义性理解,可是(6)又没有歧义呢?

(6) 是我在公园里找到你的狗的。

下面这样的同一形式为什么可以造成不同的理解?

(7) a. 面包是我吃的,你别吃。(可以说成"面包是给我吃的,你别吃")

b. 面包是我吃的,明天赔你。(可以说成"面包是被我吃的,明天赔你")

即使是像下面这样的结构,也有语义上的歧解,尽管两种理解存在优先度的差异。

---

① 由于汉语在时间中区分时(tense)和体(aspect)缺乏形式上的标记,所以这里不打算对这两个语法范畴进行细分。实际上一个行为动作或者事件一旦完成,对于叙述者(说话者)来说即成为过去(在时间轴上叙述者的位置在他所报告的事件位置之后)。

② 模态词是指模态逻辑中表示"可能"、"必然"之类意义的词,参见 p.81 注释 1。

(8) 是我吃的面包。(已然义、未然义)①

(8)中"是"居于句首将施事主语"我"焦点化,"是"的辖域是确定的,不存在歧解。存在歧义解释的是"是"字居于句中"的"居于句尾的聚焦句。下面来分析一下这种歧义产生的因由。

3.2.2 说话者的断定对象与"是"的辖域

当说话者说出一个聚焦句时,实际上也是在进行一种断定,这一点上文已经作了说明。联系这一说明,我们就会明白为什么在上述(5)、(7)、(8)这样的句子有无歧义的问题上存在分歧。

汉语中最有代表性的聚焦句是指朱德熙(1978)所说的 S_3 和 S_4 这种句子。②

(9) S_3:是+M+AdvVP+的

是小王第一个跳下去的。

It was Xiao Wang that jumped (into water) first.

(10) S_4:是+M+V+的+O

是瓦特发明的蒸汽机。

It was Wa Te that invited the steamer.

前面指出,(9)—(10)中"是"是对施事主语进行焦点化,"是"的辖域确定,不会造成歧义。有意思的是,(11)与(12)之间仅仅在于动词"V"与宾语"O"的相对位置不同,结果在语义解读方面造成差异。③

(11) 小王是昨天看的戏。

(12) 小王是昨天看戏的。

在(11)中,"V"与"O"之间嵌入了"的",由于"是"前后的名词性成分所指称对象的对比关系的不合常理而只有聚焦句的释义,相当于"It was yesterday that Xiao Wang saw the play.",其中"是"的辖域只能是时间

---

① 两种意思分别是"是我吃了面包的"与"(这)是(给)我吃的面包",在前一种意义上是聚焦句,在后一种意义上只是典型"是"字句的一部分,即完整的典型"是"字句在一定语境下的省略。其中,前一种语义优先理解。严格来讲,第二种解读下的句子是不能独立的。(8)作为独立的句子应该不存在歧义解读。

② 请注意,我们在3—4章中努力发掘英汉分裂句之间的差别,尽管我们讨论的重心仍是汉语"是"字结构。大家可以从文中看到,英语的分裂句有些情况下汉语却要用准"是"字句来对应。

③ 根据一般人的语感,可能(11)比(12)更为自然,也见于Chao(1968)的论述。

词"昨天",去掉焦点成分"昨天",句子不能成立。

(12)的情形则不同:可以是对看戏人"小王"的一种归类,也可以是对"看戏"时间的确认。于是,"是"的辖域不同:在前一种情况下,"是"的辖域为"N+VP+的"(N 是时间),是一种广域(broad scope);在后一种情况下,"是"的辖域是 N(昨天),是一种窄域(narrow scope)。

在广域情况下,句子是准"是"字句,相当于 wh-小句做主语的表达;在窄域情况下,句子是聚焦句,相当于 it-分裂句。请比较:

(13) 小王是昨天看戏的。

  a. Xiao Wang was the one who saw the play yesterday. ("是"为广域)

  b. It was yesterday that Xiao Wang saw the play. ("是"为窄域)

我们在下一章将看到,英语的两种分裂句各司其职,it-分裂句一般不会对小句(包括动词本身)进行焦点化(参 4.2.2),能够被 it is 强调的只是 NP、PP 之类的名词性或介词性结构。这缘于两种焦点化标记的不同性质:to be 是承担时、人称等句法范畴的载体,是句法驱动的(syntax-driven);汉语的"是"是"话题—说明"之间断定标记,是语义驱动的(semantic-driven)。

另一方面,(13)的歧义性还跟汉语名物化小句做前后项时的特性有关,这种特性可以从跟英语 wh-小句做主述位的比较中看出来。在第一章中,我们已经指出,名物化"的"字小句居于后项的"是"字句有歧义,而英语的 wh-小句无论居前还是居后都不会有歧义,原因在于:汉语的"的"字句做主述位时有论元缺位,"的"字是提取某一句法/语义成分的标记;wh-(通常是 what)除了引导名物化小句,还充当小句动词的论元,小句动词的论元无缺位。这样,当"的"字小句居于后项时,由于受到"是"约束的影响(其中"是"可以是判断动词,也可以是焦点标记),"的"的性质出现不确定性:一面可以是名物化标记,一面带有语气功能(有学者就称为语气词)。①这样,整个句子就表现出二重性。

(8)的歧义性,其实涉及到句子的语义自足性问题。作为聚焦句释义,句子是自足的;作为一般的"是"字句释义,句子不是自足的,是省略了前项的结构。前者省缺"是"仍是独立的句子,后者省缺"是"只能作为在一定语境下的答语。黄国营(1982)对于类似现象做了细致的分析。

---

① 石定栩(2003)不同意将聚焦句(他用的是"强调句")中的"是"看成系动词,将"的"看作名物化标记,下一章将涉及这个问题,这里不去讨论。

句子的歧义总是跟一定的语境相关,(13)的两种释义都要借助适当的语境得以实现。

语境一:已知有若干人,他们最近都看过某场戏,但时间各不相同。假设看戏的人是"小张"、"小王"、"小李",他们看戏的时间分别是"前天"、"昨天"、"今天"。于是就建立了如下集合:

(14) $S_1 = \{x \mid x = 小张、小王、小李\}$
$S_2 = \{y \mid y = 前天、昨天、今天\}$

当说话者将主体"人"和事件发生的时间进行匹配(pairing)的时候,可以在集合 S_1、S_2 进行选择。比方在 S_1 中选择"小王",在 S_2 中选择"昨天",就得到:小王是昨天看戏的。注意,在这个语境中,说话者实际上是在进行一种对比,这时的焦点仍为时间词。

当说话者在进行"纠错"时,也会采取对时间词进行焦点化的方式。语境为:已知小王看过某场戏,但不知道看戏的具体时间,可能是"前天"、"昨天"、"今天"之中的一个。这时,只能在 S_2 中选择元素,例如:

(15) 甲:小王好像是前天看戏的。
乙:不,小王是昨天看戏的。

如果是在下列语境中,则焦点成为句首名词,并且"是"跟典型"是"字句中的"是"一样。这样造成的句子是准"是"字句。

语境二:在已知的几个人中,有人昨天看戏了,现在要确定这个人。这时只能在 S_1 中选择:

(16) 甲:谁是昨天看戏的?
乙:小王是昨天看戏的。

"小王是昨天看戏的"理解为"成素—类"的关系显然是将"小王"看作新信息成分。这是容易理解的,因为在一般情况下,"主语—谓语"(或者"话题—说明")表达模式中,"主语/话题"负载的总是相对来说是听说双方比较熟悉的信息,而"谓语/说明"是说话者要传达的新信息。对于语言中的大多数句子而言,这种概括是可以成立的。但是,"主语—谓语"(或者"话题—说明")跟"新信息—旧信息"没有必然的匹配关系,比如,在回答下列问句时,这个概括就不能成立(Jespersen,1924:145)。

(17) Who said that?
Peter said it.

可以看出,在一定的语境下,"小王是昨天来的"可以做"成素—类"关系理解。

总之,"是"字居于句中"的"居于句尾的聚焦句由于说话者的断定对象不同,因而造成不同的释义。反映在句法上就是"是"具有不同的辖域。其中广域释义下的句子是准典型"是"字句,窄域释义下的句子才是一般所说的聚焦句。

3.3 聚焦句的构造过程

我们在前面指出,聚焦句从形式上看是运用焦点算子对叙事句中的某一成分焦点化而形成的,这个说法只是表面的观察,我们还应该知道这种句子是怎么构造出来的。这里所说的构造过程跟下一章将要谈到的来源问题有所不同,所谓构造过程是指说话者如何在叙事句的基础上运用焦点化手段产生这类句子。在绪言和第一章中我们已经指出,"是"的性质是"话题—说明"之间的断定标记,我们可以用"话题—说明"结构来统一描写汉语的"是"字结构,由于构造过程跟来源还是有关系的,所以这里先简要谈一下来源问题。

我们在第四章中将看到,汉语的聚焦句是从表"是认"的主谓间"是"聚焦化和谓语的名物化("谓语+的"表预设听说双方的已然事件)整合而来。"是"表断定是本原性的,后项可容纳谓词性成分也是本原性的(参第一章)。"的"是一个将已然事件(given event)事态化(state of affairs)的标记,是为使预设外显化,并不是体词性的要求。所谓"事态化"可以理解为:动态事件的静态化观察。汉语是重话题的语言,没有形式主语的要求,所以"是"可以直接放在句首,如"是瓦特发明的蒸汽机"。

下面我们就在这一认识下举两个典型的例子,看看聚焦句是怎么被构造出来的。先看"是"居于句中的情况,例如:

(18) 我是昨天进的城。

(18)按照"叙事句+焦点化"的分析模式,可以表示为:我进了城(叙事句:已然预设)+"是……的"(焦点化),杉村(1999)称之为"先 le 后 de"现象。具体说来:

语用上,(18)可以表示为:"我是昨天进的城"→我进了城(已然预设)+昨天(新信息或反预设:时间属性)→事件"我进了城"加上预设化标记"的"事态化,"昨天"加新(或反预设)信息标记"是"。

从语义分析上看,(18)的内部语义可分为如下层次:

a. 全句为"实体₁—属性₁":
　　实体₁＝我(话题)
　　属性₁(说明,动态临时性属性)＝ 昨天进了城
b. 说明部分为"实体₂—属性₂":
　　实体₂(事件性实体,已然预设):进了城
　　属性₂(时间属性,新信息或反预设信息):在昨天

句法操作如下:

"进了城" 　动态性时体标记换为已然预设标记"的" "进的城"

"在昨天" 　加反预设标记"是" "是在昨天"

事件实体与属性"在昨天"复合为动态临时属性:是昨天进的城。
"我"与动态临时属性复合为"话题—说明"结构:我是昨天进的城。

再看"是"字居于句首的例子,这种情况要复杂一点,例如:

(19) 是瓦特发明的蒸汽机。

语用上,(19)可以表示为:"是瓦特发明的蒸汽机"→ x 发明了蒸汽机(已然预设)＋ 瓦特(新信息或反预设:确认施事)→事件"x 发明了蒸汽机"加上预设化标记"的"事态化＋ 新信息或反预设"瓦特"代入"x"→瓦特发明的蒸汽机＋ 反预设标记"是"→ 使新信息(焦点)突显。

语义分析上,(19)可以看作一个话题省缺的"话题—说明"结构,表示如下:

实体₁—属性₁,
实体₁＝省缺话题(∅)
属性₁:(说明,动态临时属性)＝"x 发明了蒸汽机"
说明部分:实体₂—属性₂
实体₂:(事件实体,已然预设)"x 发明了蒸汽机"
属性₂:(施事确认):"瓦特"

句法操作:

"x 发明了蒸汽机"动态性时体标记换为已然预设标记"的"

"x 发明的蒸汽机"

"瓦特" 　加反预设标记"是" 　"是瓦特"

事件实体("x发明的蒸汽机")与施事属性("是瓦特")移位复合为"是瓦特发明的蒸汽机",全句话题省缺。

上面具体分析了(18)、(19)的内部构造情况,可以看出,聚焦句中的"是"仍能够归为"话题—说明"断定标记。也正是因为如此,这个"是"可以省缺。"的"作为事态化标记则是不能缺少的。

3.4 聚焦句生成过程中的语义句法约束①

3.4.1 考察的范围

从前面的讨论中,我们知道用生成的眼光来看,聚焦句不是汉语系统中的核心句,它是从句子用"是……的"加以包装改造而成的。为了称说方便,下文我们将用"聚焦包装"(focal packaging)来称说这种句法操作。

对于传统上所说的描写句,几乎都可以用这种方式变换成判断句(王力,1985),②例如(20)。

(20) 这一所房子很大。→ 这一所房子是很大的。

有些描写句单独说是有问题的,或者说这类句子是黏着的(bound),必须有子句来支撑。③

(21) a. ? 花红。
   b. 花红柳绿。
   c. 花是红的。

可见,"是……的"具有独特的表达功能。这里有两点必须注意:第一,我们说"是……的"的时候似乎将其当作一个成分看待,但在实际语言中"是……的"是一个很复杂的结构,这里是从纯形式的角度来说的。在朱德熙

---

① 这一小节的修改参考了张和友(2004),部分表述有所改动。
② 这里所说的变换并不等同于乔姆斯基的转换,乔姆斯基的转换早期是指从核心句(kenel sentence)到非核心句(non-kernel sentence)的推导,上世纪60年代以后是指从底层结构到表层结构的推导过程。本章所说的变换是表层句式之间的转换关系。从这个意义上说,我们的变换接近乔姆斯基早期的转换以及哈里斯(Harris)的变换。有关乔姆斯基和哈里斯"转换"思想的差别,可参阅张和友(2001a)的介绍。
③ 从成句的条件看,"花红"不能单独作为一个句子是由好几个因素决定的,如谓词本身的特征、时、体、情态等,像"花非常红"、"花红了"就是好的形式。本章中暂时不考虑这些因素,只从是否用"是"加以包装的角度来考察问题。

(1961,1978,1983)看来,(20)、(21)中的"是"是一个典型的系动词,后面的"的"字结构做宾语。也就说,其内部层次应该是如下结构(以(21)c为例):

(22) [s [NP 花 VP [是 NP [红的]]]]

我们知道,朱德熙的语法体系是建立在词组本位的基础上的。联系这一理论背景,就能理解他为什么这样处理句尾的"的"。

朱德熙对上述句子中"的"的处理似乎还没有多大问题,因为对于"花红"与"花是红的"这样的命题,逻辑学家的处理是一样的。在一阶逻辑里,(21)a与(21)c都被刻画成(23)。

(23) $\exists x(Fx \rightarrow Rx)$

上述公式读作:对于一切 x 来说,如果 x 是花,那么 x 是红的。就是说,"红"和"红的"作为谓词是等价的。为了集中讨论下面的问题,我们暂时不谈这类由描写句转换而来的判断句,直接原因是这种"是……的"句并不是我们所要讨论的聚焦句,而是第一章所谈到准"是"字句。

第二个需要注意的问题是,对于上述描写句而言,在将其改造成断定句的过程中,可以用"是……的"包装,也可以用"是"包装。这是两种不同的生成方式,其表达功能的差别是明显的。请比较:

(24) a. ? 这所房子是很大。
     b. 这所房子是很大的。

(24a)单独是站不住的,必须有后续句来支撑。而且后续的支撑句也是限选的(obligatory),所选的是一个跟含"是"的小句能构成让步(转折)关系的小句;否则将造成不合格的句子,这个"是"可以用"虽然"替换。

(25) a. 这所房子是很大,可是不实用。
        Although this house is very spacious, it is not practical.
     b. * 这所房子是很大,(所以)我喜欢它。
        * Although this house is very spacious, so I like it.

可是,在下面的句子中,(25a)跟后面的小句不是让步关系,而是一种顺承关系。①

---

① 需要指出的是,用"是"对描写句包装造成前后小句是一种顺承关系的复句,这样的几率比造成让步关系的复句的几率要低一些。严格说来,不用"是"字的描写句"这所房子很大"也不是一个自由的句子,而是一个黏着的小句,总要一定的后续小句才能站得稳。比方说,这所房子很大,能容纳上百人。

(26) 这所房子是很大,足以住七八口之家。

  This house is really spacious and it can accommodate a family of 7 or 8 persons. /This house is spacious enough to accommodate a family of 7 or 8 persons.

在上述讨论中,我们给出了相应当英语表达法,只是作为理解汉语的参考。很容易看出,(26)的英语表达跟汉语并不完全等值,甚至有较大差别。(26)中的"是"可以用"的确"来替换。

虽然(26)跟(25a)中前后小句之间的关系不同,但在包装后的小句是黏着性的这一点上是相同的。

这样看来,对用"是"包装描写句的操作,可以设立一条简单的规则:

(27) 不含"是"的描写句用"是"包装时只能生成黏着性小句,成为让步(少数情况下是顺承关系)复句的第一小句。

这样的包装造成的"是"字句不在下面的讨论范围之列。

下面的句子形式上是系词句,其实是对陈述句所反映的命题真值(truth value)进行断定。

(28) 他到过上海是真的。

  It is true that he has been to Shanghai.

(29) 猫咬狗是可能的。

  It is possible that a cat bites a dog.

对于(28)这样的句子几乎任何一个现实的叙事句都可以进行同样的改造,(29)这样的句子是从模态断定句转换而来的,原来的模态断定句是"猫可能咬狗",模态断定句在转换的时候受模态词性质的限制。

(28)-(29)这样的断定句生成模式,也不是本章要讨论的。

本章要讨论的是原生句为叙事句的"(是)……的"包装模式生成聚焦句过程中的句法语义约束。我们注意到,叙事句同样可以用"是"和"是……的"两种方式包装,情形跟描写句有不同。先说用"是"包装叙事句的结果。

(30) a. 前天我去北海了。

  b. 前天我是去北海了。(问句:前天你是去干什么了?)

  It is the case that I went to Beihai the day before yesterday.

c. 前天我是去北海了,我发誓。(问句:前天你真去了北海吗?)
I did go to Beihai the day before yesterday. I promised.

对于(30a)进行"是"包装时,可以造成中性(neutral)理解(30b),即跟原来的句子在语义上基本一样,意思"实际情况是这样"。这一点跟赵元任所谈论的对整个情况进行断言的句尾"的"相似(参 Chao 1968:296)。也可以造成焦点化理解,如(30c)。

上述情况也可以用简单的规则(31)加以描述。

(31) "是"对叙事句进行包装时,可以生成中性语气断定句和强调语气断定句。

(30)b 代表另一类焦点句,即"广焦点",跟说话者的断定语气强弱有关。形式上"是"居于"主—谓"之间。这类句子我们到第五章讨论,本章只关注"是……的"包装叙事句中某个句法成分所形成的聚焦句的情形,也就是属于"窄焦点"的那一类。

以往的学者几乎都注意到叙事句加"是……的"可以改造成判断句(也就是本书所说的聚焦句),但是,对于这一改造过程中的种种限制却缺乏研究。下面我们就尝试运用当代焦点理论的有关内容加以解释。

3.4.2 理论来源与研究思路

讨论之前有两点需要交代:一是这里主要讨论聚焦句,必要的时候会涉及准典型"是"字句;二是虽然聚焦句是在叙事句的基础上由"是……的"包装而成,为了称说方便,下文径称"是"标识。

前面说过,叙事句生成聚焦句的过程就是将其中某一成分用"是……的"形式加以标识使其成为信息传递的中心,也就是所谓的焦点(focus)的过程。

在下面的讨论中,我们将围绕"焦点化"(focalization)这一概念展开,因为正像我们在前面指出的那样,这一句式是说话者"心理聚焦"(mental focalization)的结果。"心理聚焦"只是一种方便的比喻,具体说,就是说话者深入事件内部将其视点聚集在某一元素上并力图通过一定的方式使之突显。

上文指出,之所以将这类句子归入断定句,是因为这种句式所具有的基本语义仍然是一种"断定(言)"(assertion);形式上,跟典型断定句一样肯定形式为"X 是 Y",否定形式为"X 不是 Y"。[①]这种断定是在高层进行的,具体说,就是说话者在叙事句的基础上对事件的某一元素进行焦点化,即用显性标记"是……的"突显某一成分,功能上相当于"it is X that…",所以聚焦句是一种非典型断定句。

在开始讨论之前,先来界说"焦点"。

近几年来对焦点的研究有很大的进展,对焦点有许多更详细的分类,下面作一简单介绍。

Gundel(1999)将焦点分为心理焦点(Psychological focus)、语义焦点(Semantic focus)、对比焦点(Contrastive focus)。这三种类型是对焦点的性质、或者说是对焦点意义的分类。Kiss(1998)以英语和匈牙利语为语料区分出两类焦点:确认型焦点(identificational focus)和信息焦点(information focus)。Kiss 指出,确认型焦点实现为分裂结构,具有[+对比]、[+排他]的特征;一个句子必须有信息焦点,但不一定都有确认焦点。Lambrecht(1994)认为,焦点准确说来是一定话语语境中(given utterance context)句子所表达的命题的组成部分,是预设和断言藉以彼此区分的信息成分,焦点将话语变成断言。他区分了三类焦点:谓语焦点(predicate focus)、论元焦点(argument focus)、句子焦点(sentence focus)。在我们看来,他的三类焦点实际上是指焦点的三类承载物,也就是说焦点由什么成分充当。国内学者研究焦点较早的有刘丹青、徐烈炯(1998),徐烈炯(2001)。刘、徐(1998)认为,焦点是说话者最想让听话人注意的部分。徐(2001)区分四类焦点:信息焦点、对比焦点、语义焦点、话题焦点,这四类中有的是焦点性质的不同,有的是焦点承载物的不同。

本书的焦点取最一般的定义:焦点是一个跨句法、语义、语用三个层面的概念,是语用学(pragmatics)在研究意义(meaning)时使用的术语。[②]

[①] 如果将模态成分加进来,这个看法要受到限制,例如(i)与(ii)a-b。
 (i) 他可能是用这种方式解开迷宫之谜的。
 (ii) a. 他不可能是用这种方式解开迷宫之谜的。
  b. 他可能不是用这种方式解开迷宫之谜的。
  表面上看,否定的形式有两种。但是,如果将模态词剔除,这里的形式标准仍然成立。另外,模态词和"是"在句中的位置也是有差别的,本章不讨论这一问题。

[②] 国外研究信息结构的学者无论是功能派的还是形式派的,在焦点问题上的共识是"焦点"首先是一个与句法相关的现象;所不同的是,有学者认为"焦点"与还语音(核心重音指派)紧密相关,有学者认为"焦点"还与语义、语用紧密相关。本书对此不作评价,有兴趣的读者可以参阅 Halliday(1967)、Chomsky(1971)、Jackendoff(1972)、Bolinger(1972)、Rochemont(1986)等人的著作。

通俗地说,焦点就是说话者主观上认为听话人应该作为重点关注的地方,是一种与话语参与者的心理密切相关的语言现象。就承载物而言,是指由某个成分充当的焦点,也就是由 N、NP、PP 之类充当的焦点,在文献中被称为窄焦点。

焦点在语句序列上或者表现为某一成分在语音上重于其他成分(重音标识);或者表现为从常规的(default)位置上移到突显的(salient)的位置上(语序标识);或者由一些虚化的成分加以标识(虚标记标识)。本书所说的聚焦句就是采用虚化标记的方式来标识焦点的。

一般来讲,汉语中叙事句的各个成分都可以加以"是"标识而推导出断定句,但实际却不然。例如,从叙事句(32)a 和(33)a 推导出来的聚焦句中,b-c 没有问题,但是 d-e 或者不说,或者不自然,都是有问题的。

(32) a. 小王第一个从甲板上跳(了)下去。
　　 b. 是小王第一个从甲板上跳下去的。
　　 c. 小王是第一个从甲板上跳下去的。
　　 d. *小王第一个是从甲板上跳下去的。
　　 e. *小王第一个从甲板上是跳下去的。
(33) a. 看不见的上帝用智慧在一个晚上创造了看得见的世界。
　　 b. 是看不见的上帝用智慧在一个晚上创造了看得见的世界(的)。
　　 c. 看不见的上帝是用智慧在一个晚上创造了看得见的世界的。
　　 d. ? 看不见的上帝用智慧是在一个晚上创造了看得见的世界的。
　　 e. ?? 看不见的上帝用智慧在一个晚上是创造了看得见的世界的。

下面将从叙事句派生聚焦句的生成角度出发,抓住推导合格与不合格的线索,利用焦点理论详细讨论其中的句法、语义和语用限制。①

3.4.3 聚焦句焦点的唯一性论证

句子是用来传递信息的,信息有新旧之分。一般地说,一个句子依照

---

① 关于两类句子之间存在转化关系的问题,杉村博文(1999)、袁毓林(2001)都有类似的论述。杉村(1999)认为"V 的 O"是"V 了 O"的承指形式,"V 了 O"是"V 的 O"的先行形式,袁毓林(2001)将句子分为事件句和事态句两大类,由"是……的"标识的是由事件句转化而来的事态句。本章提出的由叙事句向聚焦句的推导跟两位先生的看法本质上是一致的。但这只是本章立论的基础,并不是论述的对象。

信息新旧可以一分为二,新的信息实现为焦点,旧的信息构成预设。这里就提出一个问题:正常情况下,一个句子到底有几个焦点?本章所说的聚焦句有几个焦点?要搞清"是"标识焦点推导限制的问题,首先要弄清"是"标识句中焦点的数目。

一个句子到底能有几个焦点?这个问题学界虽然有不同的看法,但似乎没引起足够的重视。有学者认为句子只有一个焦点,有学者认为可以有多个焦点(Daniel 1999;徐杰 2001;徐烈炯 2002)。在我们看来,除了特殊情况,一个句子一般只有一个焦点;①而只在那些特殊情况下使用的多焦点句,又只能用重音来标识焦点,不能用"是"标识。句子焦点数目分歧的缘由在于各学者对焦点的性质以及焦点标识的手段有不同认识。

这里要问的是,在同一个句子中可以有几个焦点共现?从这一角度观察,无论是不同承载物的焦点,还是不同性质的焦点,都不意味着它们能在同一个句子中共现。下面根据前面提到的标识焦点的三种手段来考察句子焦点的数目。请看下面的例子(Chu 1983):

(34) Donnie broke the window.
多尼打破了窗户。

(34)中的三个实体成分 Donnie、broke、window 在命题中是不分主次的,但是在实际话语当中,说话者总是会选择某一成分做焦点。无标记情况下新信息在宾语 window 上,表现为常规重音。如果说话者根据说话时的具体情景选择了 Donnie 作为新信息,这是一种有标记的选择,可以使用以下几种不同的手段:不改变词序而重读 Donnie;这时的 window 就不再重读了,句子焦点只是一个;或者,采用改变词序的方法:the window was broken by Donnie. 常规重音自然落在了句末的 Donnie 上,已移至句首的 window 自然失去了重音,句子的焦点也是一个;或者,采

---

① Daniel Büring(1999)谈到几种值得注意的句子话题(部分话题、对比话题、纯粹蕴涵话题),这些都是有标记的话题,按照传统的看法应该是承载焦点。这样,加上句子原来的焦点,一个句子就有两个焦点。我们认为,这并不是对本章"一个句子一个焦点"这一看法的否定。为了明确讨论范围,我们规定,本章的讨论对象仅仅限于用"是……的"标识的焦点,即使句子有两个焦点,另外的焦点也只能用其他手段(通常情况下就是重音)加以标识。从 Daniel Büring(1999)也可以看出,他的所谓"两个焦点"也必须借助语调标识。这一点本章中已作交代。此外,徐烈炯(2002)提出多重焦点问题,即一个句子可以不止一个焦点。但是他的所谓多重焦点是指不同类的焦点,多数情况下是指句子中因为有多个敏感算子造成多个语义焦点。这与本章的看法并不矛盾,因为我们谈论的是仅仅由其中一种手段("是"标识)造成的焦点问题。

用使用虚标记标识的手段。这又可能有两种标识手段且相应的焦点性质也有不同：

(35) It was Donnie that broke the window.

句中 Donnie 不仅是新信息，还有"打破窗户的只是 Donnie 而不是受话人认为的、或上文中出现过的那个人"的意思，属于对比焦点或确认焦点。

(36) The person who broke the window was Donnie.

句中的 Donnie 不仅是新信息，还有"打破窗户的只是 Donnie，而不是任何人"的意思，有排他性。[1] Chu 称前一种情况是"对比"(Contrast)"而后一种情况是"焦点"。徐烈炯(2001)将两者都称为对比焦点。究竟如何定性这里不作讨论，我们关心的是，不管如何定性，上述句子的焦点都是确定的，并且是唯一的。

句子焦点的唯一性还可以从其他语言中得到证明。英语中的情况我们已经清楚，这里不妨看看匈牙利语的情形。在匈牙利语中，动词前的紧邻位置是句子的焦点位置。有些动词将其补足语名词子语类化(sub-categorization)，使其居于动词之前的紧邻位置成为焦点。对于能被动词子语类化的名词短语来说，这个位置是可选的，一般情况下占据焦点位置，也可以不占据焦点位置。那些不被动词子语类化的名词短语要成为焦点必须强制性占据动词前的紧邻位置。请看例子（材料来源于 Horvath1981，引自 Rochemont1986）：

(37) Mari   az asztalra   rakta   az edényeket
     Mary the table-onto piled   the dishes-acc
     'Mary piled the dishes onto the table.'
(38) Mari   az edényeket   rakta   az asztalra
     Mary the dishes-acc piled   the table-onto
     'It was the dishes that Mary piled onto the table'

可以看出，处所名词短语优先被动词子语类化而处于焦点位置，名词

---

[1] Halliday(1994)称(35)为断言小句作主位的分裂句，而将(36)称为主述位等同式分裂句；前者具有对比性，后者具有排他性。而 Kiss(1998)则认为许多语言中对比焦点都具有穷尽性和排他性，就是说，在一定范围内选择某一事物为焦点就意味着同时排除了该范围内的其他事物。这跟一般所说的信息焦点有所不同。我们比较赞同 Kiss 的看法，因为，"排他"在一定意义上也是一种"对比"。

要成为焦点必须强制性移位到动词前的紧邻位置。如果有两个或多个名词占据动词前的紧邻位置,则句子不合法,(39)在匈牙利语中是不合格的句子。

(39) *Mari   az   edényeket   az   asztalra   rakta
　　　Mary the dishes-acc   the table-onto piled.
　　　'It was the dishes that Mary piled onto the table'

像其他语言一样,匈牙利语 wh-词一般情况下就是句子的焦点。根据前面所说的动词前的紧邻位置是句子的焦点位置,所以,wh-词应该自然占据动词前的紧邻位置。如果让非 wh-词占据动词前的紧邻位置,则句子不合法。请比较(40)的 a 与 b:

(40) a. Mari   mit   rakta az   asztalra?
　　　 Mary what-acc piled the table-onto
　　　 'What did Mary piled onto the table?'
　　 b. *Mari   az   asztalra   rakta   mit?
　　　 Mary the table-onto piled   What-acc?

还有一个现象也可以证明句子焦点的唯一性。我们注意到,当特指疑问词和表示一般疑问的语气词在一个句子中共现而所表达的语气不共容(incompatible)时,句子"特指疑问"的特征必须删除,否则句子不合格。请看下面的例子:

(41) a. 现在几点钟呢?
　　 b. ?? 现在几点钟吗?①

作为独立的句子(没有语境的支撑),(41a)是好的句子,(41b)则有问题。原因在于,作为实指的特指疑问词和疑问语气词"呢"是共容的,也就是说话者希望索取与特指疑问词对应的信息跟疑问语气词是一致的。这种情况下,疑问语气词可以删略,疑问由语调表示。即(41a)可以说成"现在几点钟?"。而实指的特指疑问词跟疑问语气词"吗"不是共容的,因为"吗"一般是表示说话者希望得到对其疑问肯定或否定的答复,这时特指疑问词原来的特指性必须删除,也就是通常所说的疑问词的虚指用法。

---

① (41)b 作为回声问句(echo question)是可以接受的,这种情况需要特殊的上下文,不影响这里的讨论。

(41b)的实际含义是:你是问"现在几点钟"吗?①这时的疑问语气词不能删略。关于疑问语气词的用法及详细讨论,可以参考陆俭明(1984)。②

当疑问词的特指用法跟疑问语气词不共容,并且特指疑问词处于定语位置上时,可以将其删除而不改变句子的语义;当疑问词的特指用法跟疑问语气词共容时,虽然疑问词处于定语位置,也不可以将其删除,请比较(42)中的 a 与 b,c 与 d。

(42) a. 你还有什么要求吗?
　　　b. 你还有要求吗?
　　　c. 你还有什么要求呢?
　　　d. *你还有要求呢?

上述现象从焦点理论看是很有价值的,表明说话者在使用疑问句来索求信息时一次只能有效的获得一个信息,答话者回复的句子中自然也只有一个焦点。

以上讨论可以大概地显示,一般情况下,一个句子只有一个焦点。句子有多个焦点的情况我们只想到有如下两种:

① 问话中所包含的"索取信息"不止一个,要求答话人在一个句子中一次性给出多个所需信息。这时,问话中要求待定的信息在答话中都成为焦点成分,例如(43)。

(43) 甲:谁 什么时候 在哪儿打了小李?
　　　乙:**老张 昨天 在回家的路上** 打了小李。

答句中标粗成分对应的都是新信息,都是问话人所需要的信息,对应的都是焦点成分。语音上,这几个成分之后都有明显的音高突降和延宕。这种多焦点句只在问话人只知道某一事件的一部分信息(如"小李被打")而不清楚另外数个信息的情况下存在。

② 两个语义上对比成分的对偶句。

---

① Bloomfield(1933)谈到英语中形式为特指疑问句而表达的却为是非问句的现象。例如,"Who saw the show"作为特指问句,问话人是问"谁看了这展览了?";作为是非疑问句,问话人是问受话人"你要问的是这个吗?"(案,指"谁看了展览"这件事)。布氏用倒置的问号表示后一种问句。实际上,作为是非问句时,疑问词 who 虚化了,不承载焦点信息,参 Bloomfield (1933):114—115,中译本:134。布氏所说的特指问句形式表示是非问句就是所谓的"回声问句",参见注 1。
② 从生成的角度看待"吗"、"呢"这些所谓的疑问小词(question particle)的句法地位问题,可参阅邓思颖(2003b,2010)。

(44) 跑得快的前锋不一定进球多,但跑得慢的前锋一定进球少。

值得注意的是,这两种多焦点的句子都是以重音为表达手段的,它们都不能改用虚标记标识的手段。更确切地说,即使它们改用了虚标记标识,而且保持了多焦点,由虚标记标识的焦点也只是一个,焦点依然是重音标识的。

(45) 跑得快的前锋是不一定进球多的,但跑得慢的前锋必然是进球少的。

其中,"是……的"标识的只有对两句谓语的整体确认,一句只有一个焦点,而重音标识的语义对比焦点都保留着,依然是多个。

再看一个例子:

(46) a. 小王是在西单买的车。
　　　b. 是小王在西单买的车。

(46)a 的焦点是介词短语"在西单",(46)b 在"是"的辖域内有两个成分:施事(小王)、地点状语(在西单)。但是,由"是"标识的焦点只能有一个,并且只能是施事"小王"(就近指派原则),地点状语只能在预设里,在语音上不可能突显。a、b 两句分别适应不同的语篇:

语篇一:小王(是)在哪儿买的车?——小王是在西单买的车。(46a)
语篇二:是谁在西单买的车?——是小王在西单买的车。(46b)

综上,我们吸取了对焦点不同性质、不同承载物的研究成果对句中焦点的数目进行了考察,结果表明:

① 一般情况下,一个句子只有一个焦点。一句多焦点的情况只存在于多点疑问或多语义对比对偶句,而且一定是用重音标识的。

② 所有情况下,一个句子只有一个以"是……的"标识的焦点。

3.4.4 聚焦包装的连续统考察

前面举例说明,原生叙事句中的不同成分在推导聚焦句时接受"是"焦点标识所存在的差异。本节将全面展示这种差异及其程度。为更好地比较,下面先讨论重音标识句子焦点的情况,再转到以"是"标识的形式。先看一个简单的例子:

(47) 弟弟打破了一个杯子。

(47)是个叙事句。如果将它仅仅作为一个命题(proposition)看待,其逻辑表达式可以刻画为：H(x,y)。其中 x 代表"弟弟"，y 代表"杯子"，H 代表"打破"。这个表达式只能提供谓词及其两个论元之间的关系，并不能确定哪个成分是最重要的信息载体。在言语交际中，说话者可以根据问话自由地将重音放在句子任何一个成分上（包括句子本身）来表达焦点（焦点用粗体字表示）。①

(48) 问：发生了什么事？
答：**弟弟打破了一个杯子**。
(49) 问：弟弟闯什么祸了？
答：弟弟**打破了一个杯子**。
(50) 问：弟弟打破了什么？
答：弟弟打破了一个**杯子**。
(51) 问：弟弟把那个杯子怎么了？
答：弟弟**打破了**它（那个杯子）。
(52) 问：谁打破了一个杯子？
答：**弟弟**打破了一个杯子。

(48)答语整体传达的都是新信息，(49)答语针对某一话题做出陈说，谓语部分传达新信息，这两种焦点学界一般称为"广焦点"(broad focus)，也就是说整个句子或者谓语部分是一个焦点(Lambrecht 1994)。

(48)答语与(50)答语的宾语重及(52)答语的主语重在重音方面究竟有什么不同，实验语音方面至今无法给出具体的证据，但普通的说话者倒是可以明显感觉到，(48)答语的宾语在本句中重音最突显，但跟(50)答语的宾语比较，就明显要轻得多；同样(48)答语的主语较(50)答语略重，但比(52)答语的主语又轻得多。我们相信，说话者的语感是具有语言学意义的，因此相信各句的句重音模式有不同。为了彼此区别，我们将(48)答语的句重音模式简称为"整句重音"。以上问答说明，虽然(47)仅作为语法层面的一个线性序列，所表达的意义仅仅是谓词及其两个论元之间的关系，没有歧义，但是在言语交际的层面上它实际上是一个多义的线性序列(ambiguous linear sequence)。可以表示如下(F 代表焦点)：

(53) a. [_F 弟弟[打破了[一个杯子]]]
b. [弟弟[_F 打破了[一个杯子]]]

---

① 本节结合"问—答"确定焦点的提法参考了 Luisa(1998)、Lambrecht(1998) 的做法。这已经成为学界谈论焦点时的惯用做法。

c. [弟弟[打破了[_F一个杯子]]]
d. [弟弟[_F打破了]一个杯子]]
e. [[_F弟弟][打破了[一个杯子]]]

上述(53)a—e,焦点结构各不相同,所表示的语用意义也各不相同,分别适应(48)至(52)的"问—答"环境。

我们更关心的是,以上讨论表明,叙事句的各个成分(包括句子本身,本章将句子看作跟其构成成分等同的实体)都能充当用重音标识的焦点。无论重音放在那里,句子的合格性不存在差异。但上述结论并不意味着重音标识句子各成分在出现频率上没有差别(以下称作"优先度"差异)。许多学者已经指出:整句焦点的优先度最低,因为这一类句子一般只作为语篇的起始句(departure of discourse)而出现,不大可能插在语篇当中。此外,焦点的选定遵循"重要信息居后"原则,也就是说,焦点选择的优先度与句子成分的排列次序正好相反,即:宾语①>谓语 >主语(参阅钱军1998第7章有关费尔巴斯的介绍)。加上整句,句子成分以重音标识焦点的优先度等级为:宾语 >谓语 >主语 >整句。

再考虑一下句子成分内部的结构。句子成分内部的辅助成分一般是信息的中心,也就是说偏正结构中定语或状语优先获得焦点,述补结构则补语优先获得焦点,这也叫"辅重原则"。例如,通常情况下下面各句的重音为粗体成分。

(54) 今年,**老李**的儿子得了第一。
(55) 这顿酒我喝**多**了。
(56) 跑得**快**的前锋不一定进球多。

再看状语。首先我们要再限制一下范围,本章所说的状语不包括由副词充当的那一类。副词是半实半虚的词,虚化的副词许多不能承担焦点,比如有的副词能够做焦点敏感算子(focus-sensitive operator),将焦点指派给成分,本身却不能做焦点。也就是说,这里的状语只指时间词、处所词和介词短语。与定语和补语不同的是,这里所说的状语都是全句的修饰语,全句的辅助成分,所以它们作重音标识焦点的能力也最强。同样,它们作为焦点的功能是很强的。

综上,句子各成分以重音标识焦点的优先度等级为(以"/"隔开的成

---

① "炒鱿鱼"等述宾式凝固短语已固化为一个句子成分,内部的宾语不再接受焦点标识。本书描述的焦点标识优先度等级中的"宾语"一律不包括此类宾语。

分优先度相等）：

(57) 状语>定语/补语>宾语>谓语>主语>全句

以上简单介绍以重音标识焦点的情况，下面转到"是"标识。同重音标识相比，"是"标识焦点要受到较大的限制。最明显的是，在不改变成分次序的前提下，并不是所有的成分都能够受"是"标识。请看下面的例子：

(58) a. 看不见的上帝用智慧在一个晚上创造了看得见的世界。
　　 b. 是看不见的上帝用智慧在一个晚上创造了看得见的世界的。
　　 c. 看不见的上帝是用智慧在一个晚上创造了看得见的世界的。
　　 d. 看不见的上帝是在一个晚上用智慧创造了看得见的世界的。
　　 e. ? 看不见的上帝用智慧是在一个晚上创造了看得见的世界的。
　　 f. ?? 看不见的上帝用智慧在一个晚上是创造了看得见的世界的。
　　 g. ＊看不见的上帝用智慧在一个晚上创造了是看得见的世界。
　　 h. 看不见的上帝用智慧在一个晚上创造的是看得见的世界。

对(58)a 进行"是"标识的(58)b，其实包括了三种不同的焦点成分：全句、全句主语、主语的定语。到底标识的是哪个成分，只能以重音或语调来区别：主语、状语、宾语的语速和音调都比较均衡的是全句焦点，只有主语较慢或只有定语较慢且之后有明显音调突降的分别是主语焦点或定语焦点。这三种情况句子都很自然。也就是说，全句、主语、主语的定语都能够自由地接受"是"标识。

如果有定语，则其所修饰的主语中心语不能接受"是"标识，如"＊看不见的是上帝用智慧在一个晚上创造了看得见的世界的"显然不成立。

谓语(VP)接受"是"标识，理论上说应该是自由的，但是实际上受到限制：如果谓语本身含有状语，那么则状语优先得到标识，所以(58)c-d 没有问题，而 e-f 则是(很)可疑的句子。

介词短语接受"是"标识也有限制，限制是位次上的：如果句子有几个作状语的介词短语，则位次越靠前的接受"是"标识就越自然，位次越靠后的就越不自然。位次在后的如果要想得到"是"标识，最好的办法是先把它移到前面去。(58)c-f 的比较说明了这一点。以上限制可表述为"靠前

PP优先获'是'标识律":[1]

(59) 如果一个句子中有 $PP_1\ PP_2\ PP_3\cdots\cdots PP_n\ V'$，则只有"是 $PP_1\ PP_2\ PP_3\cdots\cdots PP_n\ V'$（的）"是自然的，"$PP_1$ 是 $PP_2\ PP_3\cdots\cdots PP_n\ V'$（的）"不自然，"$PP_1\ PP_2$ 是 $PP_3\cdots\cdots PP_n\ V'$（的）"则不合格。

可是我们马上注意到，"看不见的上帝在一个晚上是用智慧创造了看得见的世界的"是好的形式。汤廷池（1983）也认为像"他们去年在印度是用手吃饭的"是合格的聚焦句。这是否说明上述规律有问题呢？不是。请注意，在原生叙事句中介词短语这样一类附接语（adjunct）在焦点性强弱上是有区别的，像"用智能"、"用手"这类工具格性质的附接语有很强的焦点性，对这类成分进行"是"标识时，不会造成移位。而对焦点性较弱的焦点进行"是"标识时则要进行句法上的移位；否则，将造成不合格的形式。至于哪些附接成分具有强焦点性，哪些具有弱焦点性，这里暂且不作讨论。所以，严格说来，上述规律可以修改为（60）。

(60) 如果一个句子中有 $PP_1\ PP_2\ PP_3\cdots PP_n\ V'$，并且不考虑 PP_1、PP_2、$PP_3\cdots PP_n$ 在焦点强弱方面的差异，则只有"是 $PP_1\ PP_2\ PP_3\cdots PP_n\ V'$（的）"是自然的，"$PP_1$ 是 $PP_2\ PP_3\cdots PP_n\ V'$（的）"不自然，"$PP_1\ PP_2$ 是 $PP_3\cdots PP_n\ V'$（的）"则不合格。如果是对其中强焦点性成分的标识，则允许"PP_1 是 $PP_2\ PP_3\cdots PP_n\ V'$（的）"、"$PP_1\ PP_2$ 是 $PP_3\cdots PP_n\ V'$（的）"这样的序列出现。

非"得"述补结构的补语也不可以直接受"是"标识。如"*我喝是多了"，除非在"是"之前插入"的/得"："我喝的/得是多了"。

特别值得注意的，我们发现，宾语不能直接接受"是"标识。除非像(58)h那样将"是"之前的部分增加一个"的"并在"是"之后的部分减少一个"的"（这种句式已不是聚焦句，而是准典型"是"字句）。

徐烈炯（2001）、石毓智（2001）的论著中举过以"是"标识宾语焦点的例子，由于这些例句的宾语之后不少也可以加"的"，似乎构成了宾语不接受"是"焦点标识的反例。但是经过分析我们认为，这实际上是他们对焦点标识的辖域采取了不同的分析。实际上，"是"标识的焦点并不是宾语。

---

[1] 这里假设介词短语 PP 一律作为附接语附加到动词的中间投射 V' 之上，形成一个递归结构。"是"在对介词短语 PP 进行焦点标识时，对最高位置的 PP（线性位置最靠左）进行标识形成的结构是好的（well-formed），对低一级位置的 PP 进行标识则造成不好的结构（ill-formed）。有关这方面的句法动因，下文还要讨论。

下面分别是徐、石的用例，带下画线的部分是他们认为的焦点。

(62) 老张昨天是打了<u>小李</u>(的)。

(63) 我是看见了一只<u>狼</u>(的)。(强调：不是别的动物)

徐(2001)并用英文作为对照，认为跟(62)句相当的英文是"It was Bill that John hit yesterday."我们认为，在通常情况下，(62)—(63)两句中由"是(……的)"所标识的焦点是谓语整体，而不是宾语。①"是(……的)"表示对行为主体所发出的动作行为的确认，语义上相当于英语的强调动词"do"，句式上等价于英语的"$NP_1+DO+V+NP_2$"。跟(62)相当的英语句子应当是"John did hit Bill yesterday"。②不考虑句尾所加的"的"，则(62)—(63)中的"是"都居于"主—谓"之间，我们在第一章中指出，这种"是"字句是对某一事件情况的"是认"，详细讨论请见第五章。

徐、石为什么会认为上述结构中"是"标识的是"NP_2"而不是"$V+NP_2$"呢？按照本章前面的分析，他们没有将重音手段和虚标记手段区分开来：该句通常情况的重音在"是"上，如上所述，表示的是确认谓语所指。如果要强调对比原生句的宾语，使之获得对比重音，通常的做法是改换语序，运用"的"居前的准典型"是"字句："老张昨天打的是小李"、"我昨天看见的是一只狼"，而不是(62)—(63)那样的形式。"是"轻读而宾语承载对比重音("老张昨天是打了小李"、"我昨天是看见了一只狼")的(62)—(63)也许勉强可以接受，但不是常见的形式。同时，在这种重音条件下很难使用"是……的"标识："*老张昨天是打了小李的"、"*我昨天是看见了一只狼的"。③还要说明的是，即使是很少见的、宾语重读的(62)—(63)，对比焦点的意思也是由重音而不是由"是"带来的。

还有一点也可以证明(62)—(63)中的焦点是谓语整体而不是宾语，也即，不妨将(62)中的"小李"换成"人"，说成"老张昨天是打了人(的)"；这时，句子的焦点不可能是"人"，而只能是"打了人"。

---

① 在日语中，类似(62)—(63)这样的句子通常是在OV(谓语)之前加上副词たしかに(确实)。可见，(62)—(63)中"是……的"是对谓语VP的标识而不是对VP中O的标识。

② 吴小晶博士告诉我，英语的动词性结构用"DO"强调也是一种分裂结构，是语义复制(semantic copying)的结果，因为所有动词性结构都含有"DO"的语义因子，在分裂强调过程中因"复制"而显现。

③ 我们认为徐文所说的(62)中的焦点是"小李"，跟我们认为焦点是"打了小李"，是不同的预设促动的。"小李"是焦点，则预设为"老张昨天打了x"，"x＝小李"是断言，而"小李"便是"焦点"。"打了小李"是焦点，则预设为"老张昨天做x了"，"x＝打了小李"是断言，"打了小李"便是焦点。

总之,句子的各个成分接受"是"焦点标识,不仅像重音标识一样有频率高低(优先度)的问题,而且有句子是否自然是否合格的问题,我们把后一问题称作句子成分接受焦点标识的可行性等级。总结上面的讨论,句子成分接受"是"焦点标识的可行性等级,构成了如下的连续统(以"/"隔开的成分自由度相等):

(64) 全句/全主语/定语＞状语(居前者＞状语(居后者)＞谓语＞＊非"得"补语/宾语

3.4.5 聚焦包装连续统的语用动因

现在要问的是:为什么会造成上述差异呢?对这个问题的回答将涉及多方面的因素,我们首先来看语用方面的动因(pragmatic motivation)。

前面我们讨论了句子成分接受重音焦点标识的优先度(使用频率)等级和接受"是"焦点标识的可行性等级。对比起来看我们发现这两个等级连续统的次序很不相同,除定语、状语外甚至几乎是相反的。

(65) a. 获重音优先度:状语＞定语/补语＞宾语＞谓语＞主语＞全句
　　 b. 获"是……的"可行度:全句/全主语/定语＞状语(居前＞居后)＞谓语＞＊非"得"补语/宾语

先说其中的限制,如(66)所述,再探讨其中的规律和语用层面的原因。

(66) "是"标识的焦点必须在"是"之后,且只有一个。

所以"是"之前不允许出现带焦点特征[＋F]的成分。

已有学者指出,句子中的成分按照其本身是否带有焦点特征可以分成两种:一种是[＋F],即本身带有焦点特征,包括疑问词和时间、地点、方式等状语成分;一种是[－F],本身不带有焦点特征(Cheng 1983,石毓智 2001)。"是"标识对[＋F]成分的标识能力最大,而对[－F]成分的标识能力较小。当用"是"对叙事句进行包装生成聚焦句时,"是"必须优先分配给带有焦点特征的成分;否则,句子不成立。

仍以前面(58)为例。对于(58)这个叙事句,可以有几种不同的方式将它改造成聚焦句,但在生成聚焦句的过程中必须遵循焦点分配原则,即"是"优先标识强焦点。但是,首先必须明确的是,在说话者索求一定信息这一语用因素的促动下全句、全句主语、定语可以直接受到"是"的标识,如(58)b,符合下文将要提到的句法制约原则。如果有状语,"是"应该首先指派给状语。所以,(58)g 不合法(宾语不能直接受"是"标识),(58)f 几乎不可以说(状语的姊妹节点 V'不能受到"是"标识),这一点上文已经谈到。(58)e 虽然将"是"分配给了状语,但句子仍然不好。有了(66)这条限制,(58)c-d 合格而(58)e 可疑也就可以解释了。之所以要将相关的介词短语 PP 前移,是为了防止句子中同时存在两个焦点而造成不合法的句子。因为我们知道,"是"标识的状语是焦点,如果在"是"标识的焦点前还有一个状语,那么这个状语也会被看成焦点。这样一个句子就有两个焦点。我们在前面已经证明,一般情况下,一个句子只有一个焦点。① 受"是"标识的状语经过移位后,自然成为焦点;而状语仍然在"是"的辖域内,成为潜在焦点(potential focus)。若想成为焦点,只能用重音手段。不过,这时的句子已经不是一般情况下的句子了。至于介词短语做状语在焦点特征方面的强弱序列,不是这里所关心的,就不再讨论了。

这种情形在其他语言中也有反映。譬如在英语和法语中,跟汉语"是"标识相当的是所谓强调结构。英语用"it is x that……",法语用"c'est x que/qui……",总是将被强调成分(包括状语)放在 x 的位置上,不管该成分原来在句子中处于什么位置。尽管汉语跟英语、法语的手段有所不同,但从被强调成分总是处在焦点标识结构中的固定位置这一点看是相同的。日语跟汉语在标识手段方面也是相同的,只是标识焦点的手段(在被标识的成分之后加上相应的助词)与被标识的成分之间的相对位置有别。无论哪种情况,各语言的一致之处在于:以虚标识结构表示焦点的句子只有一个焦点。下面分别是法语、英语、日语的例子(焦点部分用粗体标出):

(67) a. Il a fait ses études à Paris la année dernière.
   他去年在巴黎学习。
   b. C'est **à Paris** qu'il a fait ses etudes la année dernière.
   他去年是**在巴黎**学习的。
(68) a. He studied in Paris last year.
   b. It was **in Paris** that he studied last year.
(69) a. 彼は昨年パリで習った。

---

① 有人可能会质疑:"是"之前的状语 PP 也可以成为焦点,只不过需要负载额外的重音,与"是"标识的焦点不是一类。我们的看法是,不同手段标识的焦点即使可以共现,"是"标识的焦点也往往居前,(58)e 中"是"标识的焦点则居后;并且,句子出现多个焦点的情况是很少见的,参见 3.4.3 节的讨论。

　　　　　他去年在巴黎学习。
　　b. 彼は**昨年パリで習った**のです。
　　　　　他是**去年在巴黎学习**的。
　　c. 彼がパリで習ったのは**昨年**です。
　　　　　他是**去年**在巴黎学习的。
　　d. 彼が昨年習ったのは**パリ**です。
　　　　　他去年是**在巴黎**学习的。

句子中如果有疑问代词和正反疑问（VP 不 VP）形式，则"是"只能指派给这两类成分，因为这两类是[＋F]成分。如果"是"字用来标识成分，将会造成不合法的句子（Cheng 1983，石毓智 2001）。这再次说明，一个句子只有一个焦点。譬如说，下面例子中的 a 句成立，但 b 句不成立。①

(70) a. 他是什么时候在巴黎学习的？
　　 b. ＊他什么时候是在巴黎学习的？

需要指出的是，由于疑问词本身已经含[＋F]特征，不必借助"是"就能自然成为句子的焦点，所以"是"字的添加反而是一种羡余。实际上，"是"字在正反疑问结构之前几乎成为不必要的标记。②因为在我们看来，正反疑问结构的焦点特征是很强的；如果需要进一步加强语气，可以借助词汇手段。

(71) a. ＊是你知道不知道这件事？
　　 b. ？你是知道不知道这件事？
　　 c. 你究竟知道不知道这件事？

3.4.6 聚焦包装的句法制约与功能限制

前面我们讨论了"是"标识过程中的状语位置问题，其实也就是一种句法制约。下面专门讨论"是"标识的句法制约和功能限制。先说句法

---

① 这里是针对一般情形而言的。我们并不能完全排除(70)b 合法的可能性，在下列情况下 (70)b 是允许的：他什么时候是在巴黎学习的？问话人实际上对答话人既提出限制（学习的地点是在巴黎），又对答话人提出请求（学习的时间）。在对比的语境中这一点将看得更加清楚：他去年是在巴黎学习的，今年是在北京学习的。不过，要想使(70)b 成立，"在巴黎"必须重读，这是两种手段的综合，并不说明句子都有两个焦点，参见 p.108 注释 1。
② 像(71)b 这种"是"字居于主语与正反疑问结构之间的"是"字句就是第五章将要讨论的"主一谓"之间的"是"，其功能是对整体情况的"是认"，是一种"广焦点"标记。由于其主观断定性比较低，很多情况下可以省去不说。

制约。

(72) a. 张三的儿子考上了北京大学。
　　 b. 是张三的儿子考上了北京大学。
　　 c. ＊张三的是儿子考上了北京大学。
　　 d. ＊张三的儿子考上(了)是北京大学。
　　 e. 张三的儿子考上的是北京大学。

为了揭示"是"标识跟句法结构之间的关系,我们先来看一般叙事句(72)a 的结构,其树形图如(73)所示(无关的细节略去)。①

(73)
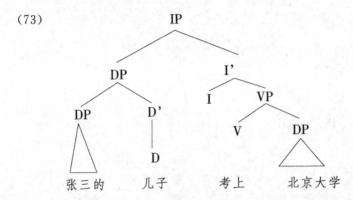

对于"是"标识而言,可以看到只有(72)b 和 e 是合格的,而(72)c-d 则不合法。合格的"是"标识结构的树图分别如(74)和(75)所示(无关的细节省去)。

---

① 本章所说的聚焦句从叙事句通过"是"标识推导而来显然运用了转换手段;一个重要的事实是:从叙事句到聚焦句,句子在时体方面发生了重要变化。如何解释这一现象?我们认为这种变化正反映叙事句和聚焦句在时体方面的不同。我们采取如下的解释:对于现实世界中发生的事件,说话者可以将其作为整体客观地予以报道,报道是事后性的,所以句子经常与过去时相关。但对于事件本身,说话者也可以深入内部进行聚焦报道,这时说话者将注意力放在事件中的某一要素上。这种报道带有说话者的主观断定,所以在时体上有所不同。我们之所以仍然采取从叙事句出发来推导聚焦句的做法,目的在于揭示两种句式之间的关系,这里所说的推导更接近 Harris 早期所说的变换(p102. 注释②)。

(74)

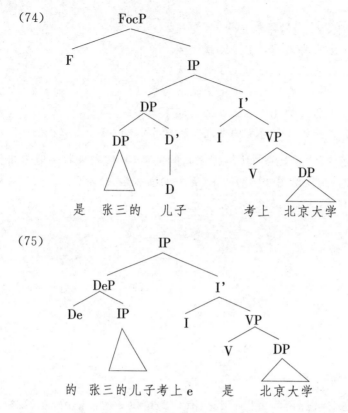

(75)

观察不合格的"是"标识(72)c-d,我们发现,其原因在于"是"标识分割了最大投射。基于句子结构和"是"标识之间的关系,可以看到如下规则:

(76) "是"标识不能插在同一句法范畴的最大投射(maximal projection)之内。①

对于"张三的儿子考上了北京大学"这样的叙事句,要将其改造为聚

---

① 生成语法中"投射"(projection)有不同的含义,这里是指在 X-bar 理论中,由词层面上的语类(N,V,A 等)扩展而成的结构。概而言之,所有完整的短语如 AP、NP、PP 等都是最大投射。按照 X-bar 理论,最大投射通常为双杠即 X"。也有学者认为,最大投射是对修饰语(modifier)的最大限制。比方有学者认为"按照扩展规则,每一个非中心的项(non-head term)都必须是某一语类的最大投射"(Stowell 1981, Radford1988/2000),也就是说,树形图中除了中心语以外的节点上只能出现某一语类的最大投射。有关词组结构中的"最大投射"问题,可参阅 N Chomsky(1986:3)和 Radford(1988/2000:258-264),也可以参阅徐烈炯(1988/1998)第五、六两章。

焦形式,必须遵循的句法原则是"是"字不能分割完好的句法结构体。比方含有定语的DP是其中心语D的最大投射,由V和DP组成的VP是V的最大投射,在最大投射内不允许进行"是"焦点标识,定中结构、动宾结构在句法上都是一个完整体,①所以(72)c、b不合法。(72)b将焦点指派给定中结构的修饰语,没有破坏结构的完整性。(72)e采用名词化的手段将原来的叙事句改造成准典型"是"字句,"是"字所在的位置并没有破坏句法结构的完整性,其本身就是最大投射的组成部分,所以也是合格的。下面是一个稍微复杂的例子。

(77) a. 小王第一个从甲板上跳下去。
　　 b. 小王是第一个从甲板跳下去的。
　　 c. *小王第一个是从甲板上跳下去的。
　　 d. *小王第一个从甲板上是跳下去的。

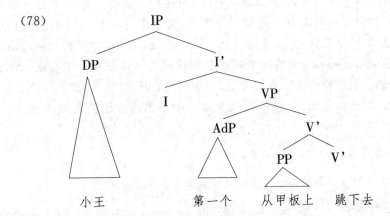

(78)

(78)显示,状中结构((78)中的VP)是一个最大投射,是完整的结构体,"是"字不可以插在最大投射内进行聚焦句的生成,所以,(77)c是不合格的。要注意的是,尽管包含介词短语的结构不是最大投射,只是动词的一个中间投射((78)中的上一级V'),但也不可以对其中成分进行"是"标识,所以,(77)d不好。这样,"是"标识的规则应当修改为(79)。

---

① 对定中结构的中心语进行标识可以有两种手段:对比,如(i),或重音,如(ii)。
　(i) 张三的儿子考上了北京大学,(张三的)女儿没有考上北京大学。
　(ii) 张三的儿子考上了北京大学。
　　 如果采用第一种办法,中心语可以不重读;如果用第二种办法,中心语必须重读。无论是哪一种手段,都是一种非线性标识。

(79)"是"标识不能插在同一句法范畴的最大投射（maximal projection）或中间投射（intermediate projection）之内。

反观前面的(58)，我们会发现，其中不合格的形式最终可以归结为违反了(79)。(58)e,f,g 之所以不好，是因为"是"标识进入了最大投射或中间投射，破坏了完好的结构，造成不合法形式。

徐烈炯(2001)指出，"是"不能进入动词词组和名词词组内部进行聚焦，也就是不能直接用"是"来标识动宾结构的宾语和定中结构的中心语。至于为什么不能这样，他并没有解释。我们在这里只是从"是"标识与最大或中间投射之间的关系上给出了一条制约规则；这显然还没有能够给出问题的最终答案，我们还要追问：为什么"是"不能插在最大或中间投射之内进行聚焦句的生成？

我们认为，这种句法运作的后果从形式上看是直接造成原本完好的句法结构的瓦解，换句话说，汉语中根本不存在那样的句法结构，句法上通不过；从语言系统的经济原则着眼，用这种办法标识焦点是很不经济的，因为要使宾语成为得到强调的焦点，汉语中有"VP 的是 NP"这样的准典型"是"字结构，并且不增加任何羡余成分；要使定中结构的中心语成为焦点得到强调，一般情况下可以采取让定语做话题而让中心语做说明部分的主语这样的办法。比方说，要使(72)a 中的"儿子"成为焦点，(80)是理想的选择。当然，也可以采取重读中心语的办法使其成为焦点（参 p.123,注释1）。

(80) 张三是儿子考上了大学。

类似现象 Chomsky(1972)也谈到，请看下面的例子。

(81) He was warned to look out for an ex-convict with a red shirt.
他被警告要提防穿红衬衫的前科罪犯。

Chomsky 指出，在 an ex-convict with a red shirt、an ex-convict、with a red shirt、a red shirt 这四个短语中，只有 an ex-convict with a red shirt 能占据"it is x that…"中 x 的位置；"an ex-convict with a red shirt"是一个最大投射 DP，其间成分不能被分割出来置于 x 的位置上。

经过比较我们发现，"是"之所以不能插在定中结构之类的最大投射之内，最根本的原因在于，这些结构在意义上也是一个不可分割的整体，任何线性成分都不允许插在中间。

下面来谈谈"是"标识的功能限制问题，这一功能限制是针对聚焦句据以推导的叙事句而言的。叙事句是对现实事件的表达，凡事件一般都要涉及时间、地点、方式、情状等环境成分,如果一个叙事句不含环境成分,那么用"是"将其改造为聚焦句的句法操作就受到限制。

> (82) 聚焦句据以推导的叙事句必须含有时间、地点、方式、情状等环境成分。环境成分又可归结于叙事句事件性的强弱,不妨用[+事件性]来概括这条规律。

比方说,"他是来北京的"不好(实际上不是聚焦句而是准典型"是"字句),而"他是去年来北京的"就没有问题。可是,"他是来过北京的"是可以接受的,但这并不构成上述规律的例外。因为像有的学者所说的那样,句尾带"的"的句子往往与过去时连用(马学良、史有为 1982,史有为 1984,宋玉柱 1981)。"他来过北京"由于本身含有表示过去时的助词"过",已经带有[+事件性],所以,其推导句不含表示过去的时间词同样能成立。

反过来说,那些不含[+事件性]或者[+事件性]较弱的句子如果带了时间成分,反而变得不太自然。

> (83) ? 吕叔湘是 1998 年逝世的语言学家。

(83)在一般人的语感中是有问题的,原因在于它将典型的非事件性断定句与事件性断定句杂糅在一起。具体说,"吕叔湘是 1998 年逝世的"和"吕叔湘是语言学家"这两种不同性质的断定一般是不共容的。①

此外,环境成分对于分解有歧义的"是"字句有直接的制约作用。请比较(84)a-c 在歧义性强弱方面的差异。

> (84) a. 她是去年生的小孩。
> b. 她是去年在火车上生的小孩。
> c. 她是去年在火车上在赤脚医生的帮助下生的小孩。

从(84)a-c,歧义性逐渐减弱直到消除。这说明,原来的叙事句如果含有足够多的环境成分时,用"是"进行聚焦句的推导过程中出现歧义的可能性越小。当然,这条规律只是一种倾向。

---

① 在(i)、(ii)这种语境中,(83)是能够成立的。不过,总是需要其中一个成分在语音上重于其他成分,成为确认(identificational)焦点。
(i) 在下列语言学家中,哪一位是 1998 年逝世的语言学家?
(ii) 吕叔湘是哪一年逝世的语言学家?

本章小结

本章对汉语聚焦句的语义特点、构造过程和生成过程中的句法、语用、语义约束进行了分析。重点在运用焦点理论对聚焦句生成过程中的种种限制做了细致探讨,并同其他语言的相关现象联系起来,从普通语言学的角度重新认识汉语中的这种特殊句式,为聚焦句找到可操作的形式标准和功能限制。

基本观点是:汉语的聚焦句是从叙事句(本章未讨论描写句)通过"是"焦点标识推导而来的,推导过程受到语用和句法条件的限制。考察发现:

① 一个"是"焦点标识句只有一个焦点。

② 句子成分在接受"是"标识时存在自由度的不同;光杆主语、定语、整句可自由受"是"标识;状语出现在前的自由受"是"标识,出现在后的受限制,因而有加"是"后状语换位现象;宾语和非"得"补语则根本不能受"是"的标识。由此形成一个自由度的连续统。

③ 以上特点与重音标识焦点均不相同。

④ "是"标识插入的句法限制是不能分割原生句中完好的句法结构。文章还初步探讨了"是"标识与环境功能之间的关系。

前面已经指出,聚焦式"是……的"句是一种非典型"是"字结构。从语义上和语用上看处于"是"字结构从核心(典型)向边缘延伸的位置上。语义上的表现主要是这种结构处在动态过程句和静态关系句的中间位置上,也即这类结构兼有动静两种属性:动态方面的表现主要是这类结构的"底层"是一个叙事句(已然预设),静态方面的表现主要是说话者的高层"断定"。语用方面主要是说话者的"断定"语气,由于说话者深入事件内部对某一要素进行聚焦突显,所以,这类结构的语气跟其他结构相比是最强的。

第四章 焦点化与"是……的"结构句(下)[①]
——跨语言对比及历时结构分析

首先申明,为了更深入地揭示聚焦式"是……的"结构的特点,本章暂且先离开前面提到的结构连续统,专门讨论"是……的"结构的跨语言对比和结构历时来源问题。

上一章已经指出,跟聚焦结构类似的现象在其他语言中同样存在,具有类型学价值和普通语言学意义。学界经常提及的是英语的分裂句现象,英语的分裂句在功能上跟汉语的聚焦句相当,本章就以汉英对比为主要内容,探讨这一语言现象的历时成因。为称说方便,也为和英语对比,这里就使用"分裂句"这一术语。

4.1 分裂句的由来及研究状况

4.1.1 分裂句的提出

分裂句最初是研究英语的学者提出来的,首先见于 Jespersen(1968:83—87)的著作。之所以叫它分裂句,主要是因为在这种结构中,焦点(focus)和预设(presupposition)被特殊的结构割裂开来。也有学者认为,"分裂"的含义是:一个句子被分成两个部分,每一部分都有自己的动词(Quirk 1972:951,Crystal 1997:59—60)。这两种解释只是着眼点不同:前者是从句式的语义特点上说的,后者则注重句式形式上的表征。[②]

[①] 本节的部分内容见于张和友(2005,2007a),基本观点一致,只是这里的阐述更为详尽。
[②] 在 Halliday(1994:60)那里,"it is X that/who do sth"这样的结构是两层"主位—述位"的套合,即:
    it   is x   that/who do sth
    Th$_1$—Rh$_1$ Th$_2$—Rh$_2$
    TH   RH

(1) a. Mary is driving a new car.
  玛丽正在开一部新车。
 b. It's a new car that Mary is driving.
  直译:是一部新车玛丽正在开。
  要表达的意思同 c。
 c. What Mary is driving is a new car.
  玛丽正在开的是一部新车。
 d. Mary is driving something.
  玛丽在开动什么东西。

(1)a 是一般的叙事句,(1)b、(1)c 分别是分裂句和准分裂句,其中(1)b 以及与其相应的汉语句式是本书所要讨论的结构。

从形式上看,作为分裂句或准分裂句的(1)b、c 有两个定式动词。而英语中除非是并列谓语句,一个句子(主句)是不能同时有两个定式动词的。分裂句不是并列谓语句,但却有两个定式动词,这就显示其特殊性。从语义特点上看,(1)b 和(1)c 都有一个共同的预设(1)d,不同在于焦点"a new car"在句中的位置不同。这样,在这种句式中"预设"和"焦点"共存,被分割在两个小句中,分裂句的名称大概由此而来。

4.1.2 汉英分裂句研究状况

英语学者的研究开展得比较早。20 世纪六七十年代就有学者开始讨论,例如前面谈到的 Jespersen(1968)。此外,Halliday(1967,1985/1994)、Akmajian(1970,1973)、Chomsky(1972)、Quirk(1972)、Gundel(1977)、Prince(1978:883—906)、Rochemont(1986)、McCawley(1998:64—67)对这一现象都或详或略地讨论过。由于受生成句法的影响,所以国外学者大多是从形式上来探求这一句式同句式之间的派生关系(Halliday 是个特例)。形式上的解释固然揭示出不少规律,但由于没能注意到说话者在运用这一句式时所处的地位,[1]也没有联系说话者来看待这一句式的形成,结果对这一句式在语义上的一些异乎寻常的特点以及这一句式跟句式之间的关系认识上存在不足。

---

[1] 国外搞形式句法研究的语言学家大多受数理逻辑的影响,将说话者的因素完全排斥在研究之外。后来的语言学发展表明这种做法是有缺陷的。逻辑学从现代形式逻辑对自然语言的忽视到当代逻辑重新重视自然语言,足以说明说话者的因素在语言研究中必须有其位置。

前面说过,汉语研究者从国外引进这一术语来研究汉语中的类似现象。①其实,上个世纪初胡适三次论"的"时也间接涉及这一现象。20世纪40年代,吕叔湘(1943/1993)、王力(1944/1985)在谈论判断句时都谈到这一句法现象。之后,比较早的提出并讨论汉语这一问题的是赵元任(1956/2002:809—819,1968:296—297)、朱德熙(1961,1978)等先生。稍后,邓守信、汤廷池、黄正德等人又对这个问题作进一步讨论。学者大多是在讨论句尾"的"的性质时论及这一问题,如宋玉柱(1981)、马学良、史有为(1982)、黄国营(1982)、李讷、安珊迪、张伯江(1998)等。杉村博文(1999)、袁毓林(2003)木村英树(2003)等又从不同角度再度探讨这个问题。

学者们在研究这一现象时存在的最大分歧就是句尾"的"的定性问题,大致分作两派:"结构"说和"语气"说,下文将对这一问题发表我们的看法。另一个问题就是没有明确将分裂句跟准分裂句分开,这一点在上一章已经谈到。

本章要解决的问题是,作为一种句式,分裂句是如何形成的。对于这一问题,袁毓林(2003)从句式推导的角度做了研究,这只是一种共时层面句式之间的推导关系研究,关于这个问题,上一章已经讨论,这里我们更关心的则是历时发生学上的来源问题。

4.2 分裂句从哪里来:英语学界的研究

作为一种句式,分裂句是从哪里来的呢?这一节我们就来讨论这个问题。基本做法是立足汉英比较,以英语为参照,探讨汉语分裂句的来源。

首先,扼要介绍学界对这一问题的研究成果,并且指出其不足;接着,提出我们的看法,并进行论证,既联系篇章(context)证明其合理性,又结合句式的表意功能证明其可能性。最后,检讨在分裂句来源问题的研究中出现歧异的原由及应取的策略。

对这一问题的研究会涉及共时、历时不同方面的对比,汉英两种不同语言的比较,单句与篇章的关系等诸多方面。

---

① 汉语研究者中运用分裂句这一术语的较早见于邓守信(1979),以后汤廷池(1983)、黄正德(1988)也采用这一术语。大陆学者一般没有专门讨论这一句法现象,只是在谈论问题时由于相关才顺带讨论这一问题,不过仍采用传统的"是……的"句名称。

4.2.1 问题的提出

某一句式的来源可以有两个含义：一是该句式从语言系统中已有的句式发展而来，二是某一句式在语言系统是如何从无到有，通过一定的规则推导而来。前一种意义是着眼于句式的历时发展进行的研究，后一种意义则着眼于某一共时平面上句式的发生学(genetic)研究。历时方面有学者从研究助动词"的"的发展的角度触及了这一问题(太田辰夫 1958/2002，刘敏芝 2003)。共时方面的研究多侧重于形式上的观察和推导(黄正德 1988，袁毓林 2003)，也有学者作功能上的探讨(杉村博文 1999，木村英树 2003)。这些研究只是基于观察句式之间的形式关联而得出的解释，并不是真正的发生学意义上的解释。当然，这两个方面不是孤立的，语言作为一个系统，某一句式的产生不可能在完全封闭的状态下进行。也就是说，一种句式的产生总是直接或间接地跟语言中现有的句式有联系。所以，本章所说的来源问题，跟这两方面的含义都有关系，但以第二种意义为主。

上一章已经指出，汉语的分裂句就是在一般叙事句的基础上通过"(是)……的"进行焦点化而形成的带有"已然"义的一种句式。①这方面学界讨论得比较多，无论在汉语学界还是英语学界，通过形式推导来寻求分裂句的成因已是学者们习惯的做法。例如，汉语的一般叙事句通过"是……的"格式形成分裂句，英语中从 wh-分裂句通过一系列规则生成 it-分裂句。

现在面临的重要问题是：汉语的分裂句为什么最终选择"(是)……的"格式？英语的分裂句为什么要选择"it be x that"形式？换句话说，汉语和英语(也许还包括印欧系的其他语言)这种分裂结构形成的句法、语义条件是什么？再有，汉语中"是"可以省略而表达的语义不变，"小王是昨天来的"和"小王昨天来的"可以表达相同的意思。但是，英语的分裂结构中"be"是不可或缺的。这种差别说明了什么？此外，如果我们假设英语和汉语的分裂句有着相同的逻辑结构，那么汉语和英语的句法表达式为什么不同？从语言比较的角度看，汉英分裂句在来源上有没有相同之处？这些问题目前还没有学者触及，下面就这几个问题进行尝试性探讨。

4.2.2 英语学界对分裂句来源问题的探讨及其局限

在提出我们的解决方案之前，先来看一下学界对分裂句来源问题的

---

① 有关这一句式带有"已然"义的原由，学者们多有讨论，第三章做了详细论述。

研究。本章认为汉语跟英语的分裂句在来源方面有不少共同性,而且探讨分裂结构的来源问题最早也是英语研究者展开的,下面不妨从英语说起。

这一问题在生成语法中已有不少讨论,最初的看法是直接从非分裂句而来。Akmajian(1970:149—168)认为,分裂句是从 *wh*-小句做主语的准分裂句推导而来的;而 Gundel(1977:543—559)则主张分裂句是右脱位的(right-dislocated)准分裂句的减缩形式(reduced form)。也有学者认为准分裂句由基础生成,然后再由准分裂句推导出分裂句(Higgins1971);还有学者提出双重来源:分裂句来源于非分裂句,准分裂句来源于基础(Hankamer1974;Pinkham & Hankamer1975)。Prince(1978:883—906)则结合信息表达的差别在话语的框架中对两类分裂句作了较为详尽的讨论,指出二者不存在推导关系。McCawley(1998:64—67)通过对非分裂句、分裂句和准分裂句的比较,也证明分裂句和准分裂句来源不同,二者之间没有推导关系。

其中,Akmajian(1970)和 Gundel(1977)的观点比较有影响,代表分裂句来源的两种不同观点,与本章的关系也比较密切,下面扼要介绍这两种看法。

Akmajian(1970)的观点大致如下:*it*-分裂句是从句首含中心语的 *wh*-分裂句推导来的,其理由是二者有着很多相似性。

(2) The one who Nixon chose was Agnew.
尼克松选的人是阿葛纽。
(3) It was Agnew who Nixon chose.
直译:*是阿葛纽尼克松选的。
想要表达的意思同(2)。

Akmajian 认为(3)从(2)推导出来的理由有以下三点:(i)二者预设相同,都是"Nixon chose someone";(ii)重音承载者都是 Agnew,并且是句子焦点所在;(iii)可以回答相同的问题。所以二者是同义的。

从(2)到(3)的推导过程是通过所谓外置规则(extraposition),即将(2)句首的关系小句移至句子的末尾,如(4)—(5)所示。

（4）

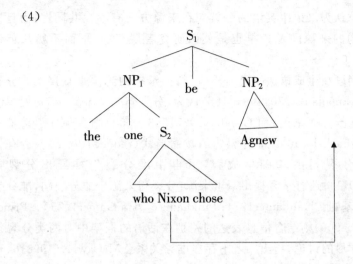

（5）

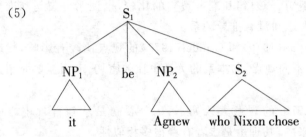

Akmajian 的观点实际上是从功能和形式两方面来看待 *it*-分裂句 *wh*-分裂句之间的关系的：(i)—(iii)是从功能上说明两类分裂句有等价关系。从(4)到(5)是从形式上给出二者之间的推导过程。

这里有两个问题：① 预设和重音模式相同是与说话时的语境相关的因素，这能否作为确定两个句子同义的根据。即使同义，能否说明二者有推导关系。在(6)中，b、c 预设 d 而 a 并不预设 d，我们是据此认为 b、c 有推导关系呢，还是将它们看作有着共同的来源 a 呢，或者认为它们是独立的，作为一种句式有自己的形成机制呢？

(6) a. John lost his keys.
    约翰丢了钥匙。
  b. It was his keys that John lost.
    直译：*是钥匙约翰丢了。
    想要表达的意思同 c。
  c. What John lost was his keys.
    约翰丢的是他的钥匙。

d. John lost something.
   约翰丢了东西。

② 当我们说乙句式是从甲句式推导而来的时候，显然是将甲句式看作系统中的核心句(kernel sentence)。如果是下面这样的推导模式：甲→乙→丙，我们仍然应该认为丙是从甲推导而来的，只不过经过了中介乙，因为乙也是从甲推导而来的。用这样的眼光来看两类分裂句，很难说 it-分裂是从 wh-分裂派生来的。因为以生成的观点看，wh-分裂本身也不是核心句。按照从(4)到(5)的推导模式，实际上同时进行了两项句法操作：wh-外置和 it 对中心语"the one"的替换，这样的形式操作是不经济的。

Akmajian 的解决方案还有一个缺陷：认为分裂句从准分裂句推导而来，这一看法意味着每个分裂句都对应着其所据以推导的准分裂句。问题在于，有的分裂句没有相应的准分裂句形式；或者说，跟分裂句相对应的准分裂句是不合格的。这一点 Gundel(1977)就指出过，(7)就是一个例子。

(7) a. She eloped with George.
    她与约翰私奔了。
  b. It was with George that she eloped.
    她是与约翰私奔的。
  c. *(The one)who she eloped was with George.

与上述情况相反的是，有些跟准分裂句对应的分裂句是很可疑的，请看下面的例子(McCawley 1998)。

(8) a. What Fred told us is that he wants to quit school.
    弗雷德告诉我们的是他想退学。
  b. ?? It's that he wants to quit school that Fred told us.
    想要表达的意思同 a。
(9) a. What Alice intends is to submit her manuscript to Fortune.
    爱丽丝想做的是将她的手稿交给运气。
  b. ?? It's to submit her manuscript to Fortune that Alice intends.
    想要表达的意思同 a。

可见，认为从 wh-分裂句推导出 it-分裂句是有问题的，二者可能都是由基础生成的。实际上，像 McCawley 所说的那样，分裂句和准分裂句的"深层结构"到底是什么，目前还很不清楚。目前看来，比较可行的办法是将二者都看成在一定心理机制的促动下所形成的已经为语言系统本身所接受的句式，它们在表义方面确有相同的地方，由于语用的制约而成为"各尽所能"的句式。

Akmajian 进一步认为，it-分裂句更确切地说是从不带句首中心语的 wh-分裂句推导而来的。所以上述(2)实际上可以说成(10)：

(10) Who Nixon chose was Agnew.

可是，如果不考虑方言变异和个人风格变异，像(10)这样的句子在典范英语中显然是合格性很差的句子，并且对于准分裂句来讲，一般仅限于以 what 来引导(McCawley 1998)。

下面扼要介绍 Gundel (1977) 的观点。他基本上也主张分裂句是从准分裂句推导而来，跟 Akmajian 不同的是，他认为只有作等同式理解的准分裂句 X-be-Y(ID) 才能推导出分裂句，而属性型准分裂句 X-be-Y(AT) 不能推导出分裂句。①还有一点，他明确指出分裂句中的 it 是实代词而非假位主语(dummy subject)(下文会论及 it 的性质)。推导的途径是所谓脱位(dislocation)，跟 Akmajian 的外置其实是一回事。Gundel 的基本看法可以概括为：分裂句是从等同式的准分裂句经过右脱位(right-dislocation)推导出来的。举例说，(11)只有作 ID 理解时才可能推导出分裂句。

(11) What I heard was an explosion. ＝ An explosion was what I heard. (ID)

具体推导过程如(12)所示。

(12)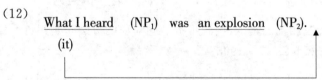

将 NP₁ 右脱位至句尾，原来的位置留下空位，由 it 填充；同时，在脱位后的 NP₁ 之前有语音停顿，书面上用逗号隔开，于是从(12)变成(13)。

(13) It was an explosion, what I heard.

从形式上看，将(13)中的 what 改成 that，同时删除 NP₁ 前的语音停顿，就成为(14)。

(14) It was an explosion that I heard.

Gundel 进一步指出，只有具有右脱位结构的语言才能产生分裂句，主要

---

① 有关 ID 关系句与 IA 关系句的差别，请参阅第一章。(11)既可以作 ID 理解(我听到的是一声爆炸声)，也可以作 AT 理解(我听到的是震耳的声音)。有关这两类结构的详细讨论请阅读 Halliday(1985/1994)。

原因在于他认为分裂句是从这种准分裂句的右脱位操作推导而来的。

从本质上讲,Akmajian 和 Gundel 关于分裂句来源的观点并无不同,他们都认为分裂句从准分裂句派生而来,根据基本上都是两者在句法上的一致性,都是从形式观察入手得出的结论,这是一种形式主义的解释。但正如前面已经指出的那样,这套解释方案是有缺陷的,比方说有的分裂句无法找到(因而无法还原为)对应的准分裂句,例如(7)。再看一个例子(Gundel,1977):

(15) a. It is with great pride that I accept this nomination.
直译:正是非常自豪,我接受了这项任命。
我非常自豪地接受了这项任命。
b. * How I accept this nomination is with great pride.
想要表达的意思同 a。

Akmajian(1970)、Gundel(1977)提供的这套解决方案看来不能有效的解决英语分裂句的来源问题,应该另觅他途。

4.2.3 本章的解决方案

针对上述方案的缺陷,我们提出如下方案:分裂句就是运用具有焦点算子性质的结构"it is x that ..."对叙事句的某一成分进行焦点化而形成的一种句式。具体操作是:将叙事句中需要强调的成分代入 x 的位置,原叙事句的相应位置留下空位,叙事句的剩余部分代入 that 之后的位置。①

---

① 以下几类成分(结构)不能代入 x:首先是叙事句中的动词本身,其次是言说动词(say、tell 之类)和心理动词(think、believe 之类)所带动宾语小句。对于动词不能被强调这一点很容易解释,因为如果将动词代入 x,原来的句子便没有了动词;再者,英语系统中有另一种更为经济的手段对动词进行强调,即借助助动词 do。对于言说类和心理类动词的宾语小句不能代入 x,主要因为这两类动词都是非叙实性的(non-factive),而分裂句的基本语义则带有叙实性,构成矛盾。并且语言系统中已有另一种结构——准分裂句可以执行这一功能。此外,在标准英语中,主语补足语占据 x 位置受到严格限制,尤其是在带有系动词 be 的情况下。所以,(i)、(ii)是很奇怪的(参 Quirk 1972:952)。对于主语补足语的强调可以采取准分裂句的形式,分别如(iii)、(iv)所示。

(i) ? It's a genius that he is.
想要表达的意思同(iii)。
(ii) ? It's a lecturer that I am now.
想要表达的意思同(iv)。
(iii) What he is is a genius.
他是天才。
(iv) what I am is a lecturer.
我是一名讲师。

(16) a. John loves Mary.
　　 b. It is John$_i$ that ø$_i$ loves Mary. （Ø 表论元缺位，下同）
　　 c. It is Mary$_i$ that John loves ø$_i$.

这种方案避免了上述方案的缺陷：既然分裂句从准分裂句推导而来，为什么二者之间不能一一对应？从句型转换的角度讲我们的方案有很强的操作性。同时也说明，分裂句是从叙事句推导而来的。

但是，我们的方案首先面临一个必须回答的问题：英语为什么要选择这样一种算子结构来构成分裂句？其次，国外学者已经注意到（但好像没有学者给予解释）从叙事句到分裂句转换中的人称改变现象。具体说，就是指下面这类现象（Akmajian 1970）：

(17) a. I hit my own father.
　　　　我打了我自己的父亲。
　　 b. It's me$_i$ that hit his$_i$ own father.
　　　　直译：正是我打了他自己的父亲。
　　 c. * It's me$_i$ that hit my$_i$ own father.
　　　　想要表达的意思同 b。

对于第一个问题的回答涉及到"it is x that"结构的语法化（grammaticalization）现象，也就是说这一结构是如何成为英语中突显某一焦点的强调形式的，换句话说，"it is x that"是如何语法化为一个句法结构的，下文将详论。

第二个问题所涉及的现象，我们不妨称之为分裂句形成过程中的"第三人称化"。根据 Jespersen（1968：83），在乔叟（Chaucer）的作品（早期现代英语）中就有这种现象。尽管很多人认为"It is you that are guilty"和"It is not I who am guilty"这样的句子也是合法的，但叶氏认为这是受了法语语法规则的影响。所谓"第三人称化"是指：在一般的叙事句中，主语位置上的人称代词跟相应的属格人称代词必须一致；而在分裂句中，不管焦点位置上用的是第几人称，小句中的属格人称代词必须用第三人称代词。①

对于"第三人称化"现象（实际上在今天的英语中只是一种倾向），我们认为在说话者将叙事句改造成分裂句的聚焦过程中经历了一个视点（perspective）转移，将原来的三身代词所代表的人物客观化或者叫对象

---

① 注意句中的"own"不可缺少。如果是"I hit my father"，则"第三人称化"现象不一定发生。这可能跟"own"的照应性质有关。

化。这时从句里自然会采用第三人称呼应语。① 以(17)为例,a 句是客观陈说,b 句说话者在客观陈说的同时,将自己跟句子中的"第三人称"所指称的对象等同起来,"移情"(empathy)于客观对象。②

值得注意的是,根据我们在 Google 网上的检索,像"It is I that am …"和"It is I that is…"这样的结构在今天的英语中都是存在的,这可能说明在近三十年间英语语法发生了某种微变。

现在来解决我们的方案必须回答的第一个问题,也就是英语的分裂结构为什么选择了"it is X that"。

我们首先要搞清楚的是"it"的性质以及"it is"的语义表达功能。除开分裂句,英语中"it"大致常用于以下几个结构中:

(18) a. What color is her new dress? ——It is blue.
她的新衣服是什么颜色?—蓝色的。
b. It is cold today.
今天冷。
c. It was good that you could come.
你能来是好事。

从指称上看,"it is x … that"中的 it 显然跟上述几个结构中的 it 有关。(18)a-c 中的 it 都是句法上的需要,是不可缺少的,因为英语是一种主语突显型(subject-prominent)语言(Li & Thompson 1976);但是,它们的语义并不相同。就其语义来说,三句的 it 分别是回指的(anaphoric)、非赋值的或无指的(unspecified)、假位主语(dummy subject)(Jespersen 1968)。

从指称的性质上看,实际上只有两类 it:有指型的和无指型的,(18a)、(18c)是有指型的,(18b)是无指型的。③ 比较两类有指型的 it,可以发现二者也是有差别的:a 中的 it 指代的是实在的物体,可以用相应的名词代入还原,c 中的 it 指代的是一件事,与 that 从句等价,无法用实在的

---

① 作为一个实证,我们想指出,说话者用第一人称之外的代词来称呼自己可以举汉语的"别人"、"人家",法语的 on。
② 关于"移情"说,请参阅 Kuno(1987),前面第二章 p.67 注释 1 有介绍。
③ 据赵元任(1955),西方有人认为汉语中不存在跟英语里的"it"(还包括法语中"Il pleut"中的"il",德语中"Es regent"中的"es")这样的抽象体词主语,而科学的思维是以对中性的物质作客观的思考为前提的。语法上缺少了"it",思维上也就缺少了考察客观的中性物质的能力。照此逻辑,(18)b 中的"it"也是有指的。但是,我们认为这种看法正像赵元任所批驳的那样,缺乏根据。所以,仍将(18)b 中的"it"视为无指代词。

名词"代入还原",纯粹是结构的需要。

我们已经认识到,英语是一种主语突显型语言,一个用以传达信息的叙事句总是需要出现主语,这在英语是一条句法通则。①我们也已经知道,汉语的许多句子是不需要主语的,而在英语里要带上一个假位主语。比方说,说汉语的人普通只说"下雨了",而不大会说"天下雨了"。英语则要说"it is raining",单说"*raining"在合适的语境下语义是明白的,但这肯定不是语法上合式的(well-formed)句子。不过,从语义指称上实在说不出 it 的内涵。②在有些所谓贵族式的(nobly-styled)的表达中,尽管 it 的含义是可以指出来的,可是说话者和听话人都不那么去看待 it,仍然将 it 看成一个意义空灵的句法代词。

(19) a. I suddenly had an idea that he might be a liar.
   我突然想他可能是一个骗子。

b. It suddenly struck(occurred to)me that he might be a liar.
   直译:它突然使我想到他可能是一个骗子。
   表达的意思同 a。

c. * That he might be a liar suddenly struck me.
   想要表达的意思同 a。

(19)a 是一个普通的表达形式,(19)b 则是一种比较高雅的表达法。这种高雅表达法中的语法主语 it 究竟指什么,是否就是指代后面的 that 小句呢? 显然不是。因为跟(19)b 相对应的转换式(19)c 不是合格的表达。这可以说明(19)b 中的 it 跟(18)c 中的 it 在指称上显然有所不同。③

(19)c 之所以不能成立,在于其表达的是一种"念头"(idea),而不是一种事实(fact)。如果将(19)c 中 that-从句的先行语补出,说成"The idea that he might be a liar suddenly struck me",就成为好的句子。可见,(19)b 中的 it 跟 that 从句不是等价的。怎样看待这个 it 的性质呢?

---

① 这就是生成句法学界所说的"扩充的投射原则"(EPP),请参阅 p.44,注释⑤。

② 我们说"It rains"中的"it"无所指是从语言的共时层面上着眼的。如果考察其历时来源,则"it"还是有所指的。Jespersen(1924)指出,像 it rains(snows)这种句子是类比(analogy)语言系统中大量的主语句 I come/he comes 而来的,参 Jespersen(1924:25)。

③ 有关(18)c 和(19)b 中"it"的指称不同,我们通过 that-从句前移做主语造成的转换式的成立与否可以进行验证。结果是(18)c 的 that-转换式成立,而(19)b 的 that-转换式不成立。尤其是在(19)b 的转换式能否成立上,我们请教了英语系几位博士,他们基本同意我的看法。特别值得一提的是,我就这一问题请教了 Chomsky 教授,他的回答是(19)的 that-转换式不好。不过,至于为什么有上述差异,我没有从他那里得到答案。

不妨将(18)c 和(19)b 作进一步的转换比较。

(20) You could come, that/it was good.
你能来,那是好事。

(21) He might be a liar, it/ * that struck me.
直译:他可能是骗子,我突然想到。

可见,(19)b 中的 it 并非"临时主语",而是句子(主句)的主语,其意义是空灵的,that-从句可以看作补足从句(参 Erades 1975,中译本)。

如果上述看法成立的话,那么分裂句中的 it 跟(19)b 中的 it 没有关系,至少没有直接关系。

上面的论述说明,英语中 it 无论在语义上还是在句法上都是值得注意的,分裂句的发生动因跟 it 的性质分不开。我们或许可以这样说,it 在上述(19)b 情况下语义指称模糊,它的出现是主语突显原则促动的。①但是,我们仍然可以大胆的拟测 it 的语义所指:它可能指代一个空灵的客体(天、意念、念头……),这个客体能产生某种力量,这个力量能够进行及物性(transitivity)传递,影响另一现实客体;或者这个客体作为现实中某一客体进行及物性传递的接受者。这个多少带点大胆假设的解释可以说明 it 在有些情况下有指明及物性来源或作用对象的功用。从语言学的角度说,就是标明语义重心。这或许可以主观性地解释分裂结构"it is x that…",其中的系词"is"在抽象意义上显然是一种存在。但是,我们还必须找到形式上的证据才能说明"it is x …that"跟"it"的性质有关。

前面提到,分裂句的形成跟 it 的功能有直接关系,分裂句中的 it 兼有指称和结构需要两种属性。我们将上面的假位主语句和分裂句进行比较,(18)c 是假位主语句(但 19b 不是),重述为(16)。

(16) It$_i$ was good [that you could come]$_i$.　　(it 不可以换成 this, that 不可省。)

---

① 主语突显只是基于语言类型学的研究所得出的一个带有倾向性的特征,称之为原则实在不妥。但是英语的句子普通总是有主语这是事实,问题是像"it rains/snows"这样的句子为什么也需要一个主语,类型学研究并不能提供解释。我们有幸从较早的英语研究大师那里得知这种句子原来是类推(analogy)的结果。具体说,"it rains"这样的句子原来就是只有"rains"这样的单独表达形式,在意大利语里仍然是没有这种句首无指主语的表达形式。而英语在大量的句首主语句子的拉动下,原来的"rains"形式在开头添加了无指主语 it (Jespersen 1924:25)。这可以启发我们一方面加深对 it 指称性质的认识,一方面对英语分裂句的形成有新的认识。

(17) It$_i$ is the window$_i$ (that) John broke $\emptyset_i$. (it 可以换成 this, that 可省。)

(18) It$_i$ is the boy$_i$ (that) broke the window. (it 可以换成 this, that 可省。)

(19) It is John (that) broke the window. (it 不可换成 this, that 可省。)

(20) It is the John that broke the window. (it 可以换成 this, that 不可省。)

在(16)中,it 只是结构需要,其语义内容是后面的 that 小句。但是,必须明白的是,这并不是一种实物(concrete entity)指称上的相同,而是句法上强制性限制使 it 为了满足结构上的要求而出现的。it 是 that 小句右脱位(right-dislocation)后留下的语迹(trace)。一般管这种现象叫做"名词重移位"(heavy-NP movement)。这样的句子是假位主语句,it 是假位主语。(16)实际上相当于" you could come (,that) is good.",这也可以看作(16)的逻辑结构。that 回指前面的句子,原句中 that 小句是实际的主语,与 it 是等义的,小句中没有论元缺位。

再看(17)的情况,(17)形式上显然不能像(16)那样说成"John broke (,that) is the window."。前面我们提出,分裂句的产生可以采取更为简便的操作方案,并指出 wh-推导说和右脱位推导说的缺陷。其实,我们的方案也可以用生成的眼光来看,可以假设(17)是从核心句"John broke the window"经过左脱位(left-dislocation)这种类似话题化(topicalization)的句法操作形成的,如(21)所示。①

---

① 话题化在很多语言当中是一种重要的兼跨句法、语义、语用三个层面的现象,汉英学者对此多有研究。左脱位在形式上很像话题化操作,但二者在语义上是有区别的。下面(2)是对(1)的话题化操作,(3)是对(1)的左脱位操作(Robert 1997)。

(1) Many boys would like kiss Sarah Bernstein. (很多男孩都想亲撒拉·伯恩施坦)

(2) Sarah Bernstein many boys would like kiss ?. (撒拉·伯恩施坦很多男孩都想亲?)

(3) Sarah Bernstein, Many boys would like kiss her. (撒拉·伯恩施坦,很多男孩都想亲她)

从形式上看,(2)、(3)有两点差别:一是句首名词之后有否语音停顿(书面上有无逗号),二是动词之后是空语类还是回指性代词。其中第一点差别是可选的,可为两种句法操作共享。比方,"I can trust you."的话题化操作可以是"You(,) I can trust."。也有学者将"A black eye you will get"看作焦点前置(focus-fronted)或者 Y-移位(Y-moved)结构(Kay 1997)。可见,话题化与左脱位的区别还存在不同意见。照汉语学者的一般看法,汉语话题之后可以带语气词"呢"、"嘛"、"呐"、"啊"等,这样看来,汉语的话题化跟英语的左脱位接近。Ross(1983)指出,话题化跟左脱位操作在形式上几乎是一样的,不同在于左脱位结(转下页)

(21) A. John broke the window.
        ↑_____|

B. the window, John broke it. (宾语左脱位, it 填补句法空位)
C. it is the window, John broke it. (左脱位的宾语谓述化)
D. it is the window, that John broke Ø. (that 回指与 it 删除)
E. it is the window that John broke. (语音停顿删除)

上述 A-E 可以看作分裂句产生的一种解释模式。

用这种模式来看(7)—(9)中的疑难问题,便可以给出合理的解释。以(7)为例,重述为(22)。

(22) a. She eloped with George.
  b. It was with George that she eloped.
  c. She eloped with George.
  d. *(The one) who she eloped was with George.

(22)a 是一个叙事句,将介词结构"with George"左脱位置于句首,再按照上述步骤操作,最后成为"It was with George that she eloped.",这就避免了从一个不合格的 wh-分裂句来推导合格的分裂句的困难。

(17)中的 it 在指称上是另外一种情形:它跟假位主语的 it 显然不同,不是重移位造成的句子结构的需求。因为我们看到,"*John broke Ø(,that) is the window."不是合格的(逻辑)形式。这样,that 从句也就跟 it 不等价。同样地,对(18)而言,"*Ø broke the window(,that) is the boy."也不大好。但是,将 that 替换为 it 的(17')、(18')则没问题。

(17') John broke $Ø_i$, it is the window$_i$. (Ø 相当于 something)
(18') $Ø_i$ broke the window, it is the boy$_i$. (Ø 相当于 somebody)

在上面两个句子中,it 的语义内容显然是实在的,这似乎表明分裂句中的 it 是有指的。(17')、(18')只是(17)、(18)的逻辑表达式,而不是实际的语言表达。相应的逻辑式为:

(17″) $\exists x[B(J, x) \wedge BE(x, W)]$
(18″) $\exists x[B(x, W) \wedge BE(x, BOY)]$

(接上页)构要在动词之后留下一个(回指性)代词,而话题化不需要这样做。我们更看重两者在语义上的差别,在我们看来,(2)这样的话题化结构带有对比的意味,或者说(2)用在对比性的篇章中,(3)则没有这样的限制。

可见,分裂句中的 it 原来是有所指的,其语义内容就是上述逻辑式中的变元 x,而这个变元又通过系词跟某一实在客体联系起来,下面这个例子可以作为 it 在分裂句中有所指的一个佐证。

(23) That was *a fire bomb* they let off last night.(昨天晚上他们放的是一个火弹。)

(24) Those are *my feet* that you're stepping on.(你正踩着的是我的脚。)

(Quirk 1972)将上述句子看作分裂句,并且指出,句首的 that、those 是对 it 的替换。值得注意的是,当句首的 it 用指示代词替代时,be 动词在数上要跟指示代词保持一致。严格地讲,这还不是常规的分裂句。

但是,一旦当分裂结构形成,it 的指称便被说/听话者忽略因而模糊起来;也就是说 it 的词义已经淡化(bleaching)。同时,"it is"作为语法结构的功能突显起来。这正是语法化的一般途径和规律(Hopper & E Traugott 1997)。

"it is"作为一种语法化了的形式,其作用就在于标识语义重心,也就是焦点。这可以从(25)—(26)所显示的两个对话场景的对比中得到反映。

(25) 场景一

　　Speaker1:Who is it?

　　Speaker2:It is me. [It is me that is knocking at the door.]

(26) 场景二

　　Speaker1:Someone broke the window.(Event)

　　Speaker2:Who ?

　　Speaker1:It is a boy.

　　Speaker2:Which(one)is the boy?

　　Speaker1[*pointing to a boy*]:It is the boy. [It is the boy that broke the window.]

既然"it is"有标识语义重心的作用,说话者在对其认为是重要的信息进行强调时,自然会选择它作为发端成分。

现在我们已经证明,"it is..."结构上满足了英语主语突显的要求,语义上有标识焦点成分的作用,这两方面使得其有资格作为分裂标记的组成部分为英语所接纳。

下面来看 that 的性质和作用。我们注意到,that 对于分裂结构来说并不是必不可少的,(Quirk 1972:951,Erades 1975 中译本:356)。
(17)—(19)中的 that 都是可以不用的。下面再看一例(Quirk,1972):

(27) a. John wore his best suit to the dance last night.
   b. It was John (who/that) wore his best suit to the dance last night.①
   c. It was his best suit (that) John wore to the dance last night.
   d. It was last night (that) John wore his best suit to the dance.
   e. It was to the dance (that) John wore his best suit last night.

分裂句中 that 的可选性说明(21)中所给出的分裂句的推导过程是合理的。那么,that 在句子中的作用是什么呢?简单地说,that 起的是界限标记(marker of boundary)的作用。句子中的两个动词以它为界,分别居于前后两个小句中,这正是"分裂句"的形式表现。

前面提到,"it is"作为语法标记在形成过程中 it 经历了语义淡化,而 that 的角色与地位则是分裂句形成的另一要素。比较(19)、(20),会看到 that 的性质有所不同。(19)中的 that 可以省略,是分裂标记;而(20)中的 that 不可以省略,是关系代词。相应地,(19)是分裂句,(20)是带有关系小句的复合句。从语篇价值上讲,二者适应不同的语篇环境(context),如(28)—(29)所示。

(28) S_1：Tom broke the window, I think.
      汤姆打破了窗户,我认为。
    S_2：No, it was John that broke the window.
      不对,是约翰打破了窗户。
(29) S_1：The window has been broken by John in your class.
      窗户被你们班上的约翰打破了。
    S_2：But there are two boys named "John" in our class. Which one is the boy?

---

① (27)b 从形式上看可以视为两个小句共享一个成分(John),前后"截搭"(blending)而成。所谓"截搭(式)"即两个按语言规则通常不共现的成分合并而成一个语言单位(David Crystal 1997,中译本 2000)。就(27)b 而言,是由"It was John"与"John wore his best suit to the dance last night"截搭而成。

可是我们班有两个叫约翰的男孩,是哪一个男孩(打破的)?
S_1:(pointing a boy)It is the John that broke the window. (it 可以替换为 that)
(指着一个男孩)就是(这)那个男孩打破的。

如果 that 可以有双重理解,句子就有歧义,(18)就属于这种情况。(18)有两种意思:一个意思是"这是打破窗户的那个男孩",(it 可以换成 this),that 从句"打破窗户"做"那个男孩"的修饰语;另一个意思是"是那个男孩打破窗户的"(it 不可以换成 this),that 从句"打破窗户"是缺主语的事件小句。要是将(18)中的定冠词换成不定冠词,也就是(30)这个句子,那么只能作分裂句看待了。

(30) It was a boy (not a girl)that broke the window.
是一个男孩(而不是女孩)打破窗户的。

对比(18)与(30)可以看出,虽然两句中的 x 都为摹状词(descriptive word),但在指称的性质上有不同:"the boy"是定指性的(definite),是有定摹状词;"a boy"是不定指的(indefinite),是无定摹状词。① 为了更清楚地看出摹状词的有定性和无定性给句子语义带来的影响,这里不妨看看二者的逻辑表达式。前面已经给出了(18)的逻辑表达式(18″)。重述如下:

(18″) $\exists x [B(x, W) \wedge BE(x, BOY)]$

实际上,严格说来这个逻辑式并没有完全反映出自然语言的语义。首先,(18)事实上是一个两解的歧义句,分别如(31)—(32)所示。

(31) $\exists x[B(x, W) \wedge BE(x, BOY) \wedge Def(x)]$ (Def 是表示有定的谓词)

合适的语境:甲指着照片上一个男孩问乙"who is it?",甲可以说"it is the boy that broke the window"(这是打破窗户的那个男孩。)
预设:存在一个待定其行为属性的男孩。

(32) $\exists x[B(x, W) \wedge BE(x, BOY) \wedge \mathbf{Def}(x) \wedge \forall x \forall y(B(x,W) \wedge B(y,W) \rightarrow x=y)$

合适的语境:甲问乙"是谁打破窗户的?",乙可以回答"it is the boy

---

① 有关摹状词的理论,可参阅 Russell(1930/2002),中译本:157—169。

that broke the window"(是那个男孩打破窗户的。)

预设:有人打破了窗户。

可以看出,我们原来对于(18)的语义表达式还应该加上[＋有定]这一特征。下面来看(30)的逻辑表达式,如(33)所示。

(33) ∃x[B(x, W)∧BE(x, BOY)∧**Indef**(x)∧∀x ∀y(B(x,W)∧B(y, W)→x＝y)[Indef 是表示不定指的谓词]

合适的语境:甲问乙"是谁打破窗户的?",乙可以回答"it is a boy that broke the window."(是一个男孩打破窗户的。)

(30)的逻辑表达式跟(18)的释义之二的逻辑式的差别只是在于焦点成分的指称性质。本质上说,二者的不同在于说话者传达的信息量的多少。前面已经谈到这一点,这里从逻辑表达式上显示了这种不同。

一般的说,有定摹状词充当 x 的句子中的 that 引导的是限定性的关系小句;当说话者已经知道 x 所指称的对象而将语义重心放在 x 上时,that 成为分裂标记。从这个意义上说,that 的分裂标记功能是从作为关系引导词的功能演变来的。这样看来,在 x 位置上的成分不应该是无定的。那么(30)中的"a boy"显然跟这一要求相抵牾。如何看待这一现象?

实际上,说话者在说(30)时,他所预期指称的仍然是有一定范围的。比方说,(30)的说话者其实是在{男孩,女孩,老太太……}这一集合中进行选择的。从这个意义上说,(30)中 x 位置上的"a boy"也是有定的。从跟(30)相对应的准分裂句看出这一点。①

(30') The one who/that broke the window was a boy.

与 that 的性质相对应,居于 x 位置上的成分的性质也有不同,这又进一步决定了 it 的性质。总起来说,x 位置上的成分总是说话者通过自

---

① 根据 Sun & Givón(1985)的研究,分裂结构中 x 位置上的名词应该是无指的(non-referential)或者定指的,如果是非定指的,句子就有问题。下面是他们的例子:
  a. non-referential:
    It's POTATOES that I like, not tomatoes!
  b. definite
    It's JOHN that I saw, not Mary!
  c. ? It's A MAN I saw, not a woman!
    实际上,a 中的所谓无指也就是类指(generic)。类指一定意义上也是有定的,它是通过标定一定范围内的所有成员来达到明确指定的目的。按照这种分析,上面的 c 句也应该是好的形式,因为"a man"在这里可以有类指的用法。

己的断定最终确定下来的,同时也是对相关成分的排除,即使像(30)的 x 由不定名词短语充当,说话者也是在进行确认。所以,分裂结构确定的焦点带有[＋确认性]、[＋排他性],详见第三章。

正是由于上述原因,所以,分裂句通常不能作为语篇的开端。那些形似分裂句的句子实际上并不是分裂句。请看一例:

(34) It was in 1886 that the German pharmacologist, Ludwig Lewin, published the first systematic study of the cactus,…(Erades 1975)

1886年德国药物学家 Ludwig Lewin 出版了第一部系统研究仙人掌的书……

上面这个句子是一个普通的复合句,it 指称时间,that 从句是一个普通的补足语从句,that 不可省略。原因在于,这个句子居于语篇开端,be 动词之后的成分也不需要强调。

最后关注 that 作为分裂标记的指称问题。如果是施事占据 x 的位置,也就是说被强调的成分是原来叙事句中的施事,那么"it is x that …"中的"that"可以替换为"who"。这一事实说明,分裂句中的 that 原来也是有所指的。

(35) Noam Chomsky never really worried about a systematic connection to semantics. It$_i$ was really [Katz and Postal]$_i$ who$_i$ forced him to it.

(35)作为一个分裂句没有问题,其中的 who 可以换成 that。传统讲语法的书一般都认为,当被强调的是"人"时,从句用 that 和 who 皆可。现在看来,应该说,只有这种情况下,that 才可以换成 who。作为分裂标记,that 可以省略,而作为普通引导词的 who 是不可以不要的。

(35)中还有一点值得注意。从"it"、"Katz and Postal"和"who"的下标来看,它们的所指是同一对象,引导词 who 的数是不确定的,需要参照其先行成分的数而定;"Katz and Postal"是复数可以由其形式显示;it 是只能看作单数。"it"跟"Katz and Postal"这种数的不一致说明"it"确实已经语法化为一个纯粹的句法形式,其指称性一定程度上已经丧失。

综上,英语的分裂句作为一种特殊的句法结构可以直观的认为从叙事句通过"it is x that…"这种分裂算子(cleft operator)的操作推导而来,其生成过程可以按照左脱位模式进行。英语之所以选择"it is X that…"作为分裂结构,关键在于"it is…"本身具有的表意功能:说话者经过自的断定而确定语义重心。that 本来也是有所指的,但当说话者用来作为"分裂"x 跟叙事句中的其他部分的标记时,其指称性淡化。习用既久,便成为英语当中的一种具有独特表意功能的句式。

4.3 汉语分裂句的来源

现在来讨论汉语分裂句的来源。这里所讨论的对象,仅仅限于下面这样的句子,即典型分裂句。①

(36) 王冕是七岁上死的父亲。
(37) 阿 Q 是昨天打的小 D。
(38) 是瓦特发明的蒸汽机。
(39) 是王大夫把小李的病治好的。

4.3.1 汉语学界有关分裂句来源的几种观点

比较早的提出并讨论汉语分裂句问题的是赵元任(1956/2002:809—819,1968:296—297)、朱德熙(1978)、Li & Thompson(1981)等。稍后,邓守信(1979)、汤廷池(1983)、黄正德(1988)等人又对这个问题作进一步讨论。杉村博文(1999)、袁毓林(2003)、木村英树(2003)等又分别从不同角度再度探讨这个问题。概括起来,大致有如下几种看法:

---

① (36)的基式"王冕是七岁上死了父亲的"我们看作准典型"是"字句,即名物化小句作后项的句子,我们在第一章对这类句子有讨论。这个句子表面上有点不自然,因此在现实中是不常见的。但是,如果设立合适的语境,它的可接受度就会增加。例如,(36)的基式在语境(i)中是可以接受的。
(i) 问:谁是七岁上死了父亲的?
答:王冕是七岁上死了父亲的。
(i)的可能预设是:有几个死了父亲的孩子,他们分别在不同的年龄上失去父亲。当问话人想知道哪个孩子是在七岁上死了父亲这一信息时,问话为"谁是七岁上死了父亲的?",答语"王冕是七岁上死了父亲的"相当于 wh-作后项的系词句,其中的"是"是一般的系词。答话人实际上被要求在一个既定的集合中挑选符合条件的元素。
　　不过,这个答语的语义跟(36)只在逻辑义上相同,二者的言语义并非相同。此外,这里讨论的分裂句包括"是"不出现的结构,如"阿 Q(是)昨天打的小 D"。

(i) 为了将逻辑谓语派给动词之外的成分,其作用相当于英语的分裂句"it is x that"(Chao 1968),这是一种功能解释,[①]可以跟赵(1956)结合起来。关于"VO 的"何以变成了"V 的 O",赵元任(1956)有过精辟的论述。他认为这种变化是由经常使用无视原来语义成分的分析方法造成的。比方说,将"打扰他谈话"的意思表达成"打他的岔",将"因他之故,引起了我的怒气"之意表达成"我生他的气"。他将这种宾语称为"所有格宾语",并且指出说话者选择这种格式的动机是"求其简短而已"。积久成习,结果北京话里产生了一种特殊的结构,为方言所无。Chao(1968)并给出了类比过程,例如(41)中从 a 到 c 的关系是类比(40)中的 a-c 推导而来的。

(40) a. 他昨儿来了。
　　 b. 他是昨儿来的。
　　 c. 他是昨儿来的(人)。

(41) a. 他昨儿出医院了。
　　 b. 他是昨儿出医院的。
　　 c. 他是昨儿出的医院。

对比(40)与(41)发现,上述类推是有问题的。从句法功能上说,"出医院"等价于"来",从(40)c 出发应该类推出"他是昨儿出医院的人"而不是(41)c。结合上面的论述,我们认为(41)c 的形成过程应该如(42)的 a-c 所示。(42)d 还可以进一步说成"他昨儿出的医院"。这种解释实际上也没有真正解决"VO 的"为何变成了"V 的 O"。

(42) a. 他昨儿出医院了。
　　 b. 他是昨儿出医院的人。
　　 c. 他是昨儿出医院的 Ø。
　　 d. 他是昨儿出的医院。

(ii) 在叙事句的底层结构中通过主语提升(raising),越过或者不越过"是"的控制而推导出不同的分裂句(黄正德 1988)。

(iii) 杉村博文(1999)认为,"V 的 O"是"V 了 O"的承指形式(anaphor)。例如,"去年来的北京"是"去年来了北京"的承指形式,并将这种现象称为"先 le 后 de"。这个看法实际上是认为"V 的 O"是从"V 了 O"来的;也就是说,汉语的分裂句是以先行叙事句为前提的。但这并没

[①] 所谓逻辑谓语,是指句子中的语义重心,在 S-V-O 型句子里,O 就是逻辑谓语。就汉语来说,逻辑谓语跟语法谓语在很多情况下并不一致(Chao1968:78—80)。

有说明分裂结构在汉语中是如何产生的。它只是揭示了"V 的 O"与"V 了 O"之间的语义关系。也就是说,每一个分裂句都有其对应的先行叙事句。这个看法显然不尽妥当,袁毓林(2003)不同意这种看法,①但他实际上也主张分裂句是从叙事句派生的。

(iv)木村英树(2003)提出一种新的看法,认为"的"字句(木村的"的"字句相当于本书的分裂句)中的"的"跟偏正短语中的"的"有联系,前者是后者的功能扩展(functional extension)。

此外,汉语史界也有学者讨论过这一问题(太田辰夫 1958/1987,刘敏芝 2003)。

实际上,真正涉及分裂句来源问题的是黄正德、袁毓林、木村英树等学者。黄、袁二位主要从形式着眼,木村主要从功能入手。袁毓林(2003)主要谈句尾"的"的句法、语义功能,而不是对分裂句来源的探讨,下面先简要介绍黄正德和木村二位的观点,接着扼要交代汉语史界的看法,最后提出我们的观点。

黄正德(1988)从形式上给出了分裂句的生成过程,具体操作是主语提升(raising),主语提升到不同的位置便形成不同的分裂句。下面是"我是昨天打了他"的派生过程,如(43)所示。主语不提升,就得到"是我昨天打了他";主语若提升,就得到"我是昨天打了他"。

(43)

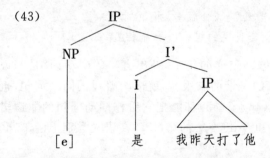

黄正德(1988)的处理有两点值得注意:① 必须在深层结构中就引入焦点标记词"是",是一种从深层结构向表层结构的推导,而不是叙事句跟分裂句之间的表层推导关系;② 一般都认为分裂句以"是……的"的形式出现,但黄正德却未考虑这一点。那么,"是我昨天打了他的"和"我是昨天打了他的"该如何推导?不考虑这一事实显然不符合汉语实际。

木村英树(2003)提出一种新的看法,基本思想是"的"字的功能扩展。

---

① 袁毓林(2003)将形如"V 了 O"的句子称为事件句,将形如"V 的 O"的句子称为事态句。但是,他不同意杉村先生的上述观点,不过,袁文并没有深入讨论这一问题。

大致是:"他是在西单买的车"这类"的"字句是从含有结构助词的"的"字结构通过"的"字由区分事物的功能向区分动作行为的功能的扩展而形成的。为什么要选择"是……的"这种结构对动作行为进行区分?木村没有讨论这个问题。我们在绪言中指出,不能将一种句式的表义功能归结为其中某一特殊成分的变化。在这个问题上,我们坚持句义是成素义的函项的观点,① 下文将详细阐明我们的意见。

4.3.2 汉语分裂句的历时发展与共时发生

前面讲到,分裂句的来源问题涉及两个方面:一是历时中的发展问题,一是共时中的发生问题。我们更关心后一方面,这也是分裂句来源中尚未解决的问题。先简单介绍一下历时发展问题,再谈共时发生问题。

太田辰夫(1987,中译本:328—329)有关这类句子语义表达方面的非逻辑性问题的讨论,实际上就是试图对其来源做出解释。他认为,下面这些句子是同动词(co-verb)句子采用"是……的"这种形式的变形。

(44) 你害的甚么病?(《元曲选·张天师2》)

(45) 书童小奴才,穿的谁的衣服?(《金瓶梅》第35回)

(46) 既是这等起的病,你如今只不要气,慢慢的将养。(《元曲选·冤家债2》)

(47) 他是那里讨来的药?(《金瓶梅》第50回)

(48) 他家大娘子,也是我说的媒。(《金瓶梅》第3回)

太田指出,像(44)、(45)这样的句子,补出省略的同动词"是",说成"你害的是甚么病?"、"穿的是谁的衣服?",就成为普通的同动词句,也就是一般的判断句。②至于(46)—(48)都能把它看作同动词句的非逻辑表达,即前面所说的"NP$_1$"和"AdP+V 的+NP$_2$"在语义类别上的不同类。

---

① 函项也叫函数(function),是逻辑学、数学上的一个重要概念。大家熟悉的数学上的一般表达式是:y=f(x),其中的 f 代表的是函项,即 y 是 x 的函数。假设有两个集合 S$_1$ 和 S$_2$,对于 S$_1$ 中的每一个元素,指派 S$_2$ 中的(唯一)一个元素,这样的一个指派就叫做一个函项。

② 实际上补出的"是"有两个位置可选:一是出现在"的"字结构与末尾名词之间,这是一般位置;一是出现在句首话题与"的"字结构之间。如"你害的是甚么病"跟"你是害的甚么病"都可以接受。二者在基本语义上没有差别,参第二章 p.83,注释①。

比方说,(47)中"他"和"(那里)讨来的药"在语义类别上显然不同。①如果用英文表达(47)的意思,只能说成(49)a、而不能说成(49)b。

(49) a. Where did he ask for the medicine?
　　 b. *The medicine of which place that was asked for was he?

而表面上跟(47)比较接近的汉语式的(Chinglish)表达"It is from where that he asked for the medicine?",在英语中是少见的。②

---

① 两个名词(短语)所指称的事物是否属于同一类别,这似乎是一个不言而喻的经验问题。正常情况下,人们不会将"他"(语义范畴属有生命的人)跟"药"(语义范畴属无生命的物)混同。那么,"NP₁"跟"NP₂"在形式上保持语义的同类性是否一定保证"NP₁＋是＋AdP＋V 的＋NP₂"是普通的判断句呢? 比方说,"她是去年生的小孩儿"这句话,"她"和"小孩儿",语义范畴相同,但是却有两种意义:普通判断句的释义和分裂句的释义。但是,"这个婴儿是去年生的小孩儿"跟"这个女人是去年生的小孩儿",由于"NP₁"和"NP₂"在语义方面的限制,都只有一种释义。在第一种释义下,"AdPV 的"对于句子来说是语义自足需要,但句法结构并非必需的;在第二种释义下,"AdPV 的"对于句子来说是不造成悖语义表达的必需条件,而在结构上却不是"NP₂"的真实定语。于是,"这个婴儿是小孩儿"虽然是近似同语反复(tautology)的羡余表达,但毕竟不有悖于经验;可是"*这个女人是小孩儿"则是与经验相悖的。

② 我们注意到英语中的分裂句较少用于 yes-no 问句中,大概跟分裂句的语义特征有关。我们知道,分裂句总是对相应的叙事句中某一成分的强调、确认,说话者是在传递肯定信息的情况下才使用这一句式的。因此,陈述句是正常情况下采用的语序。说话者不会一方面带着确认、肯定的语气,另一方面又带着疑询的语气。反映在句法形式上就是"is it x that..."这样的疑问式分裂句较少出现。当然,这只是一种频率统计。并不是说"is it X that..."这样的疑问句是不合格的。

对于"*it is from where that you got it"这样的分裂句或者"*from where it is that you got it"甚至"*from John's home it is that I got it"这种分裂句为什么不是合式的结构,国外有学者认为在同一个句子中不能运用两种前置的根转换(preposing root transformation) (Rodman 1997)。例如,wh-问句前置和介词前置作为两种根转换就不能同时作用于同一个句子,所以像(i)-(ii)这样的句子是不合法的。
(i) *Did through the kitchen streak several hobbits?
(ii) *Through the kitchen did several hobbits streak?
(i)、(ii)共同的来源是"Several hobbits streaked through the kitchen"。从这个句子出发,可以通过根转换派生出"Through the kitchen streaked several hobbits"和"Did several hobbits streak through the kitchen"这样合法的句子。当同时将两种前置操作用于原来的叙事句时,生成的(i)、(ii)就是不合法的。

分裂操作本身就是一种前置根转换,故而不能再适用疑问这种前置转换。应当指出,这里的规则只是一种形式的观察,并没有揭示真正动因。在我们看来,之所以不能进行(i)、(ii)以及疑问式的分裂句法操作,跟听话人对信息的捕捉与加工处理有关。

太田在谈到(44)—(48)中"的"之来源时认为,这种"的"的来源未必清楚,原因是"的"的这种用法在宋代尚未出现,而是从"的"被广泛运用后才出现的。他进一步认为,这种"的"是属于"底"的系统。太田的论述中包含这样一层意思:分裂句中的"的"是"的"字结构功能的扩展,木村英树(2003)实际上继承了这一看法。

刘敏芝(2003)尝试从历时方面为汉语分裂句的来源找解释。但从研究结果来看,她只是指出分裂句(原文并没有用分裂句这一术语)的最早文献记载及其在各个时代的使用情况,并简略说明这种句式可能从哪类形式发展而来,说明的角度也只是着眼于结构"的"字的功能演变。换句话说,她将分裂句的各种功能归结于"的"或者"的"与焦点标记"是"的组配结构,我们则着眼于这一句式的表意功能,认为这一句式的语义功能跟断定句是相关的,下文将阐述。

根据刘敏芝的研究,像"他是昨天进的城"这样的句子在宋代就已经产生,但用例较少。以后经元、明、清几个时期的发展成为现代汉语口语中一种比较常见的语法格式。①这里先扼要介绍她的历时研究成果,然后提出我们的看法。

从已有的文献看,我们所说的分裂句最早可以追溯到宋代文献中,下面是依时代顺序给出的例子。②

(50) 一日,闻知事捶行者,而迅雷忽震,即大悟,趋见晦堂,忘纳其屦。即自誓曰:"<u>天下人总是参得底禅,某是悟得底</u>。"(《五灯会元》卷17. 黄龙悟新禅师 页一一三一)

(51) 他家大娘子,也<u>是我说的媒</u>,是吴千户家小姐,生的百伶百俐。(《金瓶梅》第3回)

(52) 偷果子时,我师父不知,他在殿上与你二童讲话,<u>是我兄弟们做的勾当</u>。(《西游记》第25回)

---

① 根据Chao(1968),"VO的"是北方话里的一种特殊用法,通常采取"V的O"这种形式。例如,"我是昨儿去看戏的"常说成"我是昨儿去看的戏"。实际上,"V的O"这种形式不仅仅限于北方话,有些南方方言也有这样的说法。从历时材料来看,这种表达最初是出现在口语性较强的书面文献中。

② 这里关于近代汉语中分裂句的用例取自刘敏芝(2003),例句中的画线部分为笔者在引用时为了突显加上去的。刘文主要论"的",我们根据分裂句的焦点标记及句子的焦点所在,加线予以标识。

(53) 我(是)才在大官人屋里吃的饭,不要吃了。①(《金瓶梅词话》第56回)

(54) 他说野猪挑担子,是骂的八戒;多年老石猴,是骂的老孙。(《西游记》第20回)

(55) 额少峰倒没甚么得罪人的地方,都是他手底下那把子催把儿给惹的事。(《小额》)

(56) 有一回我们逛克,人家(是)在园子里给我们沏的茶,我们都爱喝。(《燕京妇语》)

画线的句子可以表示为:

(57) (NP_1) + 是 (NP_1)/(AdP) V 底 (=的) + (NP_2)

其中"NP_1"可以占据"是"前后的位置,但不可同时占据两个位置。括号表示可选,斜线表示出现在"是"后面的"NP_1"与"AdP"不共现,其中"AdP"不出现。

从语义上看,"NP_2"是"V"支配的对象,从句法上看是"V"的宾语。将"NP_1"与"V 底(的)NP_2"的语义类别加以对照,很容易看到用系动词将此二者连结起来造成逻辑上荒谬的句子。

刘的论文只是证实在宋代就已经产生了分裂句,但她也没有解决其产生机制问题。她指出,在宋代跟"V 底"结构有关的判断句大致采取朱德熙(1978)所说的 S_1 和 S_2 两种形式,如(58)—(59)所示。

(58) S_1:M+是+DJ 的
　　 此犹是拣底。(《景德传灯录》卷27)

(59) S_2:DJ 的+是+M
　　 座主礼的(底)是什么?(同上,卷9)

刘将 S_1 又细分为两个次类,表示为(60)—(61)。

(60) S_{11}:O 是 V 的
　　 此犹是拣底。

(61) S_{12}:S 是 V 的 (用例较少)

S_{11} 占多数,少数为 S_{12},并且 S_{12} 中的"V"多为不及物动词。"S 是 V_t

---

① (53)的重音只能落在时间副词"才"的上面,因为根据后面的小句,说话者显然强调的是事件发生的时间。再者,由"是"标记的焦点只有一个并且一般遵循"就近指派"的原则,参第三章 3.4.3 有关内容。

的"的用例只在北宋的另一部禅宗文献《补禅林僧宝传·云岩新禅师》中见到一个,如(62),表达的是跟(50)相同的一件事。

(62) 新闻杖声忽大悟,奋起忘纳其履趋方丈,见宝觉自誉曰:<u>天下人总是学得底,某甲是悟得底</u>。

对比(50)与(62),刘认为"的"字居于动词与宾语之间的用法是从 S_{12} 句式演变而来的。从形式上看,S_{12} 需要带上(语义)宾语时,有两种表达法:一种是将宾语作为话题(topic)置于句首,形成"O S 是 V 的"句式,另一种是将宾语置于句尾,便形成"S 是 V 的 O"这种句式(刘敏芝 2003:51)。

上述分析似乎没有考虑如下问题:

受事宾语 O 也可以选择主语跟系词之间的位置,形成"SO 是 V_t 的"这样的句式,如"张三那本书是前天看的",此其一。

其二,受事选择不同的位置造成的句式在语义上是有差别的。比方说,"禅天下人总是参得的"跟"天下人总是参得的禅"是有分别的,因为受事居于句首时是有定的(包括类指),而居于句尾时则没有这样的特征。正因为如此,受事居于不同位置时造成的句式的语篇价值也是不同的。怎样看待这种差别?

其三,汉语中还存在下面这样的句子,这些句子在形式上可以刻画成"X 是 S(Ad) V 的 O"(X 代表与事、当事等语义角色),它们是如何形成的?

(63) 这盆花是弟弟刚才浇的水。
(64) 那场电影是谁买的票?
(65) 那房子是张先生画的图,王先生包的工,李先生出的钱。

退一步说,即使上述解释有一定道理,也只是一种由形式上的观察而做出的推测,并且这种推测是不完备的,仍然没有解决分裂句的产生机制问题。

上面的讨论中,有两点需要特别指出:

① 我们一般将"的"字居于宾语之前的分裂句表示为"S+是+AdP+V 的 O",但是(50)中没有副词性短语。第三章已经指出,这类句子在语义上的特点是"事件具有某一特征",说话者的"断定"对象是"事件"本身,即某人做某事的方式属于某一类性质。"天下人总是参得底(的)禅"说的是"天下人得禅"的方式是"参"。

② 值得一提的是(54),其内部形式是"小句+是+V 的 O",(54) 等同于"小句+V 的+是+O"。"他说野猪挑担子,<u>是骂的八戒</u>"等于说"他

说野猪挑担子,骂的是八戒"。不过,"他是骂的八戒"与"他骂的是八戒"之间还是有区别的(参第二章,p.83 注释 1)。其实这里的"是"是用在两个小句之间,其逻辑义应该是"他说野猪挑担(这一行为)是骂八戒的行为","是"是典型的"话题—说明"间的标记。由于前后小句有语义上的类属联系,所以后面的小句就不能再是事件性分裂句了,句法表现是其中不能有时间之类的环境成分出现。所以" * 他说野猪挑担子,<u>是刚才骂的八戒</u>"是不成立的。① 这是准分裂句,"NP_1+是+AdP+V 的+NP_2"不包括这类句子。

4.3.3 分裂句为什么选择"是……的"结构?

探讨汉语分裂句的产生必须回答的问题是:汉语为什么要选择"是……的"来进行焦点化,正如英语选择"it is X that…"进行焦点化一样。这里提出如下观点:其一,分裂句是一种断定句,其产生跟"是"的功能演变直接相关;其二,"的"在词组层面是一个助词,但在句子层面成为跟"是"配合表达说话者主观断定的功能算子,句子层面的"的"跟词组层面的"的"有关,但不是一回事;其三,句子的语义是其组成成分(成素)意义的函项,一定的句式具有自己的特殊表意功能,这也是结构语法的一个基本思想。要讲清楚分裂句的来源,必须同时注意这三个方面。②

前面的研究表明,我们所说的分裂句在近代汉语中就已经产生并逐步成熟。标记词"是"与"的"配合,使事件的责任者(主语)、状语、宾语成为句子的突显成分。同时指出,历时的考察只能使我们了解分裂句在时间维度中发展的脉络,并没有从发生学的角度揭示其产生的动因。

研究者几乎都指出这一句式在语义上的非逻辑性。确切地说,这种非逻辑性实际上是指形如"NP_1+是+AdP+V 的+NP_2"构造的分裂句(我是昨天进的城)形式跟语义的偏离。对这样的结构进行层次分析,除非采取非连续成分之类的办法,几乎是不可能的。③

---

① 除非将"是"前后小句看作语义联系不紧密的相对独立的句子,后一小句才可以带上时间等成分,但那样的语篇衔接显然不好。
② 王洪君老师在一次谈话对我讲,汉语的分裂句有可能是受了欧化的影响,持有这一看法并见于书面文献的有 Xie Yaoji(1990)(引自 Peyraube(2000)。从上文有关分裂句的历时研究看,欧化至多是一种外部影响,并且这种影响是很有限的。我们认为,分裂句是"土生土长"的。
③ 所谓非连续成分,是指在结构和意义上是一个整体而为成分所隔开的两个次级成分之间的关系。例如,"call him up"中的"call…up","the English king"中的"the…king"都是非连续成分,参见 Wells(1947)。

需要回答的问题是：为什么称上述结构是"非逻辑表达"（illogic expression）？很显然，"非逻辑表达"是相对于"合逻辑表达"而言的。所谓"合逻辑表达"就是形式与语义达到一致；进一步说，是思想的逻辑结构跟语言的句法结构相一致，所谓句法语义同构（参第一章）。否则，就是"非逻辑表达"。譬如，"鲁迅是浙江绍兴人"由于句法分析跟语义分析切合，所以合乎逻辑；"鲁迅是在日本仙台学的医学"，表面上看就有悖于逻辑。

这里有两点需要注意：一是人们在确定"X 是 Y"这种形式是否是合乎逻辑的句子时，心目当中是有所参照的，那就是典型"是"字句（参第一章）；二是从形式跟语义的契合角度上讲，X 的角色在不同情况下是有别的：普通断定句中 X 是主语，整个句子是"主语—谓语"结构；分裂结构中 X 是话题，整个句子是"话题—说明"结构。①从汉语发展史来看，"主语—谓语"结构的一般"是"字句是从"话题—说明"结构的"是"字结构演进而来的。

我们将分裂句看作一类断定句，一个直接的原因就是跟"是"有关。分裂句产生的缘由首先决定于"是"的语义的进一步淡化及其句法功能的扩展。这一点跟英语中"it is"的由标明实物到对说话者认为语义核心的成分进行标识是一致的。

另一方面，"淡化"不等于"失去"，一定条件下可以恢复，"是"也是如此。一般认为，"是"的发展大致是：指示代词 → 系词（判断词）→ 焦点标记。作为指示代词的用法今天只保留在带文言色彩的书面语中，而系词和标记词的"是"并存，有时难以区分。为了简化语言系统，我们甚至可以认为今天的汉语中只有一个系词"是"，标记词在抽象层次上仍然可以解释为系词。②关于这一点，我们在本书的结尾还会专门讨论。尽管如此，一个不可忽略的事实是：说话者在有些情况下受句法环境的影响不自觉的将"是"的标识对象转移了，其结果是标记词地位的确立。汉语分裂句的产生正是受这种变化的影响。

---

① 当然，我们也可以将"主语—谓语"结构看作"话题—说明"结构的特例，认为"主语"是语法化了的话题，参第一章。

② Ross(1983)也主张只有一个"是"，他认为等式小句（equational clause）中的"是"和分裂句中的"是"都是系词，二者的不同在于信息指派（assignment）。我们认为，从真值条件看，二者是不同的，主要原因在于"是"的约束对象和约束方向不一样。关于这一点，请参阅第三章。

再来看"的"的问题。①分裂句的产生与句尾"的"相关以及对其性质存在争议,这里暂且不论。我们关注的是,分裂句的产生跟普通的(结构)助词是一种什么关系。对于这一问题,木村英树(2003)有一个看法,所谓"的"的功能扩展(functional extension),前面已经论及。这里再特别强调两点:一是木村主要讨论形如 S-V-de(O) 这样的句子(原文称为"的"字句)中"的"的功能,认为这种"的"是由结构助词"的"经过功能扩展而来的;二是从其论证来看,木村实际上也是坚持结构助词"的"跟"的"字句中的"的"是两个不同的形式。我们认为,这两个"的"应该是同一单位的两个功能变体(variant)。

木村的看法无疑有可取的一面,但我们在前面一再指出,不能简单地将句式的表意功能归结于其中某一成分表达功能的变化。

我们认为,作为一种语言成分,无论在词组层面还是句子层面,"的"都具有一定的功能。不妨称为"功能性小品词"(functional particle)。但是,二者之间的区别是本质性的,因为"的"在两个不同性质的结构层面上活动。自朱德熙(1961)以来,关于句尾"的"的争议,最根本的原因是忽视了词组层面和句子层面的区分。

在词组层面,"的"作为结构助词的基本功能是连接修饰语(modifier)与中心语(head)。到了句子层面,"的"成为说话者用以对事件中的某一成分(包括事件本身)做出判定的功能标记。这一功能是作为动态单位的句子赋予的,跟作为静态单位的词组中的"的"之功能有本质不同。国外有的学者将偏正短语中的"的"和分裂句中的"的"都看成名词组标记,实际上是承袭了朱德熙的观点(Ross,1983)。

层面区分对于解决"的"字在分裂句形成中的功用是十分重要的,下面就以朱德熙(1978)和袁毓林(2003)对 S_3(句尾带"的"句)的处理策略为例加以说明。

(66) a. 是他先买票的。
　　b. 是我先咳嗽的。

朱德熙运用歧义指数的思想认为 S_3 必须表示为:是+M+DJ 的。原因是如果将 M 并入 DJ 将 S_3 表示为:是+(M+DJ)的;或者:是+DJ 的,那么由于其中的"的"字结构的歧义指数为 0(相当于朱德熙(1983)所说的自指性"的"字结构),应该是不能独立的"的"字结构,而 S_3 却是独立

---

① 对于"的"的问题,生成语言学界近年来有很多有益的探索,加深了对"的"字结构的性质的认识。有兴趣的读者参阅司富珍(2004)、熊仲儒(2005)、邓思颖(2006)、李艳惠(2008)。

的。于是出现了矛盾,解决矛盾的办法是将 M 从"的"字结构中移出,表示成"是+M+DJ 的",并将该结构看作主语"DJ 的"后置的主谓句。

朱德熙在处理 S_3 问题上的基本观点是:"DJ 的+是+M"→(主语"DJ 的"后置)→"是+M+DJ 的"。这样处理面临的最大问题是:主语后置前的句子中的"的"是结构助词是大家普遍认同的;后置以后的句子中的"的"居于句尾,其性质一向是有争议的(为称说方便起见,姑且沿用"主语后置"的说法)。其次,"是"的性质也会有差别,主语后置前的句子中"是"的断定系词是无疑问的;主语后置之后的句子中"是"的焦点标记的性质是明显的。应该说,这是两类不同的句子:主语后置前的句子相当于 wh-小句做主位的句子,即准分裂句,主语后置后的句子相当于"it is x that..."分裂句。不仅在句法上存在差异,两类句子的语义、语用也存在较大差别,请参阅 Halliday(1985/1994)。

针对朱德熙的上述问题,袁毓林(2003)提出"局部性转指"(locally-transferred designation)和全局性转指(globally-transferred designation)对这个"的"作了统一解释。

袁文的"局部转指"就是一般所说的"转指",值得一提的是他所说的"全局转指"。按照袁文的说法,"全局转指"即是"VP 的"转指由"VP"造成的事态或属性,"全局转指"发生的条件是"VP"中没有句法空位。比方,"小王昨天晚上来的"由于"来"是一价动词,它所要求的论元成分全部出现,"VP 的"中没有句法空位,这个"VP 的"便是"全局转指"。"全局转指"的"VP 的"可以做定语,修饰"事儿"等名词。袁文的"全局转指"实际上就是将"VP 的"当作一种事件变元(variable),"小王昨天晚上来的"只不过是这种变元的一种实现。如果说"VP 的"可以做定语,恐怕其修饰的中心语只有"事儿"。朱德熙遇到的矛盾并没有被彻底解决。

所以会遇到上述矛盾,根本的原因在于没有将两个层面上的"的"及相关结构区别对待。"的"字结构的指称性质本来是在词组层面上谈论的,从朱德熙(1983)可以明显看出这一点,现在却将词组和句子放在一起来谈,"的"字性质的争执就是由于没有将这两个层面分开造成的。讨论分裂句的来源时,必须将不同层面上的"的"区分开来。

与这个问题相关更早的语法学界的一场论争是由朱德熙(1961)引起的。我们知道,自朱德熙(1961)发表那篇有影响的《说"的"》以来,学术界展开过激烈的论争。论争的实质涉及到语言单位同一性问题的判定(参吕叔湘 1962),其中之一是句尾的"的"是否是语气词的论争。朱德熙认为,"我会写的"跟"这本书我的"是同一类型,句尾"的"是结构助词"的$_3$";

黄景欣提出反对,认为二者不同,"我会写的"之中的"的"是语气词(参吕叔湘 1962)。

如何看待上述论争?说到底,实际上仍然是一个层面区分问题。朱德熙将他的语法体系建立在"词组"本位的基础上,所以在讨论"的"的时候始终围绕这一基本思想。将"我会写的"之中的"的"看作结构性的,实际上是在词组层面上说的。语气词是助词性的,是汉语中特有的一个词类(相关论述请参《马氏文通》"虚字"卷之九)。其功能要得到实现,显然要到句子层面上才行。《马氏文通》将"助字"放在"传信"(evidentiality)范畴下来讲,这本身就说明语气词的功能是在句子层面上实现的。"我会写的"作为一个词组并不表达说话者的主观断定,"的"字作为结构性标记;而到了句子层面,"的"便成为一个预设化的标记,表达说话者的主观断定,其语气性也就显露出来(参第三章)。

4.3.4 "是……的"作为分裂结构的形成机制

无论是词组还是句子,结构整体义都是成素义的函项(function),这一点上文已经提及。所不同的是,词组结构中的"的"仅仅是一个结构上的标记,而句子中的"的"则跟"是"构成一个意义函项,是一个经历语法化后固定下来的语义功能标记。"是……的"作为一种语法结构,其形成的机制是句式类推(analogy)。

我们知道,形如"X 是 Y"的典型功能是断定,"是"作为判断系词早在西汉就已经产生。随着"是"的语义进一步淡化,其作为标记词的功能进一步加强。至于"的"成为分裂标记的一部分,那是句式赋予的。

我们认为,分裂句的产生是仿照典型系词句类推而来的。系词句有其典型形式。"X 是 Y"只是一种形式概括,其典型语义特征是:X 与 Y 在所指上同质(参见绪言),X 与 Y 等同,或者 X 属于 Y 中的一个成员,即 X 与 Y 是一种"成素—类"的关系。当 Y 是"的"字结构时,如"老张是开车的"、"玫瑰花是红的",其所指仍可以看作由个体组成的集合,即 X 与 Y 仍为"成素—类"的关系。

下面来看"是"字前后项之间的语义关联,从中我们可以看到分裂句是如何通过类推而形成的(括号内的英文表示对汉语句子的理解)。

(67) a. 苏格拉底是<u>柏拉图的老师</u>。
   Socrates is Plato's teacher.
  b. 苏格拉底是<u>喝毒酒而死的</u>。
   Socrates died of drinking poisonous wine. [中性理解]

Socrates is the one who died of drinking poisonous wine. ［有标记理解］

It was drinking poisonous wine that brought about Socrates' death. ［有标记理解］

Socrates' death was caused by his drinking poisonous wine. ［逻辑理解 1］

Socrates' drinking poisonous wine caused his death. ［逻辑理解 2］

c. 苏格拉底是奉敕喝的毒酒。

Socrates drank poisonous wine under the King's order. ［中性解释］

It was under the King's order that Socrates drank poisonous wine. ［有标记解释］

从语义上看,(67)a 是等同型关系(ID)断定句,前后项所指相同,只不过一个采取专名(proper name)形式,一个采取摹状词(descriptive word)形式。由于专名和摹状词所指同一,所以二者在句法位置上可以互换,结果造成的句子在真值(truth value)上与原句相同。二者的不同表现在信息表达功能和语篇功能方面。从语言形式着眼,专名"苏格拉底"可以叫指称形式,摹状词"柏拉图的老师"可以叫分析形式。在汉语当中,指称形式在前分析形式在后的断定句总是表示分(归)类,分析形式在前指称形式在后的总是表示等同(朱德熙 1978)。从这个意义上讲,(67)a 是一种分类:苏格拉底是属于"柏拉图的老师"的那一类,而"柏拉图的老师是苏格拉底"是一种等同:"柏拉图的老师"等于"苏格拉底"。反映在听话人的心理上,当听话人首先捕捉到专名(指称)形式时,在心理上会期待说话者针对这个专名所作的陈述。在未得到有关陈述之前,听话人有多种心理期待;也就是说,针对专名的陈述分析有多种可能性。反过来说,如果听话人首先捕捉到摹状词(分析)形式时,在心理上期待一个单一的具有摹状词属性的个体,尽管在期待得到满足之前这个单一的个体仍然具有不确定性。这是从信息的传送与接收过程中听话人的心理期待的角度进行的分析。从语篇功能上讲,专名(指称)形式在前与摹状词(分析)形式在前造成的句子适应不同的语篇。在下列语篇中,通常采用专名(指称)在前的形式,即(67)a 这种形式。如果用摹状词(分析)形式在前的形式作为语篇的第一个小句,则造成不好的语篇形式(69)。

(68) 苏格拉底$_i$是柏拉图$_j$的老师,因有人指控他$_{i/*j}$蛊惑雅典青年,$\emptyset_{i/*j}$被赐喝毒酒而死。

(69) ? 柏拉图$_j$的老师是苏格拉底$_i$,因有人指控他$_{i/j}$蛊惑雅典青年,$\emptyset_{i/j}$被赐喝毒酒而死。

从下标可以看出,(68)中的"他"和 Ø 在指称上受限,必须指称起始小句(initial clause)的主语"苏格拉底"。(69)中"他"和 Ø 的指称并不唯一,差异在于优先指称"苏格拉底"而不是"柏拉图"。(68)和(69)都是由三个小句组成,差别仅仅在于第一个小句也就是起始小句是采取专名在前的形式"苏格拉底是柏拉图的老师"还是采取摹状词居前的形式"柏拉图的老师是苏格拉底"。我们看到,(68)是好的语篇形式,而(69)则因其代词"他"与空语类"Ø"在指称上的歧义性而不是好的语篇形式。为什么会是这样?这里不去详论。要说明的是,"X 是 Y"中 X、Y 不可能同时为表示个体的专名词,也就是说"*张三是李四"、"*柏拉图是苏格拉底"这样的句子是不好的。①除此之外,"专名—摹状词"如(67)a、"摹状词—专名"(柏拉图的老师是苏格拉底)、"摹状词—摹状词"(柏拉图的老师是古希腊的大哲学家)作为系词句形式都是合格的,它们都是典型的系词句。概括地讲,系词句的典型可以归结为(70)。

(70) 形式上为"X 是 Y",其中 X、Y 是专名 NP 或者摹状词语 NP(除非特殊情况,不能同为专名词)。语义关系上 X、Y 是"个体—

---

① 有两种情况可以出现 X 和 Y 同时为专名:一种是 X、Y 同指某一客体,只是对于那一客体来说,X、Y 产生的时间有先后之别。这方面典型的例子就是中国人的原名与笔名之间的关系,如"鲁迅是周作人"、"老舍是舒庆春"之类。此外,某一物体的学名跟俗名之间也可以建立这种关系。一般地,如果 X、Y 是从不同方面给同一客体命名(naming),那么,尽管 X、Y 在形式上同为专名,由它们做主、宾词构成的断定句也是合格的。另一种情况是"X(就)是 X"(张三就是张三)这种断定形式,其逻辑内涵是:张三是那种具有张三个性的人,表达的是一个普通的自明之理,跟"张三是那个打破玻璃的男孩"这种含有摹状词的命题不同。有关这两种命题的区分,可以参阅 Russell(1930/2002)。正缘于此,所以这种断定句在实际话语中不仅存在,而且还是一种修辞手段。这是通常所说的同义反复(tautology),其修辞效果往往视语境而定。

个体"或者"个体—类"、"类—类"之间的关系。①

在(67)a中,"是"是系词是可以肯定的。概括而言,满足规则(70)的"X是Y"(Y为"的"字短语处于临界状态)中的"是"都是系词。

规则(70)可以获得功能方面的解释。在绪言中我们已经指出,"是"是主观化程度最高的动词。说话者通过这个关系词,将认知世界中的各种事物和事实联结起来。一定意义上,人们使用语言进行断定的过程就是将事物和事实通过系词联结起来的过程。在认知世界中,事物是以"个体"或者"类"的方式存在的。在断定这种认知活动中,一般总是从"个体"开始,或止于"个体",或止于"类";或者从"类"开始,止于"类"。而从"类"开始,止于"个体"的情况是不常见的。② 如果出现始于"类"止于"个体"的情形,基本上是说话者在特定情况下将表示"类"的语词当作特指的个体词来使用。此种情形之下,说话者实际是在进行一种等同断定。

现在来看(67)b。前面提到,分裂句是仿照典型系词句类推而来的,那么其类推过程是怎样的呢?

从形式上看,(67)b后项是一个"VP的"短语。但是,其内部结构若不考虑"的"字,则是一个小句。所以,准确地说,"是"后的形式应该是"小句+的"。已有研究者指出,像(67)b这样的句子是有歧义的(ambiguous),或作分裂解释,或作准分裂解释(Teng 1979;Ross 1983),重述为(71)。

(71) 苏格拉底是<u>喝毒酒而死</u>的。

从逻辑上讲,(71)的理解为:苏格拉底的死因是喝毒酒。

从信息分布上说,句首成分传达的是已知的旧信息(given information),同一个成分由于位置不同,信息地位就会不一样,下面是语

---

① X、Y在语义上一般不可能是"类—个体"的关系,只能有"老舍是北京人"这样的系词句,而不可能有"北京人是老舍"这样的系词句。除非在特殊情况下,赋予这一系词句以语义标记(semantic marker)才可能成为可以接受的语言形式。例如,在已知有北京人、绍兴人、乐山人组成的集合和老舍、鲁迅、郭沫若组成的集合之间进行配对,便可以有"北京人是老舍"这样的说法。此种情况下只能作等同型(identifying)理解。同样,"张三是语言学博士"是无标记断定句,而"语言学博士是张三"只能是有标记的等同型系词句,这种语义解读通常在一定的语境下发生。例如,在对举确认的情况下"语言学博士是张三,哲学博士是李四"是好的形式。

② 这跟逻辑学上区分"一阶逻辑"和"二阶逻辑"是一致的。"一阶逻辑"研究的是"个体"与"类"之间的关系,如"张三是学生"。"二阶逻辑"研究的是"类"与"类"之间的关系,如"学生是在学校学习的人"。

法界经常提到的经典例子：

(72) a. 客人来了。
　　　The guest comes.
　　b. 来客人了。
　　　Here comes a guest.

(72)a 中，"客人"是听说双方都知道的已知信息，所以是有定的。(72)b 中的"客人"在听说双方那里是新出现的信息，所以是无定的。之所以造成这种差别，就在于"客人"所处的句法位置不同。

那么，(71)在正常情况下，"苏格拉底"是旧信息。说话者是在对"苏格拉底的死因"做出断定。从命题分解的角度看，(71)可以粗略的分为两个原子命题。①

(73) A_1：苏格拉底喝毒药
　　 A_2：苏格拉底死

命题是逻辑学家关心的问题，它是人的思想的体现，只有抽象的内容，没有作为交际必备的情态（modal）成分。说话者要想交流，必须辅之以一定的情态成分。例如，"苏格拉底死了"、"苏格拉底喝毒酒了"。(71)是在(73)A_1、A_2两个命题之间建立联系（等于在经验世界中的两个事件之间建立联系，参见第二章）。这样，说话者通过在两个命题之间建立联系，同时也就建立了一种断定。经验上讲，上述两个命题表达的是一种前后相继的具有因果联系的两个事件过程。说话者在做断定时可以采取"前因后果"的语序，也可以采取"前果后因"的语序，结果便形成不同的系词句。②

这里想要表达的基本观点是：(67)b 跟(67)a 一样，也是一种断定。只是这种断定不像(67)a 那样典型。但是，这种断定是建立在(67)a 这样的典型断定句的基础上。

刚才提到，居于句首的成分在默认状态下传达的是旧信息，这是信息分布的一般规律。但是，有些情况下也出现新信息居前的现象。比方说，(67)b 在下列语境下便需要将句首成分传达的信息视为新信息（粗体所示）。

---

① 实际上还可以分为更细的原子命题，由于跟这里的讨论无关，故略去细节。
② 如果采取"果—因"这样的序列，结果形成的是语义特异的"是"字句。例如，"苏格拉底死了是喝了毒酒"、"苏格拉底之死是喝了毒酒"，见第二章。

(74) 甲：在苏格拉底、柏拉图、亚里士多德三人之中，**谁**是喝毒酒而死的？

乙：**苏格拉底**是喝毒酒而死的。

可见，在一定语境下，句首成分是可以成为新信息的载体的。严格说来，(67)b 的句首成分成为新信息的合适语境并不首选(74)，因为答语可以只是一个名词短语"苏格拉底"，而不需要是一个完整的"X 是 Y"系词句。(67)b 的合适语境是在所谓配对焦点(pairing focus)中发生的。① 比方说，在苏格拉底、柏拉图和亚里士多德三人和各自的死因之间进行配对，即会出现(75)这样的表达法。

(75) 苏格拉底是喝毒酒死的，柏拉图是被杀死的，亚里士多德是病死的。

当(67)b 的句首成分成为新信息时，句子是一个准分裂句，此种情形下，"是"无疑是一个系词。(67)b 可以得到(76)的验证。

(76) 验证一：喝毒酒死的是苏格拉底。（前后项换位）

验证二：是苏格拉底喝毒酒死的。（"是"前移，改变约束范域）

上面的分析再次显示，(67)b 作为断定句，跟典型系词句是密切相关的，同时"是"的系词性质保持。

最后来看(67)c。由于"的"嵌套在 V 与 O 之间，(67)c 作为典型的分裂句是没有异议的。我们关心的是，其断定的性质是怎么来的？像(67)b 一样，仍然可以将其离析成两个原子命题，如(77)所示。

(77) A_1：苏格拉底奉皇帝之命

A_2：苏格拉底喝毒酒

将上述两个命题连接起来形成系词句的方式跟(67)b 大抵相似。需要指出的是，除了形成(67)c 这种典型分裂句，还会形成"苏格拉底是奉敕喝毒酒的"这种"的"字煞尾的歧义句。

从对(67)a-c 句的分析可以看出，三者的基本功能都是断定，只是断定的对象不同。(67)a 是语言系统中的典型成员，(67)b 和(67)c 只是在形式上类推了(67)a 的样子而已。正是这种类推，使得分裂句具有了断定的功能。

在上述类推过程中，"是"作为断定系词的功能保持不变，这是分裂句

---

① 关于配对焦点，请参阅第三章的有关内容。

形成的关键。至于"的",上文已经指出,那是句子赋予它的断定功能。关于分裂句句尾"的"的性质,吕叔湘(1962)的看法值得借鉴。他指出,用"的"字煞尾的句子,的确有一些是有明显的语气作用的。也许历史上这个"的"字是由"的₃"演变来的,可是演变到一定程度就成为另一物。我们认为,如果说共时层面上的现象可以拟测历时过程中发生的变化,那么,上文所提供的(67)a-c 中三个"的"就可以看作"的"从结构性向语气性变化的实例。要强调的是,"的"的结构性始终是词组层面上才有的,而语气性是句子层面的东西,二者之间虽有联系,但区别是本质的。

此外,在考察分裂句"S 是 AdV 的 O"的来源时,还要充分考虑语篇(context)因素,也就是将其放到一定的语篇中考察。这样才能理解句中宾语 O 在指称上有定性的来源。以(50)为例,这段话是在如下语篇中发生的,引录如下(见《五灯会元》第 1131 页,中华书局 1984,苏渊雷点校本,下画线为点校本所加)。

(78) <u>隆兴府黄龙死心悟新禅师</u>,韶州黄氏子。生有紫肉幕左肩,右袒如僧伽梨状。壮依佛陁院德修,祝发进具后,游方至<u>黄龙</u>,谒<u>晦堂</u>。堂竖拳问曰:"唤作拳头则触,不唤作拳头则背。汝唤作什么?"师罔措。经二年,方领解。然尚谈辩,无所抵捂。<u>堂</u>患之,偶与语至其锐。<u>堂</u>遽曰:"住!住!说食岂能饱人。"师窘,乃曰:"某到此弓折箭尽,望和尚慈悲,指个安乐处。"<u>堂</u>曰:"一尘飞而翳天,一芥堕而覆地。安乐处政忌上座许多骨董,直须死却无量劫来全心乃可耳。"师趋出。一日,……

我们看到,这个语篇讲的是"得禅"的门径,那么这个"禅"自然是听说双方所共知的旧信息。所以等到说话者再提及"得禅"之法时,很顺当地将其作为旧信息对待,尽管它处在句尾。联系语篇来看待分裂句中宾语之有定性或类指性,同样适用于现代汉语。"他是昨天进的城"中的"城"显然也是定指或类指的。

在上面探讨汉语分裂句的产生的过程中,我们强调三点:其一,分裂句也是一种断定句,跟典型断定句相比,只是说话者断定的对象不同罢了,分裂句中说话者是对"事件"本身进行"断定"(详见第三章)。这种不同的产生跟"是"的功能演变直接相关;其二,汉语中"的"作为一个虚字只是一个功能性成分,无论在词组层面还是句子层面。"的"在词组层面是一个助词,但在句子层面成为跟"是"配合表达说话者主观断定的功能算子,句子层面的"的"跟词组层面的"的"有关,但不是一回事;其三,句子的语义是其组成成分意义的函项,一定的句式具有自己特殊的表意功能,这是我们在绪言中所说的结构句法的基本主张。

4.4 汉英分裂句的异同比较

现在将汉英分裂句的异同作一总结。

分裂句作为语言中一种特殊的结构,不仅存在于汉语和英语之中,在其他语言中同样存在,只是所用的手段不同,比如,法语用"c'est x que/qui...",日语通过在被强调成分上缀加标记来表达跟汉英分裂句相同的语义。鉴于上文主要研究对象为汉英,这里仅谈汉英的异同。

从结构义(constructional meaning)上说,二者的基本义都是说话者对(底层)叙事句中某一要素的强调断定,即焦点化,表达的是说话者的一种主观断定,焦点都具有[＋确认性]和[＋排他性]。

从说话者选择这一结构的动因(motivation)上看,都是说话者主观上想要强调事件句中某一成分,是说话者"移情"(empathy)事件中某一要素的结果。

从形式上看,二者都是利用一定的结构作为标记,不同在于标记形式不同:汉语用"是 X……的",英语用"it is x that..."。可以看出,不论汉语还是英语,被焦点化的成分一定处在系词之后。[①]不同的是,汉语直接在被焦点化的成分之前冠以"是",英语除了系词之外还必须有形式主语。

从标记的来源上说,二者都是从各自的语言系统中原来具有实在意义的句法语义成分演化而来,其意义都经过了淡化(bleaching),体现了语法化的一般规律。这样汉英在表层基本同形的分裂句其实有着不同的来源,即:

英语从系词句附带的断定语气和形式主语(如 it is cold)及名物化从句 it is NP that(who)结构整合而来。系词承担时体范畴和系词前后项的体词性是不可或缺的决定要素。

汉语从表"确认"的主谓间"是"聚焦化和谓语的名物化("谓语+的"

[①] 称汉语分裂结构中的"是"为系词是为了说一致,一般认为这个"是"是焦点标记。不过,焦点标记跟系词不是同一标准下的术语,所以说这个"是"是系词并无不可。

表预设听说双方的已知事件)整合而来。①"是"表断定是本原性的,后项可容纳谓词性成分也是本原性的,加"的"是为使预设外显化,不是体词性的要求。汉语也没有形式主语的要求,所以"是"可以放在句首,如"是他打的小王"。

从标记省缺上看,"是"虽为焦点标记,但对于汉语分裂结构来说并非必有之物,可省缺。"的"字一般不省略,"是"与"的"一般不同时省缺。英语可省缺的是 that,但系词 to be(实际连 it 也包括在内)是不可省缺的。其中原因,正如我们在第一章和第二章已经指出的那样,"是"和"to be"在语义本原和句法本原上都不一样:汉语是"话题突显"型语言,"是"是"话题—说明"间的标记,不是句法上的必有成分;对于"我是昨天进的城"这样的句子,仍可以纳入"话题—说明"结构,而"的"的作用在于将"事件"预设化(详见第三章)。to be 是承担时、体、人称等语法范畴的句法要素,加上英语是"主语突显"型语言,所以"to be"必须出现。that 的作用在于分割前后连缀的两个小句,其出现与否可选。

4.5 相关思考

先说说语言观的问题。在解决分裂句的来源方面,我们坚持如下观点:线性(linear)是语言的局部的、表层的结构特征,非线性(non-linear)才是语言的本质特征,在语言的线性音流中隐藏着非线性的结构(徐通锵 1997:62)。在这样观念下,像"我是昨天进的城"这种形式与意义偏离的分裂句可以得到比较合理的解释。

共时描写与历时考察不可分离。语言作为一个符号系统具有经济性的品质,否则难以完成交际的使命。就单一的符号(字、词)而言,往往不是"一字(词)一义,一义一字(词)"的一一对应关系,而是"一字(词)多义"的对应关系,共时层面上的对应关系是字(词)义在发展过程中延伸(extension)的结果。就句式而言,某一个句式往往也不是只有单一的句式义,而是在发

---

① 关于"是"居于主谓之间表"确认"的情况,前面指出,这是一种广焦点,即对句子或者谓语的焦点化。从本质上说,谓语焦点跟句子焦点是一样的,因为句子的句首成分一般是已知信息,不在焦点算子的辖域内。例如,"他是去图书馆了"是对"他去图书馆"这一情况的断定,"是"的句法位置却在谓语之前。"是"对句子进行焦点化的情况第五章将会谈到;不过,要求句子所表示的事件具有很强的事件性。请比较(i)与(ii),两个"是"都是对句子的焦点化。
(i) 是弟弟打破了一个杯子。
(ii) ? 是他去图书馆了。

展过程中由最初的单一句式义向多义方向延伸,结果使语言中出现表层形式相同而表意功能有差别的联系着的新句式。句式义的发展跟字(词)义的发展类似,都遵循由具体而抽象的单向性(unidirectional)变化而不是相反;这是语法演变方向单向性的具体实例,语法演变遵循单向性原则。具体说,就是从词汇的(lexical)向语法的(grammatical)方向发展,从语法的向更加语法的(more grammatical)形式和结构的方向发展,这已为语言的类型学研究所证明(Heine 1998:29)。

语言中只有倾向性,没有绝对性。在表示同样意义的几种语言形式中,母语者选择哪一种形式只是一种强式和弱式之间的对比关系,而不是非此即彼的对立选择。这一点在语法方面表现得尤为突出,这里不妨再举一个例子。比方说,就"小张去年学日语"这一叙事句中的"时间"做出断定,大抵有(79)中的几种形式。

(79) a. 小张(是)去年学的日语。(无歧义)
　　 b. 小张是去年学日语的。(有歧义)
　　 c. 小张(的)学日语是在去年。("事件实体—时间属性"类准典型"是"字句)
　　 d. 小张学日语是去年。(语义特异的"是"字句)

从使用频度上看,上述几种表达的优先度大致为:a＞b＞c＞d。也就是说,四种表达在汉语中都是允许的,只是哪一种更为母语者常用。不管哪种情况,说话者都是在对同样的事实进行断定,只是断定的侧重点不同罢了。

4.6 分裂句研究的意义

在本章的最后,我们简要谈谈分裂句研究的意义,这是对三、四两章的总结。

正像上文的研究所显示的那样,分裂句是汉语中一种独特类型的结构句,具有跨语言的类型学上的意义。对于这类句子的研究不仅具有普通语言学的意义,而且搞清这类句子的语义特征并设定合适的规则模型,对于计算机理解自然语言和对于丰富逻辑学的研究内容都具有一定的价值。普通语言学方面的意义前面的研究已经显示,下面专门谈后两方面的意义。

先说说计算机理解自然语言方面的意义。我们知道,母语者到一定阶段之后理解这类句子不会存在困难,尽管"V 的 O"这种分裂式谓语的存在形成语义特异的表达。但是,"S 是 VP 的 O"这类分裂句对于计算机来说可不那么容易理解了。习惯于用常识来解读自然语言的人往往喜欢按照典型断定句的模式来理解"X 是 Y"这种结构的语义,如"张三是北京大学的学生"、"老虎是四足兽"、"玫瑰花是红色的"之类。至于"王冕是七岁上死的父亲"①则要经过迂曲的方式转化为"王冕是七岁上死了父亲的(人)"或者"王冕失去父亲是在他七岁那一年"(后一理解可取)才能正确理解,尽管这种转换对于掌握了这类句子的人来说可能是在不自觉的状态下瞬间完成的。对于计算机来说就需要设定特别的规则来帮助它完成理解过程。比方说,要阻止计算机将"他是昨天进的城"理解为"他是城",必须设定一定的规则来辅助完成。这里有两条规则:②

(80) 规则一:"X 是 Y"等价于"X 具有 Y 这种属性",或者"X 是 Y 中的成素"。

规则二:"X 是 Y"等价于"X 执行某一动作行为是按照 Y 的属性来进行的"。

这样,计算机就可以根据上述规则将"X 是 Y"这样的"是"字结构与相应的意义进行匹配(pairing),从而做到正确的识别。不过,这只是一个大概的情形,在大量的"X 是 Y"形式的识解中,要计算机做到准确无误有相当的难度。再者,语言现象的观察与描写,语义规则模型的设定,需要做到充分性和一致性,这是自然语言理解的先决条件;但是,在充分挖掘语言事实之后设定什么样的模型才便于在计算机上实现,是一件极不容易的事,这需要语言学界和计算机界的合作才可能达到。

再来谈谈分裂句研究对逻辑学的意义。

自然语言之于逻辑学的重要性,只要我们粗略看一下逻辑学在其发展过程中对自然语言所采取的态度之变化,就可窥一斑,因为逻辑是凭借语言进行思维和推理的模式,包括语法模式、语义模式和语用模式(蔡曙山 2003)。逻辑学发展先后经历了传统逻辑(traditional logic)、现代逻辑(modern logic)、当代逻辑(contemporary logic)三大阶段(蔡曙山 2003)。伴随着逻辑学的不同发展阶段,自然语言的受重视程度也不相同。在亚里士多德逻辑基础上发展起来的传统逻辑学所凭借的语言材料是纯粹的自然

---

① 这个句子在语言学界几乎成了一个经典,近来又有不少文章讨论这种句子的生成问题,如沈家煊(2006:291-300)等,考虑到这些文献对本章的讨论没有直接的关联,所以这里没有专门介绍。有兴趣的读者很容易找到这些文献理解相关的研究。

② 有关计算机对分裂句的理解方面的知识,作者请教了詹卫东博士。

语言,而到了现代数理逻辑学家那里,自然语言被完全抛弃,代之而起的是纯形式化的语言,因为自然语言被认为是有歧义的、模糊的因而是有缺陷的。但是,随着歌德尔定理的问世,形式语言暴露出严重缺陷。人们重新认识到自然语言的丰富性、生动性和强大的表现力。可以看出,逻辑学对自然语言的态度经历了"肯定—否定—否定之否定"的辨证发展的道路。

现在回到我们研究的分裂句问题上来。分裂句是一种非典型断定句,跟说话者的主观断定有关,其断定性是说话者在高层进行的,其语义特点可以概括为"断言"(assertion)。说话者的断定对象不同,形成不同的分裂句,也就是形成焦点不同的断定句。分裂句既是一种断定句,就与断定逻辑相关,这里介绍一下断定的逻辑分析。①

断定的逻辑分析或者称为断定逻辑是一种认知逻辑,其基本特征是"断定"。每个断定包括断定者和被断定的命题。断定逻辑是系统地研究断定者和被断定命题之间逻辑关系的理论。需要指出的是,逻辑学上的"断定"与日常所使用的"断定"是有差异的。逻辑上所说的"断定",其断定者可以是一个人,也可以是一个团体甚至是一个抽象的命题系统。

断定可以看成一种广义的二元模态,如果以 x 表示断定者,p 表示被断定的命题,那么断定的逻辑公式就是:$A(x,p)$。读作:x 断定 p。断定逻辑(甚至整个认知逻辑)是一种边缘逻辑,它是在标准逻辑(命题逻辑、谓词逻辑)的基础上添加断定算子 A 构成的。

分裂句与断定逻辑是一种什么关系呢?本章的研究已经表明,分裂句是在叙事句的基础上运用焦点算子(focal operator)对构成事件的某一元素进行"聚焦"突显所形成的一种结构。说话者的"判断"是在另一个层次上进行的,或者更为直接的说法,分裂句是说话者对事件本身或其构成元素进行"断定"而形成的自然语言形式。在这个意义上,我们将前面所说的焦点算子毋宁称一种断定算子,或者说是断定算子之一种。②通过它可以对一切跟事实相关的事件句进行断定,而由它形成的自然语言中的所谓分裂句的语义特征也很容易被理解。另一方面,对分裂句的研究又可以加深我们对"断定"的理解。

---

① 这里的介绍参考了周礼全(2001)第八章的有关内容。
② 我们在讨论分裂句来源及语义特点的时候称"是……的"是焦点算子,这里又称其为断定算子。这是从不同角度看问题所使用的不同术语,相互之间没有矛盾。说它是焦点算子,主要着眼于其语义上的聚焦功能,并且此种功能具有算子性;说它是断定算子,着眼于说话者对事件及其构成元素的态度的断定性,此种性质同样带有算子性。语义本来就是逻辑学家感兴趣的问题之一。焦点算子和断定算子实际上没有本质差异。

第五章　语气断定型"是"字句

【本章摘要】

本章所讨论的语气断定型"是"字句包括以下几种情形：

I. 用于主语与谓语之间，形式为：S_{subj}-是-P（S_{subj}为主语，P为谓语，下同）；

II. 用于句首，形式为：① 是S_1，不是S_2；② 是S_1，还是S_2（S为小句，下同）；

III. 跟在某些副词或者连词之后，构成语篇性连结成分，形式为：X是VP/S（X为副词、连词之类的联结词）。

文章将I、II用法称为事件"确认"型结构，将用法III称为断定悬空型结构。

上述"是"的几种用法跟前面谈到的等同/类属、特殊联结、标示焦点等功能的"是"相比，意义上更为空灵，句法上可选，其基本功能是表示说话者的断定语气（参见第一章表(88)）。

本章的内容包括以下几个方面：

[1] 语气断定型"是"字结构的形式类；

[2] 事件"确认"型"是"字结构；

[3] 断定悬空型"是"字结构；

[4] 对三种结构中"是"的一致性解释。

基本结论为，三种结构中"是"只是由于受句法位置的影响在语义上不如典型"是"字句那样明显具有"等同/类属"语义，但是这类"是"字在语义上跟"是"的典型语义之间仍有联系。其表现是说话者在运用这类"是"字结构时仍然是在做一种"断定"，只是这种"断定"由于受到其句法位置的约束而主要表现为说话者的一种断定语气，①不妨称之为"语气断定"。

前两章讨论了聚焦式"是……的"句，我们看到，这种结构在语义上较之前几类"是"字结构距离典型"是"字句更远，而该结构在语气上较之前几类为强。这几类结构在语义更为弱化，近于"是"结构语义连续统的边

---

① 我们说这三类句子表达的主要是说话者的一种断定语气，并不意味着其他各类"是"字结构不表示说话者的语气。只是相对于其他结构而言，这几类句子由于受到句子叙事特征的影响而使说话者的"断定"仅仅表现为一种语气。

缘,"是"基本只有断定语气的功能,所以统归语气断定类"是"字句。

5.1 语气断定型"是"字句的形式类

I S_{subj}-是-P

用于发端小句中主语与谓语之间,表示对事件或情况的肯定,其中的"是"不能重读。

(1) 他是去图书馆了。
(2)(这件事)我是不知道该怎么办,不是故意不去办。

II 用于句首,跟其他联结成分一起构成并列或选择复句,形式为:"是 S_1,不是 S_2",或者"是 S_1,还是 S_2"。

(3) 是你主动找上门来,不是我们请你。
(4) 是咬紧牙关继续坚持,还是中途停止就此放弃?

I、II 两类,我们称为"确认"型(identificational)结构,从焦点理论的角度看,两类句子中"是"焦点化的对象分别是谓语和句子。① 国外一般称为"广焦点"。跟三、四章所谈的局部焦点化相比,我们称之为"整体聚焦"。这种情况下,"是"的功能在于对一种情况(情形)真实性的确认。

III "是"跟在一部分副词或者连词(统称 X)之后,形成"X 是"结构,这些结构常常作为联结词引导一个小句,成为复句的组成部分。

(5) 我们就蘸着麦麸子做的大酱吃起来,没有油,没有醋,尤其是没有辣椒!
(6) 火光永远有一种悲壮的吸引人的力量,不管是在什么时候。

5.2 "是认"型"是"字结构②

5.2.1 是 + S

上文指出,"确认"是指说话者对某件事的真实性、存在性予以肯定,也就是说"是+S"中,"是"的功用是对其后事件小句所表达事实真实情况

---

① 因主语一般是已知信息,所以 I 的焦点化对象也可以视为句子。
② 本节的部分内容发表于《北京大学学报》(哲社版)(张和友 2007b)。

的"断定"。被断定事件小句所表达的可以是已然事实,也可以是未然的意愿。

(7) 问话:什么声音?
　　答语:是猫把花瓶打碎了。
(8) 是我说错了,不是你记错了。
(9) 是你来,还是我去?

(7)的局部焦点化(窄焦点)的情形,也就是"是"对主语"猫"进行焦点化的情形,第三章中已经讨论过了,这里要说的是"是"后 S 为焦点(广焦点)的情形。作为对 S 所指整体情况的"确认",在语篇中的分布环境往往是一个话轮(turn)中答句的起首位置,常常是对问句"怎么啦"、"发生了什么事"的回答,类似的情形也见于英语中(Lambrecht 1994/1998, Valin & Lapolla 2002)。对一种情况的"确认"有时也是对另一种情况的"否认",结果形成"是 S_1,不是 S_2"这样的对比关系复句,如(8)。如果说话者带着询问的语气"确认",就形成(9)那样的"是 S_1,还是 S_2"结构。

要注意的是,(8)—(9)中"是 S"由于跟"不是/还是 S"匹配使用,这就存在优先序列问题。一般情况下,受结构长度制约,"是 S"居前为优先序列,因为相反的序列是强式之后跟一个弱式,给人一种虎头蛇尾的感觉(赵元任 1955)。但是,"不是 S,是 S"由于确认的陈述语气,也是可以接受的形式。

跟英语相比,这种结构表面上显示汉语的某种特性。英语在表达跟汉语同样的意思时,必须借助"it is the case that…"这样的空主语句结构,跟上述汉语结构对应的"be + S"在英语里是不好的;①或者,英语干脆不用系词句而直接用实义动词句。不管怎样,英语总要有主语。当然,我们不妨认为汉语在句首位置也有个潜在主语,或者零形主语。不过,这是用一种"印欧语的眼光"在观察汉语(朱德熙 1985)。无论如何,汉英在这里呈现出一种差异是不容回避的事实。我们一再指出,"是"从本原上

---

① 认为"be + S"这样的结构在英语不合格可能会遇到例外,如(i)中的"be + wh-小句"结构。但是请注意,这里有两点:一是这些句子在形式上都是 be 后小句由 wh-词引导,二是都是祈使句。其中的 be 跟典型的断定系词是一种什么关系,尚不清楚。此外,be 之后也发现有跟 that-小句的情况,如(ii),但这也仅限于俗语性结构。
(i) Be what you want to be.
　　(长大了)想做什么你就做什么。
(ii) Be that as it may.
　　即便如此。

(包括语义和句法两方面)就跟英语的"to be"不同,与之相关的后果可能是汉语没有形式主语的要求。下面这两个句子在形式上似乎也是"是＋S"。

(10) 是党挽救了他。
(11) 是风把门吹开了。

(10)－(11)的内部构造实际为:是 NP－(NP ＋ VP),刘月华(1983)称之为兼语句。在我们的分类系统中,上述句子属于(局部)焦点化"是"字句,"是"焦点化的对象是施事成分。(10)－(11)不在本书所说的"确认"型"是"字句之列。

值得注意的是,(11)跟(10)是有差别的:(11)除了可以作为聚焦结构外,也可以作"确认"结构看待,作为问句"(是)什么声音?"的答语。我们发现,凡是"是＋S"中"S"所指具有强[＋事件性]时,整个结构可以有"确认"类释义。显然,(10)不具有强[＋事件性],不能归入"确认"型结构。

5.2.2 S_{ubj}-是-P

"确认"型小句的另一次类形如"S_{ubj}-是-P",即"是"插在主谓结构句子的"主语"与"谓语"之间。如果不考虑句首的主语,则为"是-P",就跟上面的"是＋S"同类。仍以(2)为例,重述为(12)。

(12) (这件事)我是不知道该怎么办。

(12)有两种释义:确认事实和强调肯定两种作用。这两种不同的释义可以通过追加不同的后续小句得以呈现。

(13) (这件事)我是不知道该怎么办,不是故意不去办。("是"不可重读)

(14) (这件事)我是不知道该怎么办,真的不骗你。("是"重读)

只有确认事实这一意义上,如(13)所示,"S_{ubj}-是-P"才跟"是 S"同类,其中的"是"可以删除。(12)这样"是"字句的两种意义在英语中的表达分别如(15)的 a 和 b 所示,两种意义的区别是明显的。

(15) a. (As for this matter,)It is true/ the case that I don't know how to do it, not intentionally don't want to do it.
b. (As for this matter,)I DO not know how to do it; I don't really cheat you.

(15)a 是对真实情况的"确认",(15)b 是对事实的强调肯定。这两种意义的区别是很细微的,后一种释义下的"是"一般被认为是副词性成分,意为"的确"。不过,将强调肯定的"是"处理为副词"的确"可能的遇到麻烦是,副词"的确"、"的的确确"可以与这种意义上的"是"共现,如"(这件事)我的确/的的确确是不知道该怎么办,没骗你"是好的形式。我们甚至难以指出其中的"是"到底是哪一种意义,这一点正可以用来说明下面将要谈到的两种意义有关联这一观点。

不同语言表达同一语义所呈现的差异只是为观察某一语言的特性提供一个视角,只可以作为研究某一语言的参照,不能作为依据。对于(12)所表达的两种语义,需要立足"是"字结构自身的特性。

将(12)的两种语义加以比照,会发现,"是"的确认功能是两种释义都具备的。第一章已经指出,这种居于"主语"跟"谓语"之间的"是"字结构在早期汉语中就已经存在(参1.2.2),几经演变,到今天"是"已经成为负载说话者断定语气的标记,而语义上的"等同/类属"已经淡化(bleaching)。从英语的表达(15)a看,汉语的前后项要建立起逻辑上的"等同/类属",需要将前项 NP 作为一种情形来处理,即把"NP"处理成"NP 的情形"或者含有抽象空语类"情形"或"情况"的话题句,参见第二章的相关讨论。

(16) a.(这件事)我的情形是不知道该怎么办。
　　　b.(这件事)我的情况是不知道该怎么办。

(12)的两种意义在英语中要用两种不同的结构来表达:(15a)是对真实情况的"确认",(15b)表示说话者的意愿(强调肯定)。这一现象仍可追溯到"是"与"to be"之间的差异:由于汉语的"是"表断定,所以可以在"确认"真实情况和表说话者的意愿两种情况中通用。英语的 to be 只能表静态实体的归属关系,不表意愿。

我们在第二章中曾分析过下面这样的歧义句:

(17) 小张是父亲病了。

(17)可以有两种释义:一种是"小张的原因是父亲病了",一种是"小张的情况是父亲病了"(见2.2.2)。前一种释义我们归入转喻类语义特异句,后一种释义归入"确认"型语气断定句。原因在于两种释义下说话者的断定对象不同:前一种释义,说话者是对"小张受到某种影响的原因"做出说明;后一种释义,说话者是对"小张父亲病了"这一事实进行确认,这种处理也适用于(16)。

为了直观理解上面的意思,不妨将这类句子的前项所指看作一种状态型(state token,记做 S_{tk}),后项所指看作一种状态类(state type,记做 S_{tp}),以"属于"作谓词,则可以将这类"是"字结构的语义表示为(18)。①

(18) 属于(S_{tk},S_{tp})

现在来讨论这样一个问题:在"S_{subj}-是-P"中,"是"既可以是对整体情况真实性的客观断定(objective assertion),也可以是说话者的一种强调真实性(的确如此)的主观断定。②仍以(12)为例。上文说过,这个句子是有歧义的:一个意思是说话者客观陈说真实情况,一个意思是说话者所作的是强调断定。这两种情况下,说话者都表现出一种反预设(antipresupposition),即对与之相对的已知信息的"纠正",差别只在强弱不同:在前一种释义下,由于是对客观情形的"确认",说话者的"反预设"口气较弱,语气上属中性;在后一种释义下,由于强调肯定情况之确然性(确实如此),说话者的反预设口气较强,语气较强。

上述两种语义之间存在着细微差别,但两者之间有联系:客观断定是基础,强调断定是引申。从"客观断定"很自然能引出"强调断定",引申的动因是说话者主观性的加强。

从"客观断定"引申出"强调断定"实际上涉及不同的预设促动,请比较(19)与(20)中的句子。

(19) 问话:你为什么宽容他吗?
答语:我是想给他一个机会。
I want to give him a chance.
或者:It is the case that I want to give him a chance.
(20) 问话:你真想给他一个机会吗?
答语:是的,我是想给他一个机会。
Yes, I do want to give him a chance.

两种释义下句子所对应的预设不一样:(19)问话的预设是"被问的人对某人采取了不该采取的宽容态度",答语则对这一预设予以"纠正","给他一个机会"是新信息;(20)问话的预设是"被问的人打算给某人一个机会",答语则对这一预设予以肯定,"给他一个机会"则是旧信息。显然,

---

① 这样的逻辑式是用来刻画"个体"与"类"之间的关系的,我们这儿借来表达"实体"与"事件"之间的关系,旨在显示这类句子的语义特点。
② 断定本来就是说话者的一种主观心智活动,这里区分为"客观断定"和"主观断定"只是为了表明两者在主观性的差别。很显然,"强调断定"的主观性高于"客观断定"。

(20)的答语在语气上要强于(19)的答语。相比之下,只有"客观断定"意义上的"S_{ubj}-是-P"才跟"是 S"属于同类。

对于"S_{ubj}-是-P",除了上面谈到的客观"确认"和强调肯定之外,一般语法书还讲到"让步"语气的用法("是"轻读),也就是"是"可以表"让步"。比方说,在下列语篇中(12)中的"是"一般语法书视为"让步"用法,重述如(21)。

(21)(这件事)我是不知道该怎么办,你又有什么办法呢?("我"重读)

可以看出,"让步语气"与上述"强调语气"和中性"是认"语气在分布上是互补的,也即(12)后接不同小句,便实现为不同的语气。实际上,"强调语气"也好,"让步语气"也好,都以中性"确认"语气为基础,其差异(强调与让步)是前后小句的逻辑对比关系带来的,三种释义自身的含义其实是一致的:对情况真实性的确认。

5.3 断定悬空型"X 是"结构

5.3.1 断定悬空型结构界说

本书所说的断定悬空型结构,是指"X 是 VP",其结构特点为,"是"可以删除而不影响整体语义。"是"的有无也不影响"X 是"的语类地位,"X"为连词,"X 是"也是连词,"X"为副词,"X 是"也是副词。"X 是"还可以用在"X 是+NP"结构中,这一结构中的"是"不可以省略,或省略后句子的意思有所变化,不属于本节讨论的断定悬空型结构。

对于后接 VP 的"X 是",有研究者认为是"是"的进一步语法化造成的联结性成分,并且将这种现象称为"是"的词汇化(lexicalization)(董秀芳 2004)或附缀化(cliticalization)(刘丹青 2011)。[①]我们不采取这种定性,很明显,这些"X 是"中的"是"的确处于词汇化的进程中,但尚未完

[①] 已有研究表明,"是"的发展大致是:指示代词>判断词>焦点标记词(参王力 1937/2000,郭锡良 1990,石毓智 2001)。这也是语法化研究者给出的"是"的发展序列。董秀芳(2004)认为,"是"的进一步语法化是变成词内成分,"X 是"成为一个词。

成,①所以我们把这一类"是"定性为语义悬空化的"是"字结构。

从"X是"的语篇功能上看,可以分为两种情况:一种是标示小句间的语义关系,X大多为连词;一种是在小句中起作用,主要在于突显其后内容,X多为副词。

(22) 不管是什么人晕倒了,总会有一群人拥上去,抱的抱,抬的抬,有的递开水,有的掐人中。

(23) 两个人就这样泪眼相对,丁一林夫妇好像是有意安排,都躲开了,屋里只有他们俩人。

(22)中"不管是"所在的小句跟其后的小句之间构成一种条件关系,属于句间联结词,(23)中的"好像是"主要突显其后的动词性结构"有意安排"。

5.3.2 "X是"后接 NP 的情形

下面我们结合后接成分与语篇功能两方面来考察"X是"在汉语中的使用情况。

前面已经指出,断定悬空型结构不包括"X是NP",它属于典型、准典型或聚焦式"是"字句,句中的"是"是断定系词或焦点标记。

(24) a. 这件事完全是他的主意。
　　　b. *这件事完全他的主意。
(25) a. 这件事完全是他一人承担的。
　　　b. (?)这件事完全他一人承担的。

(24)是典型"是"字句,是对两名物之间关系的断定。(25)或是对名物与名物化事件之间关系的断定,属于准典型"是"字句,或是对预设事件与焦点特征间关系的断定,属于聚焦型"是"字句。在(24)和准典型释义的(25)中,"X"与"是"是相互独立的两个单位,"是"是断定系词,其中的"是"是不可以删除的;删除之后句子不好。聚焦释义的(25)中的"是"可以删除,参见第三章的讨论。可是,下面的句子似乎是例外。

(26) 不管哪种乌托邦,总是从一个人的头脑里想象出来的一个人类社会……

---

① 只有"但是、可是"等单音节X加"是"的成分才完全词汇化了,被收入《现代汉语词典》等权威辞书中。"若是"、"硬是"等尽管也是单音节X与"是"的组合,却被作不同的处理。"X是"可能呈现出一种词法—句法的界面特征。

(27) 于是我又发现了不管(是)东方人西方人，我们都是一群老娃娃。

(28) 不管(是)谁签的，总之是签定了。

从(26)－(27)看出，"不管""不管是"后面都可以跟 NP。这说明"不管"作为联结词后接 NP 时，"是"的出现是可选的。(28)的"是"是焦点标记，也可以删除。跟"不管"同类的还有"无论"、"不论"。

(26)－(28)其实并不是例外，是可以给予合理解释的。上述例句的共同特点是：连词后出现的 NP 是周遍性体词成分，如"什么"、"谁"、"哪里"以及名词连用形式。一般认为，在体词性成分中，周遍性代词本身是有较强的谓词性的，而连用的名词也往往表示一种普遍情况，带有谓词性。这一现象在英语中也存在，比较典型的是"whatever"，其功用大抵就相当于"不管(是)"。

(29) Whatever I suggest, he always disagrees. (《朗文当代高级英语辞典》)

不管我提什么建议，他总是不同意。

(30) The building must be saved, whatever the cost. (《朗文当代高级英语辞典》)

不管费用多高，必须抢救这幢大楼。

跟汉语的"不管"不同的是，"whatever"是一个体词，在句子中充当句法成分：在(29)中作 suggest 的宾语补足语，在(30)作系词 is(句中省略)的表语补足语。跟"不管"接近的还有"no matter"，其后可以跟谓词性成分，也可以跟体词性成分，下面是两个例子。①

(31) No matter what happened, he would not mind.

不管是发生什么事，他都不在乎。

(32) No matter what its origins, this term is not complimentary.

不管起源如何，这个词都不是恭维之辞。

不但 X 为"不管"之类连词时存在"X-NP"结构，而且 X 为副词时，也存在"X-NP"结构。对于前一种情况已经作出解释，下面需要解释后一种

---

① 这两个例子是笔者从网上选取的。

(31)见于http://www.hgc.hl.cn/wwwhgc2/wwwhgc214/yf/pages/1907.htm

(32)见于http://www.usembassy-china.org.cn/sandt/snakehead.html

no matter + wh-跟 wh-ever 在一定条件下可以互换，因跟本书内容无关，这里不去讨论。

情况。

(33) 尤其这一家,生活更困难。

(34) 尤其农业社这样一个集体大家庭,羊是很重要的副业收入。

上述结构中,X 为副词"尤其",其后却是 NP,形成"X-NP"。我们的解释是,(33)中的 NP 是一个带有索引(index)词的指示短语,(34)中的 NP 是一个抽象方所与索引词构成的结构,这两种情况下的 NP 都同时具有谓词性和体词性。当它们直接跟在 X 之后时,是谓词性的;当它们跟在"X 是"之后时,是体词性的。

综之,"X 是"后接 NP 时,其中的"是"或是普通系词,或为焦点标记。后接 NP 的"X 是"跟后接 VP 的"X 是"在语义功能上是有区别的,"X 是 NP"不属于断定悬空型结构。

5.3.3 "X 是"后接 VP 的情形

真正的断定悬空结构是指"X 是"后接 VP 的情形。从句法角度讲,无论 X 是连词或者副词,X-VP 都是可以接受的结构。对于"X－是－VP"序列如何进行句法切分,会存在歧异:"是"属前还是属后,即是切分为"X 是/VP"还是切分为"X/是 VP"? 这跟"是"的句法功能有关。我们看到,这种结构中的"是"是可以删除的。

(35) 中国人的头脑不再像"文化大革命"中那么简单了,甚至(是)变得过分的精明了。

(36) 下雨,下雨,好像(是)要把地球漂起来才甘心。

(37) 书院有了这些田,就有了比较稳定的经济收入,即便(是)改朝换代,货币贬值,也不太怕了。

上面各句中"X 是"的"是"属前或属后似乎是两可的。从韵律上说,如果 X 为单音节,则"是"前附于 X 构成一个双音节一拍的标准音步(foot)。这样,"X 是"作为一个整体是很自然的事。如果 X 是双音节,则有两种可能:一种是 X 本身作为一个标准音步,将"是"作为属后成分(即归入后接 VP),一种是将"是"作为属前成分,"X 是"构成三音节的超音步。这两种办法只有音律上的差别,没有语义的不同。决定选用"X 是"还是"X"的因素可能是一种语体上(genre)的考虑。

(38) 首先,是大会主席报告;其次,是代表发言。(《现代汉语词典》(第五版)第 1258 页)

对于"首先是"、"其次是"这样的"X是"结构,《现代汉语词典》将"是"处理作属后成分,将"是"看作属前成分的(38')似乎也是可以接受的表达。

(38') 首先是,大会主席报告;其次是,代表发言。

由于"X是"后接 VP 时,"是"可以删除,所以,(38)也可以表达为(39)。

(39) 首先,大会主席报告;其次,代表发言。

实际上,(39)跟(38)和(38')还是有差别的:(39)一般表示未然的事件,也就是用在大会进行之前,并且通常需要前加句的支撑。

(40) 会议的日程安排:首先,大会主席报告;其次,代表发言。

在上面的讨论中,我们只考虑了 X 为双音节的情况,下面来看一下 X 为单音节的情形。这里的讨论不包括已经收入词典作为纯粹词的"X是",因为这些成分在共时层面已经完全词汇化了,其语义的透明度很低,如"但是"、"只是"、"可是"等。相比之下,"说是"、"怕是"、"想是"、"料是"等结构以及"若是"、"也是"等结构就有些不同,至少在一般人的语感中,这样的"X是"还不能看作一个单词,词典中也未收录这样的成分。

(41) 中国有个故事,说是有个人遇见一位神仙,神仙问他需要什么。
(42) 前两天我们还念叨呢,老没见赵老师抛头露面,怕是叫外国请去演讲了。

5.3.4 "X是"的内部结构及其句法来源①

这一小节来讨论具有连词功用的"X是"结构的句法来源问题。先总结一下常见的"X是"结构,根据我们对辞书的统计,这样的"X是"双音节大致包括:别是、不是、但是、凡是、敢是(方)、还是、横是(方)、或是、既是、就是、可是、若是、算是、要是、硬是、先是、真是、只是、总是、自是,②三音节有"如果是"、"即使是"、"甚至是"、"尤其是"等。从功用上看,其中的"是"似乎是一个羡余者(redundant),其句法性质一直未得到合适的定

---

① 这一小节的基本观点与相关论述吸收了张和友、邓思颖(2011b)的部分内容。
② 这些双音节的"X是"取自《倒序现代汉语词典》(商务印书馆,1987)、《逆序现代汉语词典》(江天等 1986),标有"(方)"者是方言用例。对于 X 为少数动词的"X是"如(41)—(42)的讨论,可参阅王灿龙(2009:35—46)。

位。相应地,像"但是"这类连词的内部结构以及"如果是"的词/语划界问题,也一直存在。

学术界一般认为,汉语的句法结构类型与词法结构类型之间基本上呈现一种平行对应关系(Chao 1968,朱德熙 1982/1998),那么,"X 是"似乎具有词/语双重身份。根据一般的认识,"X 是"的句法结构应该是透明的。但是,作为词一级的"X 是"在结构类型上的归宿却比较尴尬:归入主谓式、述宾式,显然不行,因为在"X"与"是"之间不存在陈述关系与支配关系;归入并列式,意义上好像通不过,"X"与"是"在何种意义上等同?若为状中式,"X"却是中心成分;若为述补式,"是"做粘合式述补结构的补足语不太合理。这样,将"X 是"看作根复合词(root compound)似乎不大合适,于是,将"X 是"分析成"词根—语缀"这种合成复合词(synthetic compound)似乎是一个可能的分析。关于根复合词与合成复合词的讨论,可参阅 Grimshaw(1990:68—70)。暂且先不去论证其结构类型归属。事实上,无论怎样看待其中的"是","X 是"在句法功能上与"X"相当,可以表示为(43)。

(43) [$_{XP}$X 是]

关于这种"X 是"的派生或推导,我们提出如下初步假设:

(44) 标句词性的"X"句法上选择一个包含空语类"e"的小句"e 是 S"作其补足语,形成"X,e 是 S";也就是说,"X 是"由连词"X"与小句"e 是 S"结合而来。①

"是"的典型分布环境是作为二元述词,带两个名词短语论元。表面上,"X 是"中"是"后只有一个小句论元,是一元性的。从(44)可以看出,"是"仍可以分析为二元性的。由于"是"自身的二元性,而连词 X 是一元的,这样,空语类"e"(指称"情况")可居于"X"与"是"之间,如(45a),也可以居于"X"之前,如(45b)。空语类之前的位置上也可出现显性的名词短语,如(46)中的"你",这个名词短语同样可以看作被"e 是 S"谓述的话题。

(45) a. 如果 e 是张老师不来,今天的沙龙暂停一次。
    b. e 如果是张老师不来,今天的沙龙暂停一次。
(46) a. 如果你 e 是真的喜欢学问,想买本原版书,穿戴也就不可能在你的考虑之内。
    b. 你如果 e 是真的喜欢学问,想买本原版书,穿戴也就不可能

---

① 将连词"X"看作标句词(complementizer)自 Huang(1982)之后已为学界共识。

在你的考虑之内。

如果这种分析成立的话,则"X 是"引导的句子应该具有(47)的句法结构,其中"e"可以居于连词 X 之前。

(47) $[_{XP}X\ [_{IP1}\ e\ [_{VP}是\ IP_2]]]$

通过上面的论述,我们看到(44)就连词性结构"X 是"句法特性及其来源所做假设的合理性:一方面,"是"带小句补足语,二者形成一个动词短语,以空语类"e"作为其主语(指示语),形成新的小句,这个新的小句作为"X"的补足语。"X"具有标句词性质,而"是"跟句子类连词比较接近,它们都以小句作补足语,句法属性是一致的。关于这一问题的更为详尽的讨论,可参阅张和友、邓思颖(2011b)。

5.3.5 "X 是"结构的语法化进程和语义基础

这里所说的"语法化"是指语言学术语中的"语义淡化",我们形象地称之为"语义悬空",下面具体解释和说明。

这里所说的"语义悬空"是指如下现象:一个结构体由于构成它的某个成分受句法环境的影响语义淡化(bleaching),结构上可有可无,从而使该结构体的句法语义功能相当于语义淡化成分之外的那个成分。

假定结构体 C 由 X、Y 两个成分构成,其线性序列为 XY,在一定的句法环境下,Y 的语义淡化,对于结构体 C 自身来说,俨然是一个羡余成分。在这种情况下,C 在句法语义方面就相当于 X,即:XY=X。可以说结构体 C 语法化了,Y 的语义悬空。

需要说明的是,汉语是一个缺乏严格意义上的形态变化的语言,不像印欧语那样词缀可以贴附在词根上而发生形态上的变化,即形态化(morphologization)。汉语由于"字"的独立的顽强的表义性(徐通锵1997),所发生的语法化现象对语义的依赖性较重。语义淡化跟形态化是两种不同类型语言中发生的语言现象。

国外有学者认为,词缀向词根发生形态音位并合(fusion)的程度跟词缀与词根之间的语义关联度(degree of semantic relevance)有关,也即词缀的意义影响词根意义的程度(Bybee 1985)。由此可知,印欧语的形态化离不开语义基础,两个语言单位并合而成为一个单位可以从二者之间的语义关联上求得解释。需要指出的是,形态化所说的语义基础是指语法范畴意义(价、态、时、体等)的关联。汉语的语义淡化同样离不开语义基础,但跟形态化的情形有所不同。"X 是"能否语法化,跟"X"与"是"

所处的语义层次即各自的辖域(scope)有关,这也是"X 是"语法化的语义基础。

从上文所述可以看出,"X 是"发生语法化的环境是:X 是-VP。如果其后跟的是 NP,则"X"和"是"为独立的单位,即不发生语法化(少数带有周遍性的 NP 可以纳入 VP 类,不构成例外),下面具体分析语法化的语义句法条件。

先说后接 NP 的情形。既然 X 为连词或者副词,那么就要求其后带谓词性成分,"是"无论看作普通系词还是看作焦点标记,都需要分派给 NP 以满足这一句法要求。这种情况下,"是"是独立成分,"X 是"不发生语法化。

(48) a. 如果是张三,我们表示赞同。("是"为普通系词)
　　　b. (这件事)如果是张三干的,我们就给他处分。("是"为焦点标记)

(48)中"X 是"后为 NP,受连词"X"性质的限制(这里的"X"是属于句子的),"是"不跟"X"一起语法化,而与 NP 组构,"X"与"是"处于不同的语义层面上。但 a、b 又有不同,如(49)所示。

(49) a. 如果[∅[是 NP]]　(∅ 表示在语境中省略的句子主语)
　　　b. 如果[(是……的)[VP]]

(49)a 中,"是"处于受连词管辖的小句中,语境中又省缺主语,因而成为句法必有成分,这种结构中的"是"是普通系词。

(49)b 则不同,"是"对其后句子中的施事主语焦点化,可以省缺;实际上,"是"省缺之后,连词之后是谓词性小句(张三干的),满足连词 X 的句法要求。这种情形可能是"X 是"语法化的中间地带。

再看后接 VP 的情形,以第一章举过的一个句子为例,重述如(50)。①

(50) 我喜欢音乐,(我)尤其是喜欢古典音乐。

(50)中含"X 是"句子的语义结构为:X[是[S]]。(50)跟(49)是相同的,这表明,X 对于整个结构的语义起制约作用,"是"只是作用于 S,并且"是 S"和 S 都在 X 的辖域内。"是"在这里的语义层次高于 S 中的谓词,但在 X 的辖域内。对 X 来说,真正重要的是 S,所以"是"的地位"悬空",

---

① 实际上 X 是副词时情形比较复杂,因为副词分为句子性的(属于句子)和谓语性的(属于谓语动词),限于篇幅,也因跟这里要讨论的问题无直接关系,这里不去讨论。对副词问题有兴趣的读者,可以参阅张谊生(2004)。

因此可以删除。这时,"X 是"语法化了。

综上,"X 是"语法化的环境是"X 是＋VP",语法化的实质不是"是"向"X"贴附,而是其句法语义作用"悬空","X 是"在功能上相当于"X"。

对上述分析的另一个证据是,"X 是 VP"的否定形式是在"X"与"是"之间嵌入否定词,而不是在"X 是"之后。

(51) a. 和尚如果不是把头剃光了,该有一头很好的白发。
　　 b. ? 和尚如果是不把头剃光了,该有一头很好的白发。
(52) a. 如果和尚不是把头剃光了,该有一头很好的白发。
　　 b. ? 如果是和尚不把头剃光了,该有一头很好的白发。

单独看肯定句"和尚如果是把头剃光了",可以有两个位置可供否定词选择:一种是在"X(如果)"与"是"之间,一种是在"X(如果)是"之后。对语料的粗略统计显示:只有第一种情况在语料中出现,即使承认第二种情况并非绝对不说,它也不如第一种选择自然。所以,(51)－(52)的 a 句比 b 句要好。

我们在第一章中指出,断定悬空型"X 是"结构中的"是"跟"是 S"结构中的"是"功能上并无不同,其实都是说话者的一种语气断定。二者的差异在于:"是 S"结构中由于"是"相对于 S 中的谓词而言是高阶谓词,是对 S 所陈述情况的断定,所以"是"不可省缺。断定悬空"X 是"结构中,"是"的辖域也是其后的小句 S(这里假设"是"后小句仍为 S),但其前有高一级的 X 存在,即 X 管辖"是 S",由于说话者的着眼点在 X 与 S 之间的语义关系,所以结构中的"是"可以删除。

5.4 三种结构中"是"的一致性解释

从语义和句法功能两方面来看,"确认"型、客观断定的"S_{subj}-是-P"、断定悬空型三种结构中的"是"的语义都比较空灵,句法上并非必有成分,只表达说话者的断定语气。为称说方便起见,统称语气断定"是"字结构。

本章反复用到"语气"这一术语,这里交代一下。"语气"是一个句法范畴而非观念(notional)范畴(Jespersen 1924),在不同语言中的表现形式可能不同。在英语等印欧语中,"语气"主要是通过情态助动词或者动词的屈折形式来表达。由于情态助动词或动词屈折形式跟主语相关,所以有学者将语气看作由主语(subject)和谓语中的定式算子(finite operator)两部分构成,即:Mood＝Subject＋FO (Halliday, 1985/1994)。

汉语表达"语气"的手段主要靠语气词和语调来表示。"是"显然不能算作语气词,那么上述结构的"语气"从何而来?[①]我们认为,来源于说话者对情况的"断定",即对相应的直陈句(indicative)所述事实的一种"断定"。可以说,上述几种结构是用系词句形式包装直陈句的内容,"断定"语气正缘于此。

前面几章讨论"是"的几种比较实在的用法,其中,逻辑意义相当于"等同"、"属于"的判断系词是语义最为实在的用法,[②]语义特异的"是"字句由于说话者在一定语境中省缺听说双方已知的信息,结果造成从典型"是"字句的标准看语义特异的(idiosyncratic)"是"字结构。但是,如果将省缺的信息复原,原来语义特异的"是"字句就能纳入典型"是"字句之列。从这个意义上说,语义特异"是"字句中"是"的语义也是比较实在的,只是这种实在性存在于较深的层次上。聚焦式"是"字句中,"是"的功能在于将语义重心(焦点)指派给句子的某个成分(这里不包括句子本身),语用功能在于说话者突显叙事句中的某个要素,"是"的语义实在性较之前两类又有所减弱。本书要讨论的语气断定"是"字结构中的"是"的语义相对于前几类来说其实在性更低。这样,我们可以大致给出各类"是"字结构中"是"的语义在实在性上的程度序列(这里只突出"是"字),如(53)所示。

(53) 典型"是"字 > 语义特异"是"字 > 聚焦式"是"字 > 语气"是"字

(53)中所展示的各种结构中"是"字的语义实在性程度序列只是一种倾向,是各类"是"字结构中"是"在表层句法结构中呈现的一种语义差异。相邻两类"是"字结构之间的差异并不明显,但可以肯定,两端"是"字的实在性的区别还是明显的,即从说话者对于两事物的"等同"或"类属"断定到表达说话者的一种断定语气,"是"的语义逐渐淡化。与语义淡化相伴随的是,各类"是"字结构由客观断定向主观断定过渡,说话者的断定语气渐强(参第一章表(88))。

语义上的实在性逐渐淡化在形式上也有体现,主要看不同结构中"是"字的句法作用,也即是否可以删除。大致说来:

[①] 如果考虑到方言,现代汉语中"是"的用法是很复杂的。不仅有类似连词的用法(王燕 2009),甚至有类似语气词的用法(万宇婷 2009)。本书未将方言因素考虑在内,留待今后进一步的研究。

[②] 本书是在现代汉语平面上讨论"是"字句的,所以不包括"是"作为指示代词的情形。从语义上说,作为指示代词的"是"才是最实在的,如"是可忍,孰不可忍?"中的"是"的语义显然最具实在性。

在典型"是"字句中,"是"是句法上的必有成分(清单式列举的情况除外);在不合逻辑"是"字句中,"是"一般说来也是不可以删除的,有些情况下可以删除,但是删除后语义会有变化;①聚焦式"是"字句中"是"在一定条件下可以删除;语气断定结构中"是"可以删除。②从理论上说,"是"作为"话题—说明"间的断定标记,并非汉语断定句的必有之物。

　　综之,语义空灵,并非句法上的必有成分,而只是表明说话者的一种语气断定,因而形式上可以删除,是本章所讨论的三种"是"字结构的一致性特征。

---

① 在(i)中,"是"字可以删除,但删除之后,语义上有不同。
　(i) a. 小张是父亲病了。
　　 b. 小张父亲病了。
　　　a、b 的差别是明显的:a 是说"小张因父亲病了遭遇某种结果(如没有考上大学)"或者"小张的情况是父亲病了",在后一种意义上才跟 b 意思相当;b 只是陈说一件事实。
② 这里不包括强调断定的"主—是—谓"和"X 是 NP",其中"X 是 NP"本身就不在断定悬空结构之列。

第六章 "是"字结构的归一性及相关问题

【本章摘要】

在前面各章中,我们依次讨论了典型"是"字句与准典型"是"字句、语义特异"是"字句、聚焦式"是"字句以及语气断定型"是"字句。这些结构中的"是"能否在句法上进行归一解释,它们在语义上有何关联?其联系基础是什么?本章就是要回答这些问题。除此之外,从历时发展看,汉语"是"的语义淡化跟基于印欧语的语法化是一种什么关系?语法化的"单向"性假说是否适用于汉语?进一步地,我们在语言研究中应该如何调整自己的研究视角?如何处理语言研究中共性与个性的关系,也即处理汉语研究跟普通语言学研究之间的关系。本章逐一讨论这些问题,既是引发思考,又是对全书的总结。

6.1 中心语理论与"是"字句法结构的归一性

本书全面讨论了现代汉语中的"是"字结构,概括说来包括典型、准典型、非典型几大类,其中非典型又可分为几个次小类。为方便讨论,将相关的例子列在下面。

(1) 张三是北京大学学生。
(2) 他是日本女人。
(3) 张三的儿子考上的是北京大学。
(4) 是张三的儿子考上了北京大学。
(5) 是猫把花瓶打破了。
(6) 如果是张老师不来,今天的沙龙暂停一次。

对于这些不同的"是"字句,我们的基本看法是,其中的"是"的功能是相同的,都表示说话者的一种"断定"。从现代语言学中心语理论(theory of head)的角度看,也可以对这诸多的"是"进行归一解释:它们其实都是其所在短语的中心语。

按照生成语言学的中阶理论(X-bar theory, Chomsky 1970 以后)以及中心语驱动的短语结构语法(head-driven phrase structure grammar, Pollard & Sag 1994)的主张,中心语是指决定某一短语句法语类地位的那个成分,而短语中的其他成分则从属于它。中心语的语类特点渗透到其所在的母节点,如在短语 XP 中,中心语为"X",它将自己的语类特征渗透到母节点 XP 那里,YP、WP 则从属于"X",如(7)所示。

(7)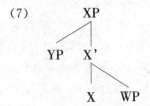

用中心语理论来看,上述(1)—(6)中"是"在其所在的短语中都是"中心语",各自相应的句法结构可以表示为(8)(无关的细节略去)。

(8) a. [$_{IP}$ 张三 [$_{VP}$ 是 [$_{DP}$ 北京大学学生]]]
  b. [$_{TopP}$ 他 [$_{IP}$ e [$_{VP}$ 是 [$_{DP}$ 日本女人]]]](TopP 为话题短语)
  c. [$_{IP}$ [$_{DeP}$ 张三的儿子考上的] [$_{VP}$ 是 [$_{DP}$ 北京大学]]] (DeP 为"的"字短语)
  d. [$_{FocP}$ 是 [$_{IP}$ [$_{DP}$ 张三的儿子] [$_{VP}$ 考上了 [$_{DP}$ 北京大学]]]] (FocP 为焦点短语)
  e. [$_{FocP}$ 是 [$_{Ba}$P 猫 [$_{Ba}$ 把 [$_{VP}$ 花瓶 [$_{V}$ 打破了]]]]] (BaP 为"把"字短语)
  f. [如果 [$_{IP}$ e [$_{VP}$ 是 [$_{IP}$ 张老师不来]]]]

如果我们只关注"是"所在的短语,并且不考虑"是"字的表层差异(作为动词还是焦点标记),将其看成短语的中心语,那么,(8)中关于各类"是"的句法结构可以用(9)来统一表示。

(9)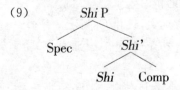

至此,我们认为,各类"是"字结构尽管存在一定的差异,但是,其中的"是"在句法语类上是一致的;毋宁说,现代汉语中的各类"是"字结构中的"是"因其所处的表层句法环境不同而呈现出普通系词、焦点标记、语气功能词等种种差异,实际上可以看作断定系词因语(义)用因素影响而形成的句法变体,这也是"是"在句法上的归一解释。

6.2 "是"字结构语义的连续性

"是"字句中,"是"可以看作结构标记(construction marker)。从纯粹的形式着眼,可以刻画为:(X)是 Y。①在一定情况下,作为结构标记的"是"可以不出现。从表层语义上说,"是"字句有三种不同的解释:典型结构义、准典型结构义、非典型结构义。但从这一结构的逻辑义上说,三种不同的语义解释由于存在内在联系而可以作一致性释义,那就是都表示说话者的一种主观断定。

因此,[+断定]可以被认为是这三种结构的共同义。

但由于"是"联结项的性质和语义对比关系不同,三种结构的具体义是不同的,大致是:

① 典型结构的具体义是"两名性实体间的等同或归属",可以用集合论加以刻画;

② 准典型结构的具体义是"指称化/名物化的动性实体间的等同或归属",除非将动性实体视同名性实体,不能用集合论刻画;

③ 非典型结构的具体义是特异的(idiosyncratic)或抽象的(abstract)等同或归属。所谓"特异的"或"抽象的"等同/归属是指"是"的前后项之间,或因信息缺省,或因"是"的约束对象不同,无法纳入前两类那样的语义模式,但我们可以通过补充被省缺的信息,或者添加抽象的类属词,建立一种跟典型结构一样或类似的"等同/归属"语义模式,这里以前面举过的句子为例作简单说明。

(10) 他是个日本女人。[语义特异类,记作 A 类]

(11) 我是昨天进的城。[聚焦类,记作 B 类]

(12) 是猫把花瓶打碎了。[语气断定类,记作 C_1]

(13) [世乒赛]王楠是输不起,梅村礼是输不怕。[语气断定类,记作 C_2]

(14) 如果是张三没来,我们就让小李顶替他。[语气断定类,记作 C_3]

A 类要达到一般的等同或归属,必须补充必要的信息,如"他的妻子是日本女人"或者进行特异的"等同/归属"解释,即将(10)解释为"他是个

---

① "是"结构中的前项可以为空,如第五章谈到的"是"居于小句之首的结构"是 S";但后项一般不能为空。

妻子是日本女性的人",也即"他属于妻子是日本女性那一类的人"。①

B类可以纳入"实体话题－动态临时属性"(参3.2)这样的语义模式，这是一种广义的"实体—属性"关系。

C_1－C_3可以通过添加"情形/况"或者跟句子某个名词相关的类属词，建立广义的"等同/归属"关系。上述(12)－(14)，可以表达成(12')－(14')。

(12')(那声音)是猫把花瓶打碎了。[问话:什么声音?]

(13')王楠(的情形)是输不起,梅村礼(的情形)是输不怕。

(14')如果(情况)是张三没来,我们就让小李顶替他。

以(12)为例,说话者可以采取非"是"字结构(参第五章),说成"猫把花瓶打碎了"作为问话"什么声音"的答语。如果采取"是"字结构,则其真正意思是"那声音是猫把花瓶打破了发出来的"。这个意思也可以直接说成"那声音是猫把花瓶打破了",这就成为第二章所谈的"[—有生]NP＋是＋S"(那场大火是电线走了电)之类,所谓语义特异的"是"字结构。

可见,三类结构的表层具体义各自有别,但底层逻辑义却是一致的,就是[＋断定]义。

上面从"是"联结项的性质与语义关系上分析了各类"是"结构的语义特性,可以看出"是"结构的[＋断定]逐渐由典型核心义向非典型的边缘义过渡,呈现连续性,可以看作一个连续统(continuum),如(15)所示。

(15) ① ＞ ② ＞ ③ ＞(A ＞ B ＞ C)[结构具体义序列]

关于这个语义序列有两点需要交代:

第一,(15)是以结构的逻辑义[＋断定]为参照,考察每种结构"是"前后项的句法性质和语义关联之后而得出的。

第二,这个序列式跟第五章(53)中"是"的语义实在性序列本质上是一样的。二者所反映的都只是一种倾向性规则,并非绝对法则。

随着结构的具体义由中心(典型)向边缘(非典型)延伸,说话者的"断定"语气也发生变化。大致是:(15)表达式自左至右,由客观断定到主观断定,语气由中性断定到中性或较强断定,再到强或中性断定,参见第一章表(88)。

---

① 我们注意到,在第一种释义下,"女人"可以用"女性"替换,在第二种释义下,"女人"可以用"妻子"替换。

6.3 "是"字结构语义连续性的原因

"是"字结构义连续性的原因,从语言本身而言是结构表达功能的扩展(extension);从说话者方面讲,是主观性(subjectivity)程度的不同。

一种结构出现之初,其意义与表达功能是单一的。随着语言的发展和该结构使用频度的增高,其语义表达功能会由单一而多样性化。这种现象跟词义由单一而多样的演变有相似之处,词汇意义的增多是靠派生来完成,派生有两种途径:一是隐喻(metaphor),一是转喻(metonymy)。词汇在其基本意义的基础上随着意义的增加,新的意义往往带有语言使用者的情感等因素,也就是语言学上所说的主观性。

再来看结构的表达功能扩展方面。当"是"发展成为断定系词之后,其核心(典型)语义是表示两名物实体在外延上的等同/归属,这是一种一致式表达(congruent expression),也即直接临摹经验结构。起初,"是"字结构的表达功能基本以这种类型为主。当说话者认识到两事物具有内涵上的相似性并用系词结构反映这种关系时,可以采用隐喻式(metaphorical expression);当说话者试图在仅有某种关联性的实体(静态或动态)之间建立断定关系时,便采用转喻式表达(metonymical expression)。"是"的功能进一步扩展的结果是对叙事句中的某一成分焦点化,最后是成为语气功能词。

在"是"的功能扩展的过程中,伴随着说话者主观性程度的变化。有关"主观性"问题,绪言中已经交代,这里再作简单补充。"主观性"是指语言的这样一种特性,即在话语中多多少少总是含有说话者"自我"的表现成分(沈家煊 2001:268)。说话者在进行言说时,会同时对所言说的内容做出评价,并表达对言说内容的态度(Lyons,1977:739;1995/2000:336—342)。就"是"的各类结构而言,大致是:随着(15)中"是"自左至右语义的淡化,其语气断定功能渐增,说话者的主观性逐渐增强。拿(15)中两端的情况说,左端的①由于前后项在所指上存在"相等"或"个体—类"这样的关系,人们往往感觉不到这是人的认知活动,其主观性是最低的;最右端的C"是"是对一种情况的断定,可以认为说话者表达的只是一种抽象的"等同/归属","是"的表层语义完全淡化,只有语气功能,说话者的主观性最高。①

6.4 从"是"的演变看语法化的单向性问题

结合已有研究,我们认为,"是"的历时发展路径大致为:指代词＞断定系词＞焦点标记＞语气功能词。在这个发展过程中,"是"的语义逐渐淡化,而表达语气的功能逐渐突显,这符合语法化的一般规律。这里要说的是,从"是"的共时分布来看,除了"NP_1-NP_2"这样的环境之外,还有"NP-S/VP"、"S/VP-NP"、"S/VP-S/VP"这样的环境,如果不考虑句尾的"也",这跟早期古汉语中"是"的分布环境完全一样(参1.2.2)。但是,现代汉语中的"是"已经不是指代词,而是一个断定标记词。形式分布只是表象,语义的淡化是背后发生的语法化引起的。语法化一个很重要的观点是"单向性"假说(hypothesis of unidirectionality),②这种假说认为语法化按照下列单一方向进行,即:一个语言形式从词汇性的到语法性的,再到更为语法性的;另一种表述认为,从特定语境(specific linguistic context)中运用的词汇成分(L),演变成句法成分(S),再演变成形态成分(M),即 L＞S＞M。

语法化虽然是在印欧语基础上提炼出来的理论,对汉语也是适用的,因为它研究的是语言成分的语义淡化和句法功能增长这样的现象。不同在于,印欧语中这种变化往往还伴随着形态上的变化。就"是"的发展情况看,在指代词身份下,其分布环境很广(参1.2.2);当其断定系词身份确定之后,其典型分布环境是"NP-NP"之间。然后延伸到其他环境,跟早期汉语基本一致。在形式上仿佛是一种"回归",但其性质已经不同,语义逐渐淡化,从断定动词发展到基本是一个语气功能词。这种发展跟单向性假说是相符的。

6.5 方法论之检讨

在本书中,我们将含有"是"字的句法语义载体看作一个结构(construction),考察结构的句法语义特性。也就是说,考察"是"的语义

---

① 聚焦式的"是"字句语气最强,但主观性并不比整体聚焦型的"是"高,对事件整体断定,说话者需要更多的"移情"投入。

② 语法化理论关于"单向性"假说的观点可以参阅 Hopper & Traugott(1997)第五章,Bybee(1994)第一章,Heine(1998:29)。

是在其所在的结构中进行的。从理论上讲,我们可以将各种结构在句法语义上的差异归结于"是"的不同特性,也可以将这种差异归结结构中不同成分共同作用的结果,"是"只是结构中的一个断定标记(assertive marker)。后一种处理是坚持了语义的组合性原则(principle of semantic compositionality),也就是将结构的意义看作结构各个构成成分的函项(function),这也是本书在方法论上的主张。

以这样的眼光看,不妨认为"是"就是结构意义的一个函项(子)。既然我们将各种结构中的"是"都看作一个函项,那么就应该赋予它一个固定的值,这个"值"就是"是"的基本功能——"断定"(assertion)。我们在绪言中指出,系动词在各个语言中都是主观性最高的动词,主观性跟说话者的"断定"有关。所谓"断定"就是说话者对经验世界中的实体与实体(entity)、实体与事件(event)、事件与事件之间的关系的认知活动,通过认知活动,在它们之间建立联系。"是"在各个结构中的基本功能是一致的,但其在结构中的具体意义则可以有别,表现为从客观断定(典型)到主观语气断定(非典型)的延伸。

我们在绪言中指出,结构语法(CG)将各个成分组成的结构看成一个句法、语义、语用的复合体(synthesis)。一种结构有其特殊的语义表达功能和一定的句法特性,就"是"字结构来讲,其基本功能可以界定为:说话者的一种断定,其中"是"可以视为"话题—说明"之间的断定标记。由于"是"跟结构中的其他成分发生不同的关联以及结构中其他成分间的关联也各自有别,结果就造成汉语中三种不同类型的"是"字结构。

6.6 本书研究的启示

我们的语法研究肇始于《马氏文通》。因马氏借鉴西洋语法之故,所以大多数后来的研究者受了"印欧语眼光"的影响。正是受了这种眼光的束缚,所以常常自觉不自觉的将汉语纳入印欧语的框架考察。结果自然是受了"削足适履"之苦,一些问题难以说清楚。上个世纪50年代关于词类问题和主宾语问题的两次大讨论就是以"印欧语眼光"来研究汉语这一做法所带来的直接结果。随着汉语研究向纵深发展,学者们逐步认识到汉语自身的个性特征,将研究的视角逐渐放到汉语自身特性之上,正像有学者所说的那样"一部中国语法学史,就是不断向汉语特点回归的历史"(龚千炎1997)。

话又说回来,研究汉语要有普通语言学的眼界。在处理立足汉语自身研究和具有普通语言学的眼界之关系上,王力的意见可谓精辟。他指出,"中国语法学者须有两种修养:第一是中国语史学(Chinese philology);第二是普通语言学(general linguistics),缺一不可。若只精于中国语史学(如所谓'小学'),而不精于普通语言学,就只知道从古书中大事搜罗,把若干单词按照英语的词类区分,成为一部'新经传释词'。若只精于普通语言学,而不精于中国语史学,就只知道运用若干术语,把中国的语法事实硬凑上去,成为别开生面的'削足适履'。"(《中国现代语法·自序》)

因此,在研究当中就要求我们正确看待和处理语言共性(universality)和语言个性(particularity)之间的关系。王洪君老师在谈到这个问题时所说的一段话颇有警示作用,转引在此,以为自励:

> ……个性与共性不是矛盾的,共性比个性的层次高。
>
> 一方面语言共性是科学研究将逐渐接近,希望能最终达到的目标。西方的普通语言理论不过是建立在某些语言具体特点之上的、反映他们目前认识水平的工作假设。拿这种假设当作唯一正确的原则来处理汉语,结果只能跟在别人后面打转:……这样的做法明显是不足取的。
>
> 另一方面,动辄强调汉语的特点远不如坚持探求"最简明、解释力最强的汉语模型"更为理智和明智。……后一种提法(案,指探求"最简明、解释力最强的汉语模型")是为探求"最简汉语模式"在什么层次上反映人类语言共性所走的第一步,是修正、补充以至推翻西方理论的第一步……(《缀玉集》:313)

我们对于汉语"是"字句的研究就是在这种思想的指导下进行的。

现在学者们逐渐接受汉语是一种语义型语言的观点,这种语言跟以英语为代表的印欧系语法型语言存在一系列差异。以语言为视窗,可以认为语言的这种差异反映了东西方思维的某些差异。本书将"断定"作为一种语义范畴,认为运用一定的语言手段进行断定是人类思维的共性,但具体运用什么样的语言手段则可能因民族而异。这样,表面上相似的形式可能有着很不相同的语义功能,比方,"是"和"to be"都可以作为两名物实体之间的联结物,但二者的功能存在很大差异。语言对经验的反映不是照镜子式的机械复制,而是主观心智活动,同样的经验结构在不同的民族那里会有不同的语言表达形式。语言事实的发掘、语义规则的发现、句法规则的找寻对于认识自然语言的特性以及对相关学科如心理学、认知科学、计算机的信息处理以及对外语言教学都将产生积极的影响。

参考文献

蔡曙山.2003.什么是语言逻辑,《语言》(4),北京:首都师范大学出版社。
曹逢甫.1995.《主题在汉语中的功能研究:迈向语段分析的第一步》,谢天蔚译,北京:语文出版社。
陈保亚.1996.语言影响文化精神的两种方式,《哲学研究》,第2期:28—34。
陈　波.1999/2002.《逻辑哲学导论》,北京:中国人民大学出版社。
陈承泽.1982.《国文法草创》,北京:商务印书馆。
陈宗明.1993.《汉语逻辑概论》,北京:人民出版社。
戴浩一.1990.以认知为基础的汉语功能语法刍议,《国外语言学》第4期:21—27。
邓思颖.2003a.数量主语的指称和情态,《语法研究和探索》(十二),北京:商务印书馆。
邓思颖.2003b.《汉语方言语法的参数理论》,北京:北京大学出版社。
邓思颖.2006.以"的"为中心语的一些问题,《当代语言学》第3期:205—212。
邓思颖.2010.《形式汉语句法学》,上海:上海教育出版社。
丁声树等.1961.《现代汉语语法讲话》,北京:商务印书馆。
董秀芳.2004."是"的进一步语法化:由虚词到词内成分,《当代语言学》第1期,35—44。
冯志伟.1985.《数理语言学》,北京:知识出版社。
冯志伟.1996.《自然语言的计算机处理》,上海:上海外语教育出版社。
弗雷格.1988.《算术基础:对于数这个概念的一种逻辑数学的研究》,王路译,北京:商务印书馆。1998。
高名凯.1986.《汉语语法论》,北京:商务印书馆。
耿素云等.1990.《集合论引论》,北京:北京大学出版社。
龚千炎.1997.《中国语法学史》,北京:语文出版社。
郭　锐.1997.论表述功能的类型及相关问题,《语言学论丛》第十九辑,北京:商务印书馆。
郭锡良.1990/1997.关于系词"是"产生时代和来源论争的几点认识,收入《汉语史论集》,北京:商务印书馆,1997。
黄国营.1982."的"字的句法、语义功能,《语言研究》,第1期:101—129。
黄正德.1988.说"是"和"有",《历史语言研究所集刊》,第59本第1册。
江天等.1986.《逆序现代汉语词典》,沈阳:辽宁大学出版社。
金田一春彦.1988/1989.《日本语》(下),岩波书店。
黎锦熙.1924/1998.《新著国语文法》,北京:商务印书馆。

李　娟．1999．汉语结构特征和汉语研究独特的发展道路——中西语言学史的比较研究，北京大学图书馆博士学位论文。

李讷、安珊迪、张伯江．1998．从语法角度讨论语气词"的"，《中国语文》第 2 期。

李艳惠．2008．短语结构和语类标记："的"是中心语？《当代语言学》第 2 期：97－108。

刘丹青．2011．附缀、附缀化和汉语虚词，4 月 19 日：北京师范大学文学院语言学系列讲座之二。

刘丹青、徐烈炯．1998．焦点与背景、话题及汉语"连"字句，《中国语文》第 4 期。

刘敏芝．2003．汉语结构助词"的"的历史演变研究，北京大学图书馆博士学位论文。

刘月华等．1983．《实用现代汉语语法》，北京：外语教学与研究出版社。

龙果夫．1958．《现代汉语语法研究》，北京：科学出版社。

陆俭明．1984．现代汉语里的疑问语气词，《中国语文》第 5 期。

陆俭明．1993/1997．《八十年代中国语法研究》，北京：商务印书馆。

陆汝占、靳光瑾．2001．"是"的内涵逻辑语义解释，《自然语言理解与机器翻译》，北京：清华大学出版社。

吕叔湘．1962/1995．关于"语言单位的同一性"等等，收入《吕叔湘文集》第二卷，北京：商务印书馆。

吕叔湘．1943/1993．《中国文法要略》，收入《吕叔湘文集》第一卷，北京：商务印书馆。

吕叔湘．1980/1999．《现代汉语八百词》，北京：商务印书馆。

吕叔湘．1990．《吕叔湘文集》（二），北京：商务印书馆。

马希文．1989．以计算语言学为背景看语法问题，《国外语言学》第 3 期。

马学良、史有为．1982．说"哪儿上的"及其"的"，《语言研究》第 1 期：60－70。

木村英树．2003．"的"字句的句式语义及"的"字的功能扩展，《中国语文》第 4 期。

钱　军．1998．《结构功能语言学》，长春：吉林教育出版社。

杉村博文．1999．"的"字结构、承指与分类，收入《首届汉语语言学国际研讨会文集》，北京：中国社会科学出版社。

沈家煊．1999a．《不对称和标记论》，南昌：江西教育出版社。

沈家煊．1999b．转指和转喻，《当代语言学》，第 1 期。

沈家煊．2001．语言的"主观性"和"主观化"，《外语教学与研究》第 4 期。

沈家煊．2006．"王冕死了父亲"的生成方式——兼说汉语"糅合"造句，《中国语文》第 4 期。

沈　园．2000．逻辑判断基本类型及其在语言中的反映，《当代语言学》第 3 期。

石安石．1998．《语义研究》，北京：语文出版社。

石定栩．2003．理论语法与汉语教学——从"是"的句法功能谈起，《世界汉语教学》第 2 期。

石毓智．2001．《汉语语法化的历程》，北京：北京大学出版社。

史有为．1984．表已然义的"的b"补议，《语言研究》第 1 期：249－255。

司富珍．2004．中心语理论和汉语的 DeP，《当代语言学》第 1 期：26－34。

宋玉柱. 1981. 关于时间助词"的"和"来着",《中国语文》第 4 期。
太田辰夫. 1958/2002.《中国语历史文法》,蒋绍愚、徐昌华译,北京:北京大学出版社。
唐钰明. 1993. 中古"是"字判断句述要,《中国语文四十周年纪念刊文集》,北京:商务印书馆。
万宇婷. 2009. 赣语南城方言中的"是"字句,北京师范大学硕士学位论文,北京师范大学图书馆。
王灿龙. 2009. 一个濒于消亡的主观性标记词——想是,《当代语言学》第 1 期:35—46。
王洪君. 1990. 汉语的特点与语言的普遍性——从语言研究的立足点看中西音系理论的发展,《缀玉集》,严家炎、袁行霈主编,北京:北京大学出版社。
王　力. 1951.《中国语法纲要》,上海:开明书店。
王　力. 1953/1990. 句子的分类,《语文学习》1 月号,收入《王力文集》第十六卷,济南:山东教育出版社。
王　力. 1961. 语言与逻辑,《红旗》第 17 期, 收入《王力文集》第十六卷,济南:山东教育出版社。
王　力. 1982.《汉语语法纲要》,上海:上海教育出版社。
王　力. 1944/1985.《中国现代语法》,北京:商务印书馆。
王　力. 1937/2000. 中国文法中的系词,收入《王力语言学论文集》,北京:商务印书馆。
王　路. 1992. "是"的逻辑研究,《哲学研究》第 3 期:65—73。
王　路. 2000.《逻辑的观念》,北京:商务印书馆。
王维贤等. 1989.《语言逻辑引论》,北京:湖北教育出版社。
王　燕. 2009. 涪陵话中表示假设义的"是"及相关问题,丁声树先生百年诞辰纪念暨第五届官话方言国际学术研讨会,10 月 24—26 日,河南 开封。
熊仲儒. 2005. 以"的"为核心的 DP 结构,《当代语言学》第 2 期:148—165。
徐　杰. 2001.《普遍语法原则与汉语语法现象》,北京:北京大学出版社。
徐烈炯. 1988/1998.《生成语法理论》,上海:上海外语教育出版社。
徐烈炯. 2001. 焦点的不同概念及其在汉语中的表现形式,载《现代中国语研究》第 3 期。
徐烈炯. 2002. 多重焦点,载《中国语研究》第 1 期。
徐烈炯、刘丹青. 2003.《话题与焦点新论》,上海:上海教育出版社。
徐通锵. 1997.《语言论》,长春:东北师范大学出版社。
亚里士多德.《范畴篇》,方书春译,北京:商务印书馆,1997。
亚里士多德.《亚里士多德选集·形而上学卷》,苗力田主编,北京:中国人民大学出版社,2000。
杨成凯. 1996.《汉语语法论研究》,沈阳:辽宁教育出版社。
俞士汶等. 2003.《计算语言学概论》,北京:商务印书馆。

袁毓林. 2003. 从焦点理论看句尾"的"的句法、语义功能,《中国语文》第 1 期。

约翰内斯·恩格尔坎普. 1983.《心理语言学》,陈国鹏译,上海:上海译文出版社,1997。

张伯江、方梅. 1996/2001.《汉语功能语法研究》,南昌:江西教育出版社。

张和友. 2001a. 哈利斯的描写主义语言研究,《四川大学学报》(哲社版),第 1 期:74—80。

张和友. 2001b. "NP_1+是+VP的+NP_2"句浅谈,《西南民族学院学报》(哲社版)第 2 期:174—179。

张和友. 2003. "标示—价值"和"被认同者—认同者"及汉语语法研究二、三例,《外语与外语教学》第 2 期:40—43/53。

张和友. 2004. 从焦点理论看汉语分裂式判断句的生成,《语言学论丛》第 30 辑:91—116。北京:商务印书馆。

张和友. 2005. 英语分裂句来源问题试析:兼论汉英分裂句差别之因由,《外语教学与研究》第 2 期:140—146。

张和友. 2006. 聚焦式"是"字句的句法语义特点,《语言教学与研究》,第 1 期:42—50。

张和友. 2007a 汉语分裂句的来源及其相关问题,《汉语语言学探索》(首届汉语语言学理论建设与应用研究国际学术研讨会暨浙江省语言学会第 13 届年会文集):264—277,杭州:浙江大学出版社。

张和友 2007b 情态确认型"是"字构式的语义功能,《北京大学学报》(哲社版)第 2 期:95—101。

张和友、邓思颖 2009 普通话、粤语比较义系词句的句法差异及相关问题,《汉语学习》第 3 期:23—27。

张和友、邓思颖 2010 与空语类相关的特异型"是"字句的句法、语义,《当代语言学》第 1 期:14—23。

张和友、邓思颖. 2011a. 论"是"与"Yes".《现代外语》第 2 期:111—118。

张和友、邓思颖. 2011b. 词法性还是句法性:论"X 是"的接口特征,未刊稿。

张今、陈云清. 1981.《英汉比较语法纲要》,北京:商务印书馆。

张　敏. 2004. 汉语话题化结构限制的认知理据,未刊稿。

张谊生. 2004.《现代汉语副词探索》,上海:学林出版社。

中国社会科学院语言研究所. 1987.《倒序现代汉语词典》(第 1 版),北京:商务印书馆。

赵淑华. 1979. 关于"是……的"句,《语言教学与研究》第 1 期。

赵元任. 1955/2002. 汉语语法与逻辑杂谈,收入《赵元任语言学论文集》,北京:商务印书馆。

赵元任. 1956/2002. 汉语结构各层次间形态与意义的脱节现象 收入《赵元任语言学论文集》,北京:商务印书馆。

邹崇理. 1995.《逻辑、语言和蒙太格语法》,北京:社会科学文献出版社。

邹崇理. 2000.《自然语言逻辑研究》,北京:北京大学出版社。

周北海. 1997.《模态逻辑导论》,北京:北京大学出版社。

周礼全. 2001.《逻辑——正确思维和成功交际的理论》,北京:人民出版社。

朱德熙等. 1961. 关于动词形容词"名物化"的问题,《北京大学学报》(哲社版),第 4 期:53—66。

朱德熙. 1956. 现代汉语形容词研究,《语言研究》第 1 期,收入朱德熙(1980)。

朱德熙. 1961. 说"的",《中国语文》12 月号,收入朱德熙(1980)。

朱德熙. 1962. 句法结构,《中国语文》8—9 月号,收入朱德熙(1980)。

朱德熙. 1978. "的"字结构和判断句,《中国语文》第 1、2 期,收入朱德熙(1980)。

朱德熙. 1980.《现代汉语语法研究》,北京:商务印书馆。

朱德熙. 1982/1998.《语法讲义》,北京:商务印书馆。

朱德熙. 1985.《语法答问》,北京:商务印书馆。

朱德熙. 1983. 自指与转指,《方言》第 1 期。

兹维金采夫. 《普通语言学纲要》,伍铁平等译,北京:商务印书馆,1981。

Abney, Steven Paul. 1987. The English noun phrase in its sentential aspect. Ph. D. dissertation. , MIT, MA.

Akmajian, Adrian. 1970. On deriving Cleft Sentences from pseudo-Cleft Sentences. *Linguistic Inquiry*. Vol. 1 No. 2.

Allwood, Jens. et al. 1977. *Logic in linguistics*. Cambridge University Press.

Best, John. B. 1995. *Cognitive Psychology*. *Minneapolis*:*West* (Chapter 5). 中译本《认知心理学》,黄希庭等译,中国轻工业出版社,2000 年,本书据中译本。

Bloomfield, Leonard. 1933. *Language*. George Allen & Unwin Ltd.

Bybee, Joan. L. 1985. *Morphology*. Continuum Intl Publishing Grp HYPERLINK "http://www.isbnlib.com/pub/Continuum_Intl_Publishing_Grp".

Bybee, Joan. L. 1994. *The Evolution of Grammar*:*Tense, Aspect, and Modality in Languages of the World*. The University of Chicago Press.

Chao, Yuan Ren. (赵元任)1968. *A Grammar of Spoken Chinese* . University of California Press.

Chu, Chauncey. (屈承熹)1983. Definiteness, Presupposition, Topic and Focus in Mandarin Chinese. In *Studies in Chinese syntax and semantics, Universe and Scope*:*Presupposition and Quantification in Chinese*. edited by Ting—chi Tang, Robert , L. Cheng and Ying—che ,Li . Student Book Co Taipei.

Cheng, Robert. L. (郑良伟)1983. Focus Devices in Chinese. In *Studies in Chinese syntax and semantics, Universe and Scope*:*Presupposition and Quantification in Chinese*. edited by Ting—chi Tang. Robert L. Cheng and Ying—che. Li. Taipei,: Student Book Co.

Chomsky, N. 1970. Remarks on Nominalization. In R. Jacobs and P. Rosenbaum, eds. *Readings in English Transformational Grammar*. Waltham, Mass. : Ginn and Company. 184—221.

Chomsky, N. 1972. Deep Structure, Surface Structure and Semantic Interpretation. 中译文"深层结构、表层结构和语义解释",《语言学译丛》(第二辑),赵世开译,中国社会科学出版社,1980年,本书据中译文。

Chomsky, Noam 1981. *Lectures on Government and Binding*, Foris, Dordrecht.

Chomsky, Noam 1986. *Barriers*. Cambridge, Mass. : MIT Press.

Collins. A. M and Loftus. E. F. 1975. A spreading activation theory of semantic processing. *Psychological Review*. 82: 407—428.

Crystal, David. 1997. *A Dictionary of Linguistics and Phonetics*. 中译本《现代语言学词典》,沈家煊译,北京:商务印书馆,2000年,本书据中译本。

Daniel Büring. 1999. Topic. In *Focus: Linguistic, Cognitive, and Computational perspectives* edited by Peter Bosch and Rob Van der Sandt. Cambridge University Press.

Deane. P. 1992. *Grammar in Mind and Brain: Explorations in Cognitive Syntax*. Berlin: Mouton de Gruyter.

Erades, P. A. 1975. *Points of Modern English Syntax*. 中译本《现代英语句法问题集》,孙铢、陆国强、徐烈炯译,上海译文出版社,1982年,本书据中译本。

Fillmore, C. J. 1982. *Frame Semantics Linguistics in the Morning Calm*. Seoul: Hanshin Publishing Co. University of California, Berkeley.

Fillmore, C. J. 1994. The Hard Road from Verbs to Nouns. In *Interdisciplinary Studies on Language and Language Change*. eds,. Matthew. Y. Chen & O J. L. Tzeng Pyramid Press.

Frawley, William. 1992. *Linguistic Semantics*. Lawrence Erlbaum Associates, Publishers.

Goldberg, A. E. 1995. *Constructions: A Construction Grammar Approach to Argument Structure*. The University of Chicago Press.

Grimshaw. J. 1990. *Argument Structure*. Cambridge, Mass. : MIT Press.

Gundel, J. K. 1977. Where do Cleft sentences come from? *Language*. Vol. 53, No. 3.

Gundel, J. K. 1985. Shared Knowledge and Topicality. *Journal of Pragmatics*. No. 9 : 83—107.

Gundel, J. K. 1999. On Different Kinds of Focus. In *Focus: Linguistic, Cognitive, and Computational perspectives*. edited by Peter Bosch and Rob Van der Sandt. Cambridge University Press.

Halliday. M. A. K. 1967. Notes on transitivity and theme in English (Part two). *Journal of Linguistics*. No. 3.

Halliday. M. A. K. 1985/1994. *An Introduction to Functional Grammar*. Foreign Language Teaching and Research Press & Edward Arnold (Publishers) Limited.

Hankamer, J. 1974. On the Non—Cyclic Nature of *WH-Clefting*, CLS 10, 221

—233.

Heine, Bernd. 1998. On Explaining Grammar: The Grammaticalization of Have—Constructions. *Theoretical Linguistics*. Vol. 24 No. 1

Higgins, Roger. 1971. The Pseudo-Cleft Construction in English. PhD thesis, MIT.

Hopper, Paul J. & E C. Traugott. 1997. *Grammaticalization*. Cambridge University press.

Huang, C. -T. James（黄正德）. 1982. Logical relation in Chinese and the theory of grammar. Ph. D. dissertation. , MIT.

Huang. C. -T. James. 1997. On lexical structure and syntactic projection. In *Chinese Language and Linguistics*. No. 3:45—89.

Huang. C. -T. James, Yen—hui Audrey Li & Yafei Li. 2009. *The Syntax of Chinese*. Cambridge Univeristy Press.

Jackendoff, R. S. 1972. *Semantic Interpretation in Generative Grammar*. MIT Press.

Jackendoff, R. S. 1985. *Semantics and Cognition* . MIT Press.

Jespersen, Otto. 1924. *The philosophy of Grammar*. George Allen & Unwin Ltd.

Jespersen, Otto. 1939. *Essentials of English Grammar*. Henry Holt and Company, Inc, New York. 中译本《英语语法要略》翻译组,商务印书馆,1989年,本书据中译本。

Jespersen, Otto. 1968. *Analytic Syntax*. George Allen & Unwin Ltd, London.

Kay, Paul. 1997. Words and the Grammar of Context. *CSLI Lecture Notes*. No. 40. Leland Stanford Junior University.

Keenan, Edward. 1971. Two kinds of Presupposition in Natural Language. In *Studies in Linguistic Semantics*. eds,. By Charles J. Fillmore and D. Terence Langendoen. Irvington Publishers Inc New York.

Kiss. K. É. 1998. Identificational Focus versus Information Focus. *Language*. 74. Vol 2.

Kneale, William. and Martha. Kneale. 1962. *The Development of Logic*. Oxford At the Clarendon Press.《逻辑学的发展》,张家龙、洪汉鼎译,商务印书馆,1995年,本书据中译本。

Kuno. Susumu. 1987. *Functional Syntax: Anaphor, Discourse and Empathy*. The University of Chicago Press.

Lakoff, G. 1990. The Invariance Hypothesis: is abstract reason based on image—schemas? *Cognitive Linguistics*. Vol. 1 : 39—74.

Lakoff. G. & M Johnson. 1980. *Metaphors We Live By*. The University of Chicago Press.

Lambrecht, Knud. 1994/1998. *Information Structure and Sentence Form*. Cambridge University Press.

Langacker, Ronald. W. 1987. *Foundations of Cognitive Grammar*. Vol. 1. Stanford University Press.

Langacker, R. W. 1991. *Concept, Image, and Symbol: The Cognitive Basis of Grammar*. Mouton de Gruyter.

Lappin, Shalom. 2001. *The Handbook of Contemporary Semantic Theory*. Foreign Language Teaching and Research Press & Blackwell Publishers Ltd.

Li, Charles. N. 1976. *Subject & Topic*. New York: Academic Press.

Li, Charles. N. & Sandra. A. Thompson. 1976. Subject and Topic: A New Typology of Language In *Subject and Topic*. New York: Academic Press.

Li, Charles. N and Sandra A. Thompson. 1981. *Mandarin Chinese: A Functional Reference Grammar*. University of Chicago Press.

Luisa, Z. M. 1998. *Prosody, Focus and Word Order*. MIT Press.

Lyons, John. 1977. *Semantics*. Volume 1—2. Cambridge University Press.

Lyons, John. 1995/2000. *Linguistic Semantics: An Introduction*. Foreign Teaching and Research Press & Cambridge University Press.

McCawley, J. D. 1998. *The Syntactic Phenomena Of English* Chicago University Press.

McCawley, J. D. 1981/1993. *Everything that Linguists have always wanted to know about Logic*. 中译本《语言逻辑分析——语言学家关注的一切逻辑问题》,王维贤等译,杭州大学出版社,1998年,本书据中译本。

Parsons, Terence. 1990. *Events in the Semantics of English: A Study in Subatomic Semantics*. Cambridge, MA.: MIT Press.

Peyraube(贝罗贝), Alain. 2000. Westernization of Chinese Grammar in the 20th Century: Myth or Reality? *Journal of Chinese Linguistics* Vol. 28 No. 1.

Pinkham, H. & Hankamer, J. 1975. Deep and shallow clefts. Proceedings of 11the Regional Meeting of the Chicago Linguistic Society. pp. 429—450.

Pollard. C. & I. A. Sag. 1994. *Head—Driven Phrase Structure Grammar*. Chicago and London: University of Chicago Press.

Prince, Ellen. F. 1978. A comparison of *Wh*—Clefts and *It*—Clefts in Discourse. *Language*. Vol. 54, No. 4.

Quirk. R. 1972/1973. *A Grammar of Contemporary English*. Longman Group Ltd.

Radford, A. 1988/2000. *Transformational Grammar: A First Course*. Foreign Language Teaching and Research Press & Edward Arnold(Publishers)Limited.

Richmond. H. Thomason. 1997. Nonmonotonicity in linguistics. In *Handbook of Logic and language*. edited by Johan. Van. Benthem and Alice. Ter. Meulen. MIT Press.

Rochemont, M. S. 1986. *Focus in Generative Grammar*. John Benjamins Publishing Company.

Rodman, Robert. 1997. On Left Dislocation. In *Materials on Left Dislocation*. Edited by Elena Anagnostopoulou et al. John Benjamins Publishing Company.

Ross, Claudia. 1983. On the functions of Mandarin De. In *Journal of Chinese Linguistics* . Vol. 11 No. 2.

Russell, B. 1930. *Introduction to Mathematical Philosophy*. 中译本《数理哲学导论》,晏成书译,商务印书馆,2002年,本书据中译本。

Russell, B. 1905. On Denoting(论指称). 收入 *Logic and Knowledge*. 中译本《逻辑与知识》,苑莉均译,商务印书馆,1996年,本书据中译文。

Stowell, T. 1981. Origins of Phrase Structures. PhD diss., MIT.

Sun, Chao-Fen(孙朝奋) and Talmy Givón. 1985. On the so-called SOV word order in Mandarin. *Language*. Vol 61. No. 2 : 329-351.

Tang, Ting-chi. (汤廷池)1983. Focusing constructions in Chinese: Cleft Sentences and Pseudo-Cleft Sentences In *Studies in Chinese syntax and semantics*, *Universe and Scope: Presupposition and Quantification in Chinese* edited by Ting-chi. Tang, Robert. L. Cheng and Ying-che Li. Taipei,: Student Book Co.

Teng, Shou-hsin. (邓守信)1979. Remarks on Cleft sentences in Chinese. *Journal of Chinese Linguistics*. Vol. 7.

Valin, Robert. D. Van. & Randy. J. Lapolla. 2002. *Syntax: Structure, Meaning and Function*. Peking University Press and Cambridge University Press. Ward. Gregory. 2004. Equatives and Deferred Reference, *Language*, Vol. 80, No. 2, 262-289.

Ward, Gregory. 2004. *Equatives* and Deferred Reference, Language, Vol. 80, No. 2, Pp. 262-289.

Wells, R. S. 1947. Immediate Constituents. *Language* No. 23.

Wu Guo. (武果)1998. *Information Structure In Chinese*. Peking University Press.

Yao, Zhu. 1997. The Focus-Marking Function of Shi in Mandarin Chinese UMI. 博硕士论文数据库,北京大学图书馆。

Yen, Sian. L. 1986. The origin of the copula shi in Chinese. *Journal of Chinese Linguistics* 14, No2.

后 记

  我对于汉语"是"字句的研究追溯起来大概始于十年前,那时我还在四川大学读硕士。当时我的想法还很不成熟,只是觉得汉语中某些断定形式很有趣。追根溯源的话,应该说是受了赵元任(1968)*A Grammar of Spoken Chinese*(《中国话的文法》)的启发。赵先生在他那本至今仍为学者们常常征引的著作中谈到"我是昨儿去看的戏"这种用"是"字断定结构。受其影响,我写了一篇万余言的名为"'NP$_1$+是+VP 的+NP$_2$'句浅谈"的文章,后来发表在一所大学的学报上(张和友,2001b)。当时只是运用传统结构主义方法对一些现象做了描写,由于视野所限,文章显得稚嫩。没想到当时那篇文章得到王洪君老师一定程度的肯定,她那时显然是以硕士的水准来衡量那篇文章的。

  2001 年我负笈北上,做了王老师的博士生。起初我对选什么题目做博士论文还不清楚,王老师建议我不妨在汉语的断定语气和断定句式方面做些尝试性研究,并且提醒我看看以前自己发表的那篇文章。直到后来我才认识到,汉语的断定句问题(本书称为"是"字句)还未曾有学者做过系统的研究。

  接下来我便尝试着在与断定相关的"是"字句方面做些研究。在北大语言学讨论班所做的三次报告是必须提及的,这为论文后来的写作打下了很好的基础。第一次是关于句尾"的"功能问题的述评,那时我已经比较有针对性的进行跟"是"字句相关的问题的研究。在那篇述评中,我对学界有关句尾"的"性质的论争做了详尽比较,不过还没有结合断定句式和断定语气来看待句尾"的"的性质。

  第二次报告是有关汉语分裂句的来源问题的,那次报告受到王老师的不少批评。我当时的目的是要从汉英对比的角度探讨汉语分裂句是如何产生的,先是指出形式派的解释不能完全令人满意,随后尝试给出自己功能方面的解释。问题是明显的,像王老师所说的那样,这种批评是没有说服力的。既然批评人家的那种形式主义的路子有缺陷,就应该拿出形式方面的解释。我接受了导师的训教,并考虑结合功能和形式两方面修改那篇文章。从某种意义上说,形式派给出的一些规则其实也是一种观察与描写。形式主义虽然追求"观察的充分性"、"描写的充分性"与"解释的充分性",但在实际做法上仍存在一定的不足。正是基于这种看法,我在探讨分裂句的来源问题时注意将形式与功能结合起来。

在两次报告之间,我还有幸参加了一次国际学术会议,那是 2002 年 10 月在北京外国语大学举行的第九届当代语言学会。会上我宣读的论文是有关分裂式判断句的生成问题,主要在于发掘从一般叙事句推导出分裂句过程中所受到的句法语义限制。会上得到了一些颇为宝贵的意见,胡建华、蒋严、王红旗以及会议小组主持人何元建都提出了一些很好的意见和建议。2003 年 10 月中旬,开题报告之后,在徐通锵先生、陈保亚老师、郭锐老师、李娟老师的建议下,我开始调整写作视角,酝酿论文的整体架构。

关于论文标题的选定。这里除了感谢导师王洪君教授之外,还要感谢北大哲学系逻辑学教研室的周北海教授。原来我想以"汉语的判断语气和判断句:从逻辑的角度看"为题,想从逻辑研究对语言研究的推动这一角度入手,运用现代形式逻辑的手段来进行语义研究。在跟周老师的几次交流中,我逐渐认识到这个目标太大,就自己当时的逻辑学修养还不足以进行此类研究。更重要的是,现代逻辑已经不再使用"判断"这一说法。"判断"是传统逻辑的研究对象,而现代逻辑谈论的是"句子"、"命题"。周老师说,现代逻辑的这些变化看来似乎还没有对语言学界产生影响。为保险起见,我决定放弃这样的做法。之后,我将周老师的意见反馈给王老师。她一面告诉我,逻辑学讲"判断",我们讲的是语言学上的判断句,下面是王老师一次通信的部分内容,迻录在此:

"逻辑学不讲判断也没关系呀,我们讲的是语言学的判断句。也就是由专门系词(或零形式)连接的、前后两项从语法上讲有词性的同一性、语义上讲前后项有等同与类属关系、从交际上讲是表明说话者主观看法的句子。语言中有这一类句子,可见是人类语言的共性!它们在语言形式上有自己独特的结构。"

另一方面,作为导师,王老师是睿智的。她告知我,这几年"结构语法"(construction grammar)兴起,"是"字句、"是……的"句都是很重要的结构,结构是把一个句式看作是语法、语义、语用的综合体。后来,在王老师的指导和建议下,我将论文题目改定为"'是'字结构的句法语义研究"。

论文的主体原来是研究汉语的分裂式"是"字句。语言学讨论班上的两次报告以及第九届当代语言学会议上宣读的论文都跟这种研究相关。后来在王老师的指导下,我又发现了新的"是"字结构值得研究。比如系词前后项在语义上的联系是特异的(idiosyncratic),也即以典型的"是"字句为参照,这种"是"字句的前后项不同质。这样的"是"字句过去的研究大多采取"省略"说,认为是由于句子中省略了某些成分才使句子的语义变得特异。我们将这些句子称为语义特异的"是"字句,发掘省略背后的语义规则,抓住省略之中的不变因素,不仅对于计算机正确识读文本语义,而且对于外国人正确习得汉语中的这类"是"字句都大有裨益,这是从应用价值上说的。从理论上说,汉英对于语义特异的系词句的容纳度差异从一个方面显示了汉语"语义型"和英语"语法型"之间的差别。这些内容成文之后我在语言学讨论班上做了第三次报告。

"是"字句还涉及"是"的其他用法,我们称之为"断定悬空",主要是指"是"在语义上淡化,只有语气断定的功能,较之无"是"字结构,其主观性较高。这类"是"字句更加显示了汉语"语义型"的特点。

论文的整体构想是以汉语为依托,然后将汉语跟英语等其他语言作比较。先搞清汉语的情况,再跟其他语言对比,从而发现汉语的个性和人类语言的某些共性。

出版后记

　　本书是在我的博士论文的基础上修改而成的。既是修改，自然应该遵守"后出转精"的法则。然修改绝非易事，一是后来自己对某些问题的看法有了改变，甚至放弃，这些我在书中相应的章节作了说明；二是作为完整的学术著作，需要做到基本线索一以贯之。这样，一个改动往往引发相关的几个大的修改；尤其是，我于2007年至2009年到香港理工大学跟从邓思颖老师从事博士后研究，开始倾向于在形式句法的框架下思考问题，但这种倾向在书中并未得到显明体现，因为本书的雏形并不是在形式句法的背景下写就的，某些情况下甚至不回避功能的解释。今天再看当年的论文，感觉基本观点及其论证仍然可行。三是这几年间，研究"是"字及相关问题的博士论文可能不止一部，他们的看法自然跟我有所不同。要将这些成果吸收进来，势必增加修改的难度。尽管有诸多顾虑，但我最终还是决定付梓，因为它毕竟从一个侧面汇聚了我对汉语自身特性的一些探索与思考；另一方面，本书的研究旨在提供一个方法，一个研究范例，可以将这种方法、范例推展到汉语方言以及古汉语的研究中，发现更多的语言规律。更重要的是，学术本身是需要争鸣的。是耶？非耶？不妨让读者去评说。

　　还要说明的是，本书的部分内容作为单篇论文发表在国内的学术刊物上。论文限于篇幅，所论往往"意犹未尽"，有些想法未能在论文中显现出来，而书则能有较多的发挥空间，一定程度上弥补了论文的缺憾，这也是本书出版的一个动机。

作者2010年4月记于香港九龙红磡香港理工大学
2011年8月再改于北京师范大学语言研究所

致　谢[①]

　　停笔掩卷之际,感慨万千。我是热爱学术的,虽然此道在当今社会仍是清贫之道。但君子"谋道不谋食,忧道不忧贫"。这个想法显然太不合时宜,然此种境界当为真正学者之道德圭臬,时时激励自己。

　　回头看看自己走过的路,感受最深的是王洪君师悉心指导我写论文的情景。对王老师的感激,远非一个"谢"字了得,铭记心中罢。

　　这篇论文的写作是在王洪君老师的精心指导下进行的。可能没有人想到,近二十万字的论文她非但字字过目,还仔仔细细的帮我修改。每当我看到她发给我的修改稿,我总禁不住叹道"My paper is bleeding."(我的论文在流血),也真正让我懂得"The devil is in the details"(魔鬼在细节处)这句话的内涵。说心里话,我最希望又最怕收到王老师的来信,一则因为她的批复每每使我茅塞顿开,这是我希望得到的;再则她的"大刀阔斧"的删改又常常让我不得不忍痛割爱,这是我的最怕。

　　自古文章是自己的好,我也很珍惜这篇陋文的字字句句。如果说其中确有创意和闪光之处的话,应该归功于王老师。王老师的教导,有的我在文中注释中标出,但这远非全部。文中标出的是直接受老师的影响写出的,其余的间接影响没有一一注出。

　　徐通锵先生对我的选题给予了肯定,并建议我抓住汉语的特点选择符合"是"字句特性的视角。徐先生的不断肯定增加了我做好这篇论文的信心。徐先生已经离开我们五年了,愿他在天堂一切都好。

　　陈保亚老师、李娟老师给我不少帮助,陈老师还主动将自己的文章发给我参考,李老师也将自己的博士论文借给我阅读。

　　叶文曦老师主动邀请我将有些研究拿到他的语义学课上讨论,甚是感激。

　　郭锐老师给我提供了语料库,深表谢意。郭老师在预答辩上很尖锐地指出了论文的不足,使这篇文章得到进一步完善和提高。

　　感谢詹卫东博士给我就计算机理解自然语言方面的知识提供的

[①] 本书距离当年的那篇博士论文已经七年,再翻阅文后的"致谢",往事如烟,却恍同昨日。略加改动,附记于此,聊作追忆。

帮助。

董秀芳博士是我的同门，她几次就论文的有些观点和我讨论，让我注意到自己的某些疏漏。其他同门徐晶凝、赵果、曾立英也对论文提出了不少有益的见解。徐晶凝博士还帮我找母语者验证了有关英语方面的某些例句，李香博士为我就日语的某些语料提供验证，也是要感谢的。

感谢远在大洋彼岸的 Noam Chomsky 先生。笔者几次就英语的某些问题请教他，他每信必复，让人感激。

感谢北大哲学系逻辑学教研室的周北海老师，他的真诚坦率与直言相教，使我受益匪浅。

感谢北大外语系的吴小晶博士，我们经常在一起谈论问题，他曾就一些问题给我提出不少好的建议。张雁博士也对论文中的有些问题提出了一些好的意见。

感谢北大语言学讨论班上直接或间接给我以帮助的同学们。

北大出版社编审胡双宝老师和本书的责编刘正先生为校阅工作付出了很多劳动，自然是应当感谢的。汉语室的杜若明老师从本书的申请到最后的终审，都给予了极大的支持，并就书中的某些问题给我提出意见和建议，远非一句答谢就能表达心中感激。唯有做好研究，方能回报诸位师友。我的研究生孙嘉铭根据样书对全书做了一遍详细校对，发现了一些错漏，向他表示感谢。

最后的谢意送给内子宋慧曼博士，她最了解和理解我，我最希望得到的是她的鼓励。她和我一样热爱读书，读书使我们走到了一起，读书也必将伴随我们的人生旅程。

当年撰写论文时，一人闷居斗室。如今女儿张鉴吾已六岁有余，成为一名小学生。修改书稿过程中，她每每站在旁边不成句地念着，嬉戏于前。这些凡人俗事常使我乐在其中，平淡的研究中多了一份童趣。

学海无岸涯，追求无止境。抬头望山，立足脚下，面对未来，我将坚实的走好每一步。

2011 年 8 月